うたのしくみ

増補
完全版

細馬宏通

もくじ

はじめに　8

うたのしくみ　シーズン1

1— サンバがサンバであるからには — ジョアン・ジルベルト「サンバがサンバであるからには」　14
2— やさしさは成就する — 荒井由実「やさしさに包まれたなら」　22
3— 青春のしずめ方 — 荒井由実「卒業写真」　28
4— 歌はどこから始まるか — ザ・ブルーハーツ「人にやさしく」　36

5　語りと歌のあいだ　―　幼稚園唱歌「お正月」　40
6　ことばの先で待ち伏せて　―　aiko「くちびる」　44
7　ヴァースと替え歌　―　アメリカ民謡「いとしのクレメンタイン」　50
8　歌になる理由　―　ジュディ・ガーランド「虹の彼方に」　60
9　歌って、サム　―　映画『カサブランカ』より「時の過ぎゆくままに」　68
10　犬と太陽　―　岡村靖幸「Dog Days」　76
11　ハイ・ディ・ホーのゆくえ　―　キャブ・キャロウェイ「ミニー・ザ・ムーチャー」　82
12　それでは歌っていただきましょう　―　ザ・ビートルズ「サージェント・ペパーズ・ロンリー・ハーツ・クラブ・バンド」　94
13　歌を売る歌　―　「アレクサンダーズ・ラグタイム・バンド」　98

14　韻のゆくえ　―　ポール・サイモン「恋人と別れる50の方法」　108
15　深く深く　―　二階堂和美「いのちの記憶」　114
16　ブルースがおりてくるまで　―　ベッシー・スミス&ルイ・アームストロング「セントルイス・ブルース」　120
17　感電する足　―　チャック・ベリー「メイベリン」　130
18　「メンフィス・ブルース」が指し示すもの　―　「メンフィス・ブルース」　142
19　音楽をきく順序　―　ザ・ローリング・ストーンズ「サティスファクション」　154
20　どこでもない国の入り口　―　カルメン・ミランダ「チャタヌガ・チューチュー」　164

うたのしくみ　シーズン2

1―二人でやり遂げる歌 ― クリステン・ベル&サンティノ・フォンタナ「とびら開けて」 182

2―にじむデュエット ― 石原裕次郎・牧村旬子「銀座の恋の物語」 196

3―二つの声の物語 ― キリンジ「悪玉」 206

4―ABBAは何人いるのか? ― ABBA「ダンシング・クイーン」 218

5―コーラスの夜 ― ドナルド・フェイゲン「ナイトフライ」 228

6―9月の星と雲 ― アース・ウィンド&ファイヤー「セプテンバー」 248

7―ロボットをうたう ― 坂本慎太郎「あなたもロボットになれる」 260

8 WとMの劇 ― ジョージ・ミラー監督『マッドマックス 怒りのデス・ロード』 270
9 世界を揺する ― クイーン「ウィ・ウィル・ロック・ユー」 278
10 私と私たちのあいだ ― テイラー・スウィフト「私たちは絶対に絶対にヨリを戻したりしない」 286
11 インストラクションの行方 ― ジョン・レノン「イマジン」 296
12 おどけた軍歌 ― 東海林太郎「麦と兵隊」 300
13 映像時代の多声 ― シンディ・ローパー「タイム・アフター・タイム」 310
14 私が私じゃなくなって ― Twice「TT」 322
15 ユニゾンの共同体 ― ジンギスカン「ジンギスカン」 332
16 息に漏れる声 ― ジェームズ・ブラウン「セックス・マシーン」 342

17—機械と人間のあいだ（その1）——カールハインツ・シュトックハウゼン「少年の歌」 354
18—機械と人間のあいだ（その2）——ダフト・パンク「ワン・モア・タイム」 370
19—ゴスペルの時空間——アレサ・フランクリン「ナチュラル・ウーマン」 382
初出一覧 402
あとがき 404
楽曲索引年表 406

はじめに

これまで何度か流行歌について書こうとして、どこか自分で物足りないものを感じていました。それは、うたを語ろうとすることばがしばしば、歌詞、メロディ、あるいはコード展開という風に、うたの一つの側面だけを取り出しがちになってしまうことです。たとえば歌詞を、あたかも文章を読むように味わって、終わってしまう。それは味わい方の一つではありますが、けして十分な方法とはいえません。なぜなら、そこには、歌詞に伴っているメロディやアレンジ、何より歌い手の声や身体が欠けているからです。

でも、うたをきくという行為は、いちいちことばにせねばならないほど面倒なことでしょうか。わたしたちは、音楽に関する批評を読まずとも、音楽を楽しみ、繰り返し味わうことができます。自分が音楽の何を楽しんでいるのか、何にひっかかっているのか、そこにはどんな音楽の歴史が埋め込まれているのかといったことを、きいている最中にいちいちことばにする必要はありません。

いまのところわたしはこう考えています。わたしたちが楽々と音楽を楽しむことができるのは、音楽をきくという行為がとても単純で、ことばにするまでもないほど簡単なことだからではなく、逆に、非常に精密で、ことばが追いつかないほど複雑なできごとだからである。そのようなうたの楽しみをことばにするということは、複雑な作業であり、その面倒さを避けることはできない。けれど、うたから離れることなく面倒さとつきあう方法はあるし、やってみる価値はある。

どんな方法ならよいか。この本でとるのは、ごく当たり前のやり方です。とりあえず目の前の一つの曲とつきあってみる。ある曲をききながら、きき手であるわたしがどんな時間を体験しているのかをたどっていく。その時間が、わたしたちのどんな認知やどんな来歴に支えられているかを考える。ちょっとしたことばを歌うときに声がどんな風に動いているか、メロディは、アレンジはそれにつれてどんな風に変化するか、わたしはどんな変化に惹かれるのか。そういう小さなことを確かめていく。一つの曲を考え終えたら、また次の曲。果たしてこんなやり方で、うたをきくことの複雑さを解きほぐすことができるでしょうか。さあ、それはやってみなくてはわかりません。でもやってみなくてもわかることより、やってみなくてはわからないことの方が、なんだかおもしろそうじゃないですか。

そんなわけで、この本では、一回に一つの流行歌を取り上げて、そのうたの時間について考えていきます。最初のうちは手探りで、思いつくまま、ひとつの曲から次の曲へとうたの時間のあり方を探っていきます。書いているうちに、現在の流行歌の時間を生み出すもとになった歴史がどうやら大事だと思えてきたので、第一部（シーズン1）の中盤から後半ではブルース、ティンパンアレイ、ロックンロールなど、アメリカン・ポップスの歴史をたどります。

今回の増補版で新しく加わった第二部（シーズン2）では核になるテーマを二つ設けています。一つは「複数で歌う」ということ。デュエット、コーラス、ユニゾン、一人で歌えばいいものを、なぜ人は誰かと声を合わせて（あるいは声をずらせて）歌うのか。もう一つは、わたしがわたし以外になって歌う、ということ。声色、ファルセット、ヴォコーダー、さまざまな方法を駆使して、わたしは、わたし以外の声で歌おうとします。さらには、歌詞の中に異なる視点をいくつか持ち込むことで、うたに複数のわたしを埋め込もうとします。この、うたにおけるわたし以外のわたしは、いったい何をしようとしているのか。これらの問題に対しても、一つの答えを出すかわりに、一回につき一つの曲を取り上げて、いくつもの側面を見つけるようにしました。

各章は一つ一つ完結しているので、どこから読んでいただいてもけっこうです。目次の中に知っているうたが見つかったら、そこから読み始めてみられるのもいいかもしれません。

本文のあちこちで「きいてみましょうか」というお誘いをしていますが、本書からは音は出ません。幸い、われわれはいまやネットを介して知らなかった曲にたどりつける時代に生きているので、知らない曲名に出会ったら、さまざまな手段を使って聞いてみられるとよいでしょう。簡単なリンク付きの副読本もネット上に用意したので「うたのしくみ」「副読本」で検索してみてください。

では、最初のうたをきいてみましょうか。

うたのしくみ

シーズン1

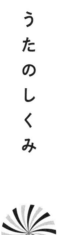

1 ― サンバがサンバであるからには ― ジョアン・ジルベルト「サンバがサンバであるからには」

こんにちは。細馬といいます。
人の動作のことを考えたり、歌をつくってたりしています。

動作のことを考えるときも歌のことを考えるときも、そのしくみのことが気になっています。動作や歌は、機械とは違って、空間の中に最初からすべてがどんとあるわけではない。時間の中にさっと現れて、ふくらみ、しぼみ、形を変えていきます。わたしたちは、動作や歌があたかも空間の中に線や面や立体を掃いていくように感じます。が、それは、わたしたちが、少し前の時間にあったことを覚えていたり、いまある形から次の形を予想することで、消えてしまったこと、まだ現れていないことを、まるであるかのように感じているからです。

たとえば、歌詞カードを見ながら歌をききます。歌詞カードには1番から3番まで、AメロBメロからサビまで、歌われることばがすべて文字にしてあります。歌詞カードには、これまで歌われてきたことば、これから歌われることばが順序よく並んでいて、まるで目の前に品物をずらりと広げてそれを端から取り上げていくように、歌詞を追っていくことになります。では、今度は、目をつぶって歌をきいてみましょう。すると、これまできいたことばも、これからきくことばも、目の前にはありません。それは声となってふいに現れ、消えてゆきます。

実は歌詞カードに書かれた文字の空間と歌の時間とは、似ても似つかぬものです。歌の時間について考えるときは、わたしたちの癖、時間の中で現れ消えていくものをあたかも空間の中にある一部分であるかのように考える癖を、ときどき止めてみるといい。でも、癖というものには、わたしたちの意識は届きにくい。注意しているようでも、気がつくと、時間を空間で考えてしまう。だから、歌の時間を考えるには、いつも考える道とは少し違った道をたどる必要があります。

どんな道か。実はわたしにも、よくはわかっていません。少なくとも、あらかじめこれとわかるような道ではないことは確かです。空間として与えられた道をたどるのではなく、時間のことを、時間を過ごすように考える。そういうことを、これから何回かにわたって試行錯誤してみようと思います。

とりあえず毎回一つの曲をきく、というルールだけ決めておきます。これはどこかに行き着くための決まりごとというよりは、歩き出す方向を決めるための、コイントスのようなものです。

さて今回は、ボサノヴァです。ボサノヴァは、歌詞カードの空間からわたしたちを歌の時間へと連れ出してくれます。どんな風にか。**ジョアン・ジルベルトの『声とギター』**というアルバムから、一曲め**「サンバがサンバであるからには」(Desde que o samba é samba)**をかけてみましょう。**作詞作曲はカエターノ・ヴェローゾ**。では、どうぞ。

…はい。すばらしかったですね。

ジョアンの歌をいくつかきいていると、ある簡単なことに気づきます。それは、この曲も含めて、ジョアン・ジルベルトの歌う曲には、一番二番という考え方がない、ということです。一続きの歌詞が終わると、また同じ歌詞を最初から繰り返す。いや、もっと言えば、ジョアンの歌に限らず、ボサノヴァの、そしてサンバの曲のほとんどが、そうなのです。日本の歌謡曲やJ－POPのような、一番、二番と歌詞を変えて歌いサビの部分は同じ歌詞、といった考え方は、ボサノヴァではむしろ珍しいことです。
ボサノヴァには、一番、二番がない。そして「サビ」のような特定の場所だけで歌詞を繰り返すかわりに、まるごと一つの歌を繰り返す。ボサノヴァをよくご存じの方にとっては、あまりにも当たり前のことかもしれませんが、わたしはこの違いに、ひどく驚きました。

同じ歌詞を繰り返すボサノヴァ、そしてそのルーツであるサンバには、一番二番と進む歌とは異なる、独特の身体感覚があります。繰り返すうちに、不思議なことに、少しずつ、体が軽くなってくる。地面に着いている足がほんの少し浮きたつような高揚感が湧いてくる。

ジョアン・ジルベルトの名歌唱に「僕は家には戻らない」(Não Vou Pra Casa)という曲があるのですが、これなどは短い歌詞を三度、四度と繰り返します。ぼくの得意はサンバだ、サンバに育てられたんだ、サンバで恋に出会ったらもう家には戻らない、戻るわけない、と何度もジョアンは歌う。歌ううちに、まさしくサンバが声とギターに取り憑いて、きいている側もだん

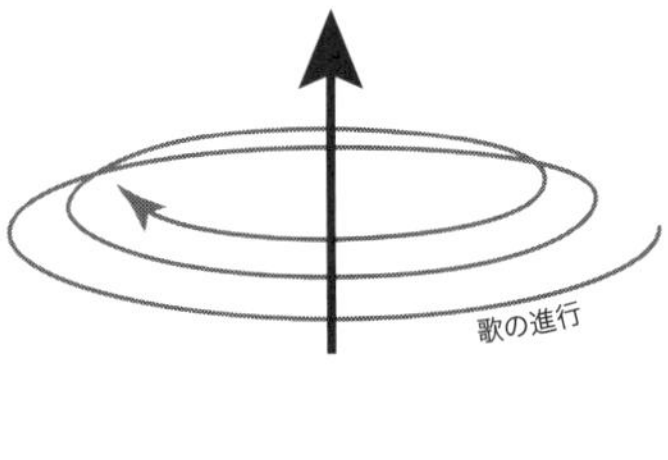

だんと、そうだもう今日は帰らない、家なんか戻るもんかと思えてくる。
今回とりあげる「サンバがサンバであるからには」もご多分に漏れず、同じ歌を二度三度と繰り返します。そしてこの曲のおもしろいところは、感情の起伏が入っているところです。ちょっと内容を見てみましょうか。日本語に訳してみると、おおよそ、こんな歌詞です。

「サンバがサンバであるからには」

かなしみがセニョーラ《あるじ》
だってサンバはサンバでしょう
涙はきらめく肌のくらがりだ
夜だ　雨をきく　落ちながら
ひとりだ　すべてが
この身をずっとさいなむとき
でもなにかがおこるよきっと
ほかでもないわたしに
さあうたうんだ　かなしみ払うよ
おお　サンバが生まれる
おお　サンバはこれから
おお　サンバは不死身で

ほら　陽はまだのぼっちゃいない
おお　サンバのよろこびが
おお　サンバは痛みから
おお　なんてすごいうつろいだろう

（訳：細馬）

さて、こうやって歌詞カードみたいに歌詞を縦書きで右から左に表示すると、まるで歌には頭とお尻があって、一直線に流れていくみたいに見えるでしょう？　でも、歌の時間は、そうなっていない。どうなっているかといえば、「おお　なんてすごいうつろいだろう」とお尻（に見える箇所）を歌ってから、ジョアンは「かなしみがセニョーラ」と頭（に見える箇所）の歌詞を続けます。間奏はありません。まるで歌の続きのように、かなしみがまたやってくるのです。

そのことで、この曲には不思議なうねりができます。かなしみが主となる。歌は、夜であることを歌い、ひとりであることを歌い、その恐ろしさを歌う。けれど、途中からちょっと様子が変わってくる。もう歌っているのに「うたうんだ」と言い出す。歌が歌を改める。歌は、はじまりでは主だったかなしみを払う。そしてサンバが生まれ出す。サンバは不死身だ、陽が昇るのはこれからだ。そしてこのまま調子をあげていくのかと思ったら、おや、サンバはそれほど単細胞ではないらしい。サンバはよろこびの父、しかしサンバは痛みの息子。そしてかなしみが主となる。歌は夜に向かう。

歌は、このような感情の円環をずっと歌っている。だから、一番二番と歌詞を改める必要がない。単調？　いや、それどころか、はじめと終わりがつながれた円環の時間は、たとえば静かに唄い始めて激情で終わるそれこそ単調で一直線の時間とは、全く違う流れ方をします。歌は何度でも改まり、サンバは何度でも生まれ直す。それでもかなしみはまたやってきて、だからまた歌を改める。

そしてギターは、この円環のエンジンです。ジョアンのギターの弾き方は、親指がベースを鳴らしながら四つを刻んでいき、他の指がそこにコードを添えながらサンバのリズムを出していくというスタイル。それが途中までは一定のリズムで進んでいくのですが、途中でするするっとコードの変化が速くなります。「でもなにかが…」というところ、そして最後の「おお　なんてすごい…」というところ。ちょうど歌の感情が変わり「うつろい（トランスフォールマード）」ということばが歌われるところで、コードもトランスフォールマードするのです。

速弾きではない。でも、まるでピッチャーのモーションをランナーが盗むように、きき手がまだある感情にとらわれていくときに、その感情からするすると抜け出していく。きき手はその一足早く抜け出たギターの進行に惹かれるように、別の感情へと連れ出される。かくして、サンバが生まれる高揚にひたっていたきき手は、いつの間にかトランスフォールマードして、また「かなしみという主」へと降りていくのです。

声とギターにいざなわれて、円環する歌詞が表れては消え、まるで季節のように感情はめくるめく変転していく。大島弓子のことばを借りるなら「なんとすごい　なんとすごい季節でしょう」（『綿の国星』）。

おお　サンバは不死身で　ほら　陽はまだのぼっちゃいない　おお　サンバのよろこびが　おお　サンバは痛みから　おお　なんてすごいうつろいだろう　かなしみがセニョーラ　だってサンバはサンバでしょう　涙はきらめく肌のくらがりだ　夜だ　雨をきく　落ちながら　ひとりだ　すべてが　この身をずっとさいなむとき　でもなにかがおこるよきっと　ほかでもないわたしに　さあうたうんだ　かなしみ払うよ　おお　サンバが生まれる　おお　サンバはこれから

ここまでジョアン・ジルベルトの歌の話をしてきましたが、原作者のカエターノ・ヴェローゾもこの「サンバがサンバであるからには」をうたっています。カエターノがライブで歌っている映像があるのですが、そこでカエターノは、歌が一周してまたはじまりの歌詞になったとき、ちょっと観客を誘うように「かなしみ、が、セニョーラ」と歌の文句を切るのです。ほらほら、きみたちの好きなあの文句に戻ってきたよ、とでも言うように。そして観客もカエターノに唱和します。この、戻ってくる感じ、円環を言祝ぐ感じが、サンバなんだな。サビを唱和する歌の文化とはずいぶん違いますね。そういうことも、歌詞カードという空間から抜け出して、はじめてわかります。

さて、ずいぶん歩きました。このあたりで今日は終わり。

次は何の歌をききましょう?

2 ― やさしさは成就する ― 荒井由実「やさしさに包まれたなら」

こんにちは。細馬です。

前回はいきなりボサノヴァだったのですが、今回は多くの人になじみのある曲をとりあげようと思います。それは**荒井由実**の**「やさしさに包まれたなら」**（作詞・作曲：荒井由実）です。

シンガーソングライター、つまり、詞と曲と歌を一人で作る人の身の上には、どんなことが起こっているでしょう。もちろん、人や作品によって、詞だけが先にできたり曲だけが先にできたりするでしょうから、作品のできる過程は少しずつ違う。でも、たぶん、一つ共通することがあります。それは曲ができあがる前に、その人はきっとできかけの歌を、何度も口ずさみ、少しずつ細部を変えていくだろう、ということです。

誰かが作った詞や曲を、歌手が自分の判断で勝手に変えるというのは、なかなか難しいことです。でも、シンガーソングライターなら、人前で歌うまでが（あるいはレコーディングが終わるまでが）、歌作りになります。ことばのてにをはを変えたり、単語を入れ替えたり、区切り方を変えたり、声のトーンを変えたり。歌を作る時間と歌になじむ時間とはゆるやかに重なっていることでしょう。

そして、作られようとしている歌を何度も口ずさみ、改め、ことばをメロディとともに声によって確かめていくうちに、シンガーソングライターは、自分にとっていちばん繊細な声を知らず知らずのうちに探りあて、そこに柔らかいフトンのように居心地のよい響き、尖った岩場のようにあやうい響きを割り当てていくに違いありません。そうやってできあがった歌の切実な部分は、歌詞カードの文字や楽譜の音符では表現しにくい、ごく小さな、声の細部に表れるはずです。

ことばの細部がどんな声になり、それが歌のしくみをどう形作っていくかを知るには、テキストになった歌詞だけではなく、歌そのものをたずねてみないとわからない。これから「やさしさに包まれたなら」という歌を考えるのですが、ここでもやはり歌詞カードではなく、歌っているユーミンの声をたずねてみようと思います。


この曲のメロディには、最初から思いがけない跳躍があります。それは冒頭の「ちいさい」というところです。


わたしたちが普段「ちいさい」というとき、そのイントネーションはさほどダイナミックなものにはなりません。というのも、「ち」という音はすでに、次の「い」という音を含んでいるからです。文字にすれば「ち」と「い」の二文字ですが、日常会話の「ちいさい」では、「ち」と次の「い」の区別はあいまいになって、「ちーさい」と書いたほうがよいくらい、一体化しています。

童謡にもその性質は表れています。たとえば「小さい秋みつけた」。ひらがなで書くと、「ちいさいあきみつけた」ですが、歌のメロディとリズムは「ちーさいあきみーつけた」。「ちいさい」の「ちい」は、「みーつけた」の「みー」と同じように、ひとつの音が引き延ばされたものとして扱われている。そして「ちー」という音が、「みー」と見合うほどささやかさなので、それはいかにも秋の小ささを唱えているようにきこえる。

ところが「やさしさに包まれたなら」は、まったく逆です。「ちいさい」の「ちい」は、「ち」と「い」に分断され、しかもちいさいどころか、オクターヴでおおきく跳躍します。もし、このオクターヴあげられた「い」をクラシック歌手よろしく音符通りにはっきりと響かせたなら、おそらくこの曲は頭からだいなしになってしまいます。

けれど、ユーミンの声は不思議な方法で、この「い」の音にささやかさを埋めこんでいます。そのひとつは「い」の音の短さです。ひらがなで書くと「ちー、いっさーい」と促音の「っ」をはさみたくなるほど、「い」は短く、頂上にタッチしたかと思うと即座に離れていきます。そしてその直後にきき手の耳にリバーブの向こうから響いてくるのは、さーっというノイズのような音、人の声がわずかな口の隙間から空気を送り出す音、「S」の音です。さっきは便宜上、「ちー、いっさーい」という風に「い」と「さ」の間を「っ」で表しましたが、じつはこの「っ」の部分はただの無音ではありません。ユーミンはこの部分に「さ」に先立つ「S」の音をさあっと忍ばせているのです。

そもそも、サ行の音には、他の行にはない独特の力があります。日本語の音の多くは、子音と母音が1セットになった「モーラ」という単位でできていますが、「さしすせそ」の音では、このモーラの、子音部分を強調しながら、しかもいくらでも引き延ばすことができます。たとえば、カ行やタ行の子音部分は、どうがんばって引き延ばそうとしてもすぐに母音になってしまいます。「くぅ―――っ!」ほら、母音になった。それは「K」や「T」が、舌の奥や先で口の中の気流を一瞬閉鎖する「閉鎖音」だからです。閉じたあと開かなければ「K」や「T」にならないし、開いてしまったら次の母音は表れる。

一方、サ行はそうではありません。「S」や「SH」は舌が歯茎、あるいはその少し後ろとの間に狭い隙間を作り、そこに空気を通すことで鳴らされる「摩擦音」です。それは息の続く限り「sssss」と引き延ばすことができ、そのあとに好きな母音を続けることができます。持続できるといえば、ナ行やマ行、ハ行も持続することができますが、NやMのこもった音は、そのまま「んー」「むー」というあいづちへと流れ、Hは「はー」というため息へと収束する可能性を孕んでいます。それに対して「S」の音は、こうしたあいまいな音へと流れる可能性がない。Sは、この世界にはっきりと声を割り入れ、これから唱えられるのはただのあいづちやため息ではないことばであろうことを予告します。

ユーミンの「さ」という声は、この「S」の力を存分に発揮するように唱えられています。譜面の上では、「ちいさい」の「さ」は三拍めに当たりますが、よくきくと「S」の音はそれよりずっと早く、短く切り上げられた「い」の直後の二拍半あたりから始まっています。わたしたちは切り詰められた「い」の声が反響するリバーブの中に、早くも次の「さ」を予告するSの音をきく。無意識のうちに、ああ、くるな、これは「ちいさい」ということばだ、と予感させられる。

これが気のせいではない証拠に、次のフレーズにも同じ現象が現れます。「かーみ「っさ」ーまがいて」。ほら、また「さ」だ。そして「かみさま」の「み」は短く切り上げられて、その反響の中に、またしてもSの音が忍んでいるではありませんか。ふー「っし」ーぎに。ああ、ここにはSHが忍んでいる。そしてとどめは、やー「っさ」「っし」い。もう明らかでしょう。歌声は明らかに、ことばがことばの音になる前に、SやSHをメッセンジャーのように走らせて、未来に起こるできごとを伝えている。この歌の前半では、いわば予感のサ行が繰り返し表れ、リバーブの中をさっと掃いていくのです。

ところが、歌のクライマックスで、きき手は、歌声に明らかな変化が起こったことに気づかされます。それはタイトルでもある「やさしさに包まれたなら」ということばが歌われるときです。

「やさしさ」には、サ行が三つ入っている。ほとんどサ行でできているこの「やさしさ」ということばを歌うとき、ユーミンの歌声は、ここまで繰り返してきた「予感のサ行」を使っていません。もう、SやSHは先走らない。ひとつひとつの音は、「っ」で詰まることなく「やーさーしーさにー」と拍の頭で唱えられる。あたかもそこだけぎゅっと線を引いたように、それぞれのモーラが確かな発音によって発せられ、やさしさが告げられます。

ここまで考えると、「やさしさに包まれたなら」には、ことばの内容だけからは見えてこない、もうひとつの声の物語が埋めこまれていることがわかります。これは、それまで何かの到来を告げる役目を担っていた声が、「やさしさ」ということばによって、到来するできごとそのものとして成就する歌なのです。

もちろん、ユーミンは、こんな小難しい理屈を考えながらこの歌を作ったわけではないでしょう。でも、口からさあっと吹き出されるサ行の声に何度も耳を傾け、そこに添うようにことばを選び、声の出し方を選んでいるうちに、SやSHを引き延ばす音が、ただの音程のない非楽音ではなく、ちいささ、かみさま、ふしぎさ、そしてやさしさのはじまりを自在に告げるための響きに変わっていった。そうしてできた歌には、おのずと、分け入っていくだけのしくみが生まれていた。そういう魔法なら、十分にありえるのではないかと思います。

この曲は、もともとお菓子のCM用に作られ、そのときの歌詞の最後は「目にうつる全てのことは、きみのもの」だったそうです。でも、アルバムに収められたバージョンでは、この最後の部分はCMとは異なっており、ユーミンの声は、できごとの到来を言祝ぎ、もう一度Sの力をリフレインするかのようです。

メッセージ。

3 ― 青春のしずめ方 ― 荒井由実「卒業写真」

すーすーしーしー。

こんにちは。細馬です。前回、サ行の話を書いてからというもの、どうもサ行の音が気になってしまい、ときどき、すーとかしーとか口にしてはハテナと首をかしげているのです。もしかして読んだみなさんもそうだったりするでしょうか。

同じサ行でも「し」はちょっと違うのではないか。

それもそのはず、サスセソとシでは、そもそも発音が違います。サスセソは歯茎と舌の間から音を出す、つまり「S」音で始まりますが、シは舌を歯茎のうしろに広げてそこで摩擦を起こす、つまり「SH」で始まります。当然響きも違います。試しに声をふるわさずに、ナイショのひそひそ声で「すーしー!すーしー!」と言ってみて下さい。「すー」はちょっとつつましく、一方「しー」の方は大きく、遠くまで響きますよね。

というわけで、今回はこの「し」、しずかに!の「し」、しーんの「し」、その始まりである「SH」の歌の話です。

日本語で「し」で始まる音を見ていくと、そこには独特の傾向があることに気づきます。生死の死は「し」、上下の下は「した」と呼ばれる(折口信夫の『死者《ししゃ》の書《しょ》』は、したしたという擬音で始まります)。しずということばに「沈む」「静か」「鎮め」と、イメージの重なる和語がいくつも割り当てられている。これらのことは、おそらく偶然ではない。「しじま」「忍ぶ」「しんとした」といったことばも、「し」のイメージと響きあっている。さらに「浸みる」「湿る」「偲ぶ」「慕う」「しんみり」「しくしく」「しとしと」。このように、「し」には、湿度や情感が下降し、浸透していく時間を思わせ、ゆっくりとした感覚の広がりに耳をこらすような響きがあります。静けさの中に何かをきく時間が、「し」の音を唱えるたびに繰り広げられているといってもいい。

おもしろいことに、SHの音は、しずけさに関することばを導く一方で、人の注意を惹きます。先にもふれたように、SHは歯茎のうしろと舌との間、面の隙間を通過する分、Sよりも摩擦の範囲が広く、大きな音がする。きわめつけは「しーっ」と相手を静める声。考えてみるとちょっと不思議な声です。「しーっ」自体はすごく耳を惹く大きな音なのに、そのあとはしんと静まる。

SHという音自体が静かなのではない。たぶん、SHという大きな摩擦音を発し終えた口の中の面に、続く沈黙が広がってゆく、そのしじまにきき入る時間が、しんと静かなのです。

さて、すっかり前置きが長くなりましたが、今回とりあげるのは、前回に引き続き、**ユーミン**の歌です（わたしはユーミンの話をすると長いんです）。

ユーミンのSH性がもっとも突出した歌、それは**「卒業写真」**（作詞・作曲：荒井由実）です。だって、『ソツギョウシャシン』。あ、SHが二つも入ってる。

いや、ことはシャシンだけではない。「卒業写真」は、全編これ、SHの歌だと言ってもいいでしょう。最初にユーミンが歌い出すところから、それはもう始まっています。鈴木茂のソロに導かれて、歌はカウントをとるように「かなぁ」と振り上げてから、「しい」と拍の頭を振り下ろします。拍の頭、といっても、実際にはSHの音は拍の頭より前から忍ぶように始まり、拍をまたいでいる。この「し」は耳を惹きます。惹きますが、惹いたあと、さっといなくなる。「し」の振り下ろしは空間を縦に割るような鋭い情動に支えられているのでもないし、高らかに響くわけでもない。拍の前後で振り上げられ振り下ろされながら、あとに訪れるであろう静けさを知っているような、少しかなしく、優雅な身振りです。

SHの前後で振り上げ、振り下ろされた声はもう一度試すように、「こと、が」と同じリズムを繰り返します。メロディもまた、最初と同じようにドレラ、ドレラを繰り返す。このとき、ユーミンは、彼女のシグニチャー・コードともいうべきDm7→Dm7/Gを割り当てています。通常ならDm7→G7となりがちなところですが、それではメロディを、ドからシに変えなければならない。「かなしい」身振りをメロディとともに繰り返すには、ここはどうしてもG7ではなく、ドの音をテンションにしたDm7/Gなのです。

同じメロディに異なるコードが割り当てられることで、かなしい杖は何度も振り下ろされ、一方その身振りを包む空気は揺らされる。そして、声がみたび「ある」と振り上げられ、ドレからさらに深くソまで振り下ろされるのが「と」、ここから曲はリズムを得てゆっくりと漕ぎ出します。

SHに始まるこの冒頭のしくみが偶然ではないことは、二番をきけばわかります。「はなぁしい」。ほら、「かなしい」と「はなし」は韻を踏んでいる。ただ踏んでいるだけではなく、拍の頭にSHの音を広げている。一番でも二番でも、歌は最初にSHの音を響かせて、鋭い点の拍子ではなく、面の拍子／表紙を開くのです。

最初に振り下ろされたSHの杖の力は、「写真」ということばでいよいよはっきりします。写真は、もはや語ることのない、生身ではない人であり、アルバムのページにはさまれた薄い一枚の面です。その面の感覚、こちらの情動をかき立てる一方で静けさに満ちた「シャシン」の面の感覚が、SHとともにやってくる。ここでのシャシンは、ただのぺたりとした一枚ではない。「シャ」の後半、SHのあとにやってくる「A」で少し開いた口の響きによって、薄いこの一枚は微かにふくらみを帯びている。ハモンドオルガンの響きはそこにさらに生気を吹き込むようです。

やがてトロンボーンの和音によって明らかにあたたかさを帯びていく歌は、しかしそれ以上親密になることはない。わたしは変わっていく。あなたは「ときどき」「遠くで」。時間も空間もここから離れていく。このとき、ユーミンは「しかって」という意外なことばをえらびます。ときどき遠くで「しかって」。遠いと思った距離にすいと入ってくるようなSHです。

かくして、写真と叱ることとは、SHを介して思わぬ形でつながる。写真に閉じ込められた人、写真によって、遠く時間を隔てられていた想い出が開かれる。遠く空間を隔てられたあなたとわたしの間に、「叱る」という行為が、さっと束の間の日差しのように射し込んでくる。そういう連想が、SHの音によってふいに立ち上がり、結びつき、静まっていく。


「卒業写真」には、もう一つ、SHで告げられるキーワードがあります。それは「青春」ということばです。「写真」「青春」。SHを含むこれらの二つのことばにおいて、「卒業写真」は同じ1975年に発表された「あの日にかえりたい」と対の関係にあります。「卒業写真」で開かれ、体温を与えられる写真は、「あの日にかえりたい」では千切られ、てのひらでつなげられる。「卒業写真」が写真のあなたに「青春そのもの」と呼びかけるのに対して、「あの日にかえりたい」では写真は失われ、語り手はいまはもう「青春のうしろすがた」を見るだけです。

「卒業写真」が発表された当時、「青春」ということばは、いささか手垢のついたことばでした。60年代から70年代にかけて、竜雷太や森田健作をはじめ若いスターを主人公に据えた「青春」ドラマがテレビで次々と放映され、カレッジソングやフォークソングで「青春」という語が盛んに歌われました。「卒業写真」のあとにも、森田公一とトップギャランの「青春時代」という、そのものずばりの曲がヒットしました。

では「青春」ということばは、この頃、どんな風に唱えられていたのか。

青春、と口にしてみると、そこには「せい↓しゅん↓」と、ほぼフラットな抑揚がついています。おそらく山田耕筰以来の、日本語の抑揚を活かす作曲法なら、この抑揚をこわさぬよう、メロディをつけることになるでしょう。試みに70年代の曲をいくつか思い出してみましょうか。青い三角定規の「太陽がくれた季節」。「せいしゅんは〜」「しゅん」だけ少し上がってますが、破綻はありません。オフコースの「青春」。「せいしゅんは〜」「ん」だけ少しあがってますが、ほぼフラットです。森田公一はどうか。「せいしゅんじだいが〜」。おお、まったくフラットです。

これらの歌と比べてユーミンの歌う「青春」はまったく違ったメロディが当てられています。「青春そのもの」は、「→せ↓い↑しゅ↓ん」。反山田耕筰とも言うべき、破天荒かつ大胆な抑揚です。特に最後の「ん」は、溌剌とした青春のイメージとは似ても似つかぬ、奇妙にくぐもった下がり方をしています。そういえば、先にあげた「あの日にかえりたい」でも「せいしゅん」の「ん」はぐっと下げられています。

「青春」の響きからフラットな抑揚を剥ぎ取り、そこにごつごつとした別の抑揚をあてることで、「青春」ということばは「セ・イ・シュ・ン」というモーラへと分解される。そして、「ん」の音がぐっと下げられることで、直前の「しゅ」の音が宙づりになります。

この印象的なSHを響かせることで、手垢のついた青春は、「わたしの」青春へと取り戻されます。と同時に、写真のSH、青春のSH、そしてわたしのSHが響き合います。写真と青春、二つのSHが為す一辺に、わたしというもう一つのSHが向かい合い、SHの三角形が生まれる。そのとき、あなたは、写真から青春へと、そのままそっくりうつされます。わたしはSHを唱えながら、わたしから離れ行く青春を、わたしのものでなく、あなたそのものにしてしまう。そして、SHのあとの静けさが訪れる。それが「卒業写真」の、「青春」のしずめ方です。

ところで、この文章を書こうとしてふと思い出したのですが、昔、ユーミンは何かの文章かインタビューで、彼女の使う「青春」ということばは同時代の人たちが歌う「青春」とはちがってむしろヘッセの「青春」に近いのだ、というようなことを語っていたような気がします。あれ、ヘッセだっけ？ とにかく、何か手がかりがないかと思って、試みに『**幸福論**』を開いてみたら、こんなことが書いてありました。

「ある楽器、あるいはある声域を特に好んだり、特に疑ったり、うとんじたりした音楽家があったように、たいていの人間は、およそ言語感覚を持っているかぎり、ある種の語や音や母音やあるいは字母の順序に対し独特の好みを持ち、他のを避ける。だれかがある特定の詩人を特別に愛したり、拒否したりする場合、それにはその詩人の言語趣味や聴覚が読者のそれに似かよっていたり、無縁であったりすることも、かかわりを持っているのである。たとえば、私は数十年愛してき、今も愛しているたくさんの詩句をあげて、その意味のゆえに、知恵のゆえに、経験や善意や偉大さなどの内容のゆえにではなく、ただ特定な韻のゆえに、ありきたりの型からリズムが独特に変っているゆえに、特に愛好されている母音の独特の選定のゆえに愛していることを示すことができるだろう。そういう母音の選定にしろ、詩人は、読者が無意識にやっているのと同様に、無意識にやったのかもしれないのだ。」

（ヘッセ『幸福論』高橋健二訳／新潮文庫）

ヘッセもまた、詩の内容以上に、音韻をきき、そこに宝物を見つけていたのでした。

ことばの音韻を訪ねることが、なぜ「幸福論」なのか。ヘッセは、幸福を論じるにあたって、高邁な理想を論じることも、世界を見渡して幸福度を比べることもしない。そのかわりに、ドイツ語の「幸福（Glück）」ということばが、いかにすばらしい音韻でできているかについて、こんな風に書いています。

「語の中には、話す人のすべてにとって、好きな語、なじまない語、ひいきにする語、避ける語がある。千べん使っても使い損じるおそれのない日常語もあれば、どんなに愛していようとも、慎重に大切にして、荘重なものに似つかわしく、まれに特にえりぬいて初めて口にしたり書いたりする。別な荘重な語もある。私にとって幸福（Glück）ということばは、そういうものの一つである。

この語は、短いにもかかわらず、驚くほど重い充実したもの、黄金を思わせるようなものを持っている、と私は思った。充実し、重みがたっぷりあるばかりでなく、この語にはまさしく光彩もそなわっていた。雲の中の電光のように、短いつづりの中に光彩が宿っていた。短いつづりは、溶けるようにほほえむようにGlと始まり、üで笑いながら短く休止し、ckできっぱりと簡潔に終った。笑わずにはいられない、泣かずにはいられないことば、根源的な魅力と感性に満ちたことばであった。」


（ヘッセ『幸福論』同右）


幼年時代の幸福な瞬間を思い出させる「幸福（Glück）」ということばそのものが、幸福を宿した小さな塊である。

それがヘッセの『幸福論』です。

なんだ、まるで「卒業写真」そのものじゃないか。

ところで、ユーミンの唱える「そのもの」はいいですね。最初につつましいSの音をそっと添える「そのもの」。

4 ― 歌はどこから始まるか ― ザ・ブルーハーツ「人にやさしく」

こんにちは。少しごぶさたしてました。細馬です。
こんにちは、と挨拶するところから会話が始まるのだとしたら、歌はどこから始まるのだろう。
それはイントロからでしょうか、それとも、歌声がきこえだしたところからでしょうか。今回とりあげる曲は、**ザ・ブルーハーツ**の**「人にやさしく」**（作詞・作曲：甲本ヒロト）です。

わたしはいまも昔も、新しい曲にはめっきり疎くて、自分で何をきくか決めるよりも、誰かに薦められるままにきくことが多いのですが、問題は、薦めてくれるのが誰か、ということです。20代の頃、いちはやく今きくべき曲を薦めてくれたのは、大学のセンパイのKさんでした。そのKさんがある日、例によって「いや、ホソマくんねぇ」と言って、とあるバンドのデビュー曲の話を始めました。それも、話すだけでなく、これがもうすごいのよ、と、出だしをわたしにわざわざ歌ってくれるのです。

「きーがーくーるーいーそーおー、って曲なんだよ」。

興奮のわりに、Kさんの歌い方は、ほとんど音程がフラットな鼻歌のようで（それはいつものことでした）、しかもことばの内容はといえば「きがくるいそう」で、鼻歌みたいにそんな深刻なことばを歌うのは、それこそきがくるってるみたいでした。そのときわたしは、だはははと笑ってほとんど取り合わなかったと思います。

いやホソマくんねぇ、とKさんは食い下がりました。パンクロックがやさしいんだよ、そんなのきいたことある？　Kさんは、さらに別の歌のひとふしを歌ってくれました。

「ぼく、パンクロックがすきだ〜」。

パンクロックじゃなくて鼻歌でした。

いやそれがねぇパンクなんだよ！　とKさんはいう。中途ハンパな気持ちじゃなくてすきなんだ、という。なんでそう言えるの？　ときき返すと、いや、ぼくのことばじゃなくて歌の中に出てくるのよ、中途ハンパな気持ちじゃなくてすきなんだ、って歌ってるのよ！　というので、ますますわけがわからなくなりました。

「中途ハンパな、きもちじゃ〜なくて〜」。

今度は節をつけて歌ってくれました。どんな曲か、ますます想像がつかない。

想像がつかないことが、わたしの想像をたくましくしました。これほど想像がつかないということは、これはとにかくこれまでの常識をくつがえすような冗談音楽にちがいない。それにKさんは、歌い方はいつもくそったれだけど、音楽の趣味はすこぶるよくて、それまで彼が薦めてくれた曲はたいていわたしも好きになったのでした。「とにかく「人にやさしく」がすごいからきいて!」。そこまでいわれたら、もうきくしかありません。

部屋に戻ってKさんから借りた「人にやさしく」のシングルをターンテーブルに置き、少し緊張しながら針を落としました。ぷつぷつと、レコードの外縁をなぞるおきまりの音がしたあと、さあっと音がしました。どこか違う場所に出たときに鳴る音です。
　とつぜん
きーがーくー
という声がしました。そのときわたしは、笑ったと思います。
わたしの「人にやさしく」はこんな風に始まりました。

5―歌と語りのあいだ ―幼稚園唱歌「お正月」

おーまーえーはーアーホーかー。

こんにちは、細馬です。

うたのしくみ、という連載なのですが、考えてみると、そもそも歌と歌でないものの区別はどこにあるか、という、いちばん基本的な話をしていませんでした。

とはいえ、これはなかなか難問です。さて、どんなことばが歌で、どんなことばは歌ではないのか。


たとえば、おーまーえーはーアーホーかー、という横山ホットブラザーズのフレーズはどうでしょう。歌だと言われると、違うような気がする。かといって、ただの語りかと言われるとそうでもない。なにしろ横山アキラは、おーまーえーはーアーホーかー、を、のこぎりで「奏で」ているのです。ギターもアコーディオンも入ってはいないけれど、これは少なくとも音楽です。だいいち、ただの語りにしてはおかしくないでしょうか。おーまーえーはーアーホーかー。イントネーションがはっきりしすぎてるし、あまりに間延びしてます。いかに大阪弁のイントネーションがきついと言っても、ふだんここまで極端ではない。それに大阪弁でまくしたてる人というのは、秒間にひらがなを10個以上はぶちこむものですが、おーまーえーはーアーホーかー、には1秒間に1つか2つ入っていない。

どうやら、いつもより節まわしを強調してゆっくり発すると、それだけでもう、ことばは歌に近づいていくようです。逆に、節回しを少なくしてすらすらと発すると、ことばは語りに近づいていく。ただし、両者はどこかではっきりと切り分けられるのではなく、境目はいささかぼやけている。おーまーえーはーアーホーかー、はそのぼやけた位置にある、微妙なフレーズなのでしょう。

さて、すっかり前置きが長くなりましたが、今回とりあげるのは**「お正月」**です。

も——いーくつねーるーとー、おーしょーがーつ——。作詞は東くめ、作曲は瀧廉太郎、もう百年以上前に作られた歌です。この歌は、それまでの文語調の歌ではなく、平明な唱歌を作ろうということで、明治34年（1901年）に『幼稚園唱歌』という歌集の一曲として生まれました。『幼稚園唱歌』には東くめ作詞、瀧廉太郎作曲の曲が12曲入っていますが、中でも、「お正月」は今なお、多くの人に歌われています。

百年以上残るということは、「お正月」には、なにか、人の頭に訴えるしくみがあるということです。それはどういうしくみか。

なんといっても衝撃的なのは、「お正月」というタイトルでありながら、のっけから、いまがお正月でないことが明かされる点です。**「もういくつねると、お正月」**。え、まだお正月じゃないんだ?

そのくせ、歌の中では何度も**「おしょうがつ」**ということばが繰り返されます。短い歌の中で三度も現れ、ひらがなにすると、54文字中18文字、なんと1／3を占めています。お正月ということばをきいたとたんに、この歌を思い出さざるを得ないほど、とにかく、**「おしょうがつ」**の含有率が高い。

問題は量だけではありません。最初に唱えられる**「おしょうがつ」**は、たった5つの短いモーラにレーレードーレーミー、と下がった上がったりの高低がつけられ、しかもやけに間延びしています。一方、二番目の**「おしょうがつ」**はまったく逆です。音程はただ下るだけ、しかも次の**「には」**とセットになって、ドドラソソ、とせわしない。なかなか楽しい対比です。小さい子供は、たとえ凧揚げやコマ回しを知らなくても、このスピード変化をはっきり歌ってやると、きゃっきゃと喜びます。

大人にも、このスピード変化はぐっときます。ここで冒頭の話を繰り返すなら、最初の**「おしょうがつ」**は、イントネーションを強調しゆっくりとした速さで、歌のように唱えられていると言えるでしょう。それに対して、二番目の**「おしょうがつ」**は、そそくさと、まるで語りのように唱えられる。

最初のおしょうがつはいわば、まだ遠くにあって、何度もフトンの中で想像する、あいまいな夢のような世界です。一方、二番目のおしょうがつは、もう目の前にあって、凧揚げもコマ回しも、ありありと現れてくる、うつつのような世界です。フトンの中にいるわたしたちは、「お正月」を歌いながら、いきなりタイムスリップして晴れ着でめかしこんで表で遊んでいる。まるで、遠い未来に手をのばしてぐいと目の前に引き寄せるように、お正月のまっただ中にいる。

しかし第三の**「おしょうがつ」**では、再び間延びしたおーしょーがーつー、に戻ります。ああ、すてきな場所と時間を引き寄せたと思ったけれど、ここはやっぱりフトンの中だったのですね。おーしょーがーつーを歌いながら、この場所からひとときお正月に遊び、またもとの場所にいる自分を見出す。残念ながらここはお正月ではなくフトンですが、しかし、このフトンは、とりあえず**「はやくこいこい」**と待つことのできる場所でもある。このフトンに何度も戻りながら、お正月に近づいていくのだな。と改めて、**「もういくつねると」**という冒頭のフレーズが思い出されます。

こんな風に、わずか四行の「お正月」を歌うとき、わたしたちは歌と語りのあいだを往復する。その結果、ここから遠く離れたお正月へ連れて行かれ、またここに戻ってくる。そして不思議なことに、歌い終わると、この場所は、さっきより少し居心地のよい場所、はやくこいこいとお正月を待つことのできる場所になっている。あたかも、寝る場所もなく町にたたずんでいたら片目すがめの老人がやってきて、いきなり望みをかなえられて生の浮き沈みを味わわされたあと、最後に山の麓の小さな家を与えられる『杜子春』のようです。

お正月ではない場所からお正月にひとっとび、そしてまたお正月ではない場所に戻ってくる。「お正月」を歌うたびに、わたしたちはひととき、そんな時間旅行をしている。もうーいーくーつねーるとー。おや、のこぎりの響きだ。ここはどうやらお正月のようです。横山ホットブラザーズの演奏がきこえる。

6 ― ことばの先で待ち伏せて ―― ａｉｋｏ「くちびる」

こんにちは。細馬です。

２０１２年の暮れ、紅白を見ながらちらちらとツイッターを見ていたら、突然、「菊地成孔」の文字がＴＬに次々に現れ始めました。あれ、おかしいな、菊地さん出てるのかしらん、と画面を探しても見当たらない。

そのときはわけがわからなかったのですが、あとで調べてみたら、少し前に、菊地さんがラジオ『菊地成孔の粋な夜電波』（ＴＢＳラジオ２０１２年11月４日）である人のことを絶賛していたのですね。で、その人がちょうど紅白で歌っていた。

なんでも、ある日、菊地さんが夜中の2時にラーメン屋に入ったら、有線からその人のある曲が流れてきたんだそうです。「そしたらもうね、４小節くらいきいて、動けなくなっちゃって」それから曲が終わるまでラーメンが食えなかった、という。いい話だ。

この話でぐっとくるのは、彼がきいたのが「ラーメン屋の有線」だったということです。家で歌詞カードをじっくり見ながらきくのでもなく、テレビで見るのでも誰かがカラオケで歌うのをきくのでもなく、ラーメン屋の有線だった。ラーメン屋の有線で耳にしたとき、たどりつく魅力が、この曲にはある。いや、この歌手に、ラーメン屋の似合う庶民的なところがある、ということを言いたいのではありません（全然否定しないけれど）。ラーメン屋でラーメンを待つ身にふと生まれた心の隙が、この曲のことば、この曲の声をつかまえてしまう。そういうしくみが、この曲にはある。

そんなわけで、今回とりあげるのは、**ａｉｋｏ**の**「くちびる」**（作詞・作曲：ａｉｋｏ）です。

日常会話で、わたしたちは相手のことばききながら、時々刻々と繰り出されることばのその先を、さまざまな手がかりを使って予想しています。たとえば「くちび」まで言われたら、それはもうかなりの確率で「くちびる」なのであって、くちびす、とか、くちびれ、などとは予想だにしません。それが恋を語ることばならばなおさらで、「口火を切る」ですら、ちょっと意外な感じがします。意外な感じがするということは、きき手は相手のことばをききながら意外でない答えを意識せぬうちに先読みしているということです。

相手のことばの先を読むこの能力は、会話をする人なら誰にでも備わっています。そして、この能力は、歌のことばをきくときにも、発揮されます。

すうっと息を吸う音がする。

「あなたのいない」

と歌がきこえて、少し途切れる。そのとき、わたしたちは知らず知らずのうちに、その先にふさわしいことばを予想しています。「あなたのいない」この部屋だろうか、「あなたのいない」土曜日だろうか。もちろん、一瞬のことですから、はっきりと候補が浮かぶわけではなく、あくまでうっすら、いくつかの可能性が、頭の中で絞り込まれていく。

「世界には」

そうきたか。あなたのいない世界には、つまらないことばかり。あなたのいない世界には、今日も人があふれている。はたまた、あなたのいない世界には、もういたくない。次なるフレーズの可能性があわあわと頭を漂います。ラーメンの湯気が立っている。

「あたしもいない」

そう、あなたがいないのだからあたしもいない、と納得しかけて、きき手は愕然とします。いま、この歌い手は何かとんでもないことを言いました。あたしはひとり、でもない。あたしはいたくない、でもない。あなたがいない世界にはあたしもいない。どういうこと？　あたしは、あなたの想念に過ぎないということか。

暖かい店の中で、あなた、ということばはあたかも、きき手であるわたし、ラーメンを食べているこのわたしのことのように親密に響きます。あなたのイマジネーションとしてのあたし、いや、わたしのイマジネーションとしてのあたしが、いま歌い出している。わたしがここから消えたなら、この歌を歌っているあたしも消えてしまう。

たった一行ですでにノックアウトされた頭に、この歌はまだまだきき手を驚かせることばを投げ込んできます。

「震えた唇で」

歌い手は「で」を鼻にかかった独特の声でぎゅっと切り上げます。この隙に、きき手は無意識のうちに、キス、とか、くちづけ、とか、愛を語った、といった、ラブソングの常套句を思い浮かべます。次の瞬間、

「あなたを塞いだ」

とくる。ぎょっとする。これはキスのこと？　そうかもしれない。でもそれなら、「あなたを塞いだ」ではなく「唇を塞いだ」じゃないでしょうか。「唇」に対して「唇」。そういう対等な関係がキスなんじゃないか。塞いだ、といわれたあなたには、まるでさっきまで穴が開いていたみたいです。さっきまで穴のあいていたあなたは、震えた唇によって、閉じた容器、一個の閉鎖系と化しました。あたかも寸胴と蓋。いや、そんな即物的なたとえでどうする。あた

かもシルヴァスタインの「ぼくを探して」。いや、それではきれい過ぎる。なにしろ寒いでいるのは「震えた唇」なのだ。ぷるぷるなのだ。ラーメンがのびていく。

そして、この歌の白眉は、サビの最初にあります。

「たった今すぐ」

ぐんと声が伸び上がる隙に、今度こそはずばり予測してやると無意識にはたらく考えは、会いに来て、とか、どうにかして、などと凡庸なことばを思い浮かべるばかりです。そこに

「逢いたいって」

ほらほら、あたしはやっぱり今すぐ逢いたいのだ、やっぱりね。そう思ったわたしに、思わぬ角度からブーメランが飛んできます。

「あなたが思っていて欲しい」

え?

たった今すぐ逢いたい、ってのは、あたしの思いだよね? あたしの思いだからこそ、たった今すぐ――――、とぐいぐい引き延ばしてみせたのじゃないか。それがなぜ、わたしの（注:すでに「あなた」を自分のことだと思っています）思いに裏返るのか。そしてこのブーメランは、さらにぎゅんと方向を変えます。

「何もかも置いて」

と、今度こそあたしは何もかも置いてくるのかと思えば、

「ここに来て欲しい」

なのです。あたしは、自分がしたいことをのびやかに歌っておきながら、それをあなたにして欲しい、と言うのです。いま「ここ」から欲望のブーメランを投げて、あなたもろとも「ここ」へ引き寄せようとするのです。そして、ブーメランを投げるほどにあたしとあなたが離れているのかといえば、

「唇に息がかかる」

距離にいるではありませんか。もうこの妄想のブーメランには駈けるべきストリートもなく、ぴたりと寄り添う二人の回りで極小の軌道を描いている。もはやあたしの欲望はいつでもあなたの欲望になることができます。

歌はまだまだ手を緩める様子がありません。aikoの書くメロディは、言いたいことを言い終えたかに見えて、Ⅶ♭m7→Ⅶ♭m7 on Ⅰという転調気味のコード進行に力を得て、それこそ彼女のしゃがんでは、伸び上がる動きのように、何度でもうねり、息を吹き返してくるのです。そして、あたしの思いであなたを入れ替えてしまうその狂おしい近さの中で、わたしはいつしか、あなたではなくあたしになっているのです。あなたのいない世界にはあたしもいない。この歌が消えてしまったらあたしは消えてしまうに違いない。

……ああしかし、やっぱりわたしは消えやしないのです。そして鉢に残ったラーメンもまた、消えやしないのです。そしてもう、満腹です。

＊＊＊

もうおわかりかと思いますが、このようなきき方、繰り出されることばの先を、歌の隙間に思わず予想させられ、裏切られるようなきき方は、耳から入ってくるからこそ成り立つものです。目の前に歌詞カードやテロップがあったなら、眼はいちはやく、耳にきこえるであろうことばを先取りして、耳の驚きを奪ってしまうでしょう。「たった今すぐ逢いたいってあなたが思っていて欲しい」。この一行をいきなりまるごと眼にしたなら、このフレーズがもたらす驚きに気づくのは、むずかしくなる。

耳が無意識のうちに裏切られていく。そんなきき方を好むわたしは、歌詞カードを見ながらきく、ということを、少なくとも最初は避けるようにしています。もちろん、きき違いも生じます。最初にこの歌をきいたとき、二番のサビが「書き付けた後に夢中で優しく話しかけて」ときこえました。何かすてきなアイディアを思い付いたあたしが、忘れないうちに急いでメモを書き付けたあとに、そのことを夢中で優しく語りたい（そして、それをあなたにして欲しい）。そんなへんてこな欲望のこと、まるでメモを裏返すようにあなたへと裏返すあたしのことを、しばらく空想していました。でも、あとで歌詞カードを見たら、それは「焼き付けた後に目尻で優しく話しかけて」でした。なあんだ。でも、これはこれで唐突なことばです。いったい何を焼き付けたのか。ａｉｋｏの歌詞は、ところどころ謎めいて、あたかもそこに、他の人にはわからないパーソナルな出来事でも埋めこまれているように響きます。

ところで、「くちびる」の歌詞カードを見て、もう一つ、最初にきいたときにはわからなかったことに気づきました。「触って」と「解って」、どちらも角が生えている。

7 ― ヴァースと替え歌 ― アメリカ民謡「いとしのクレメンタイン」

おれたちゃ〜まちには〜すめないからに〜。

こんにちは、細馬です。

まだまだ寒い日が続きますが、こんな日はわけもなく、雪山の歌を思い出しますね。山の歌とかキャンプの歌というのを思い浮かべようとすると、なんとなく、誰かと火を囲んで歌っている場面が思い浮かぶ。わたしの年代だと、ダーク・ダックスやボニー・ジャックスのおじさんたちがセーターを着てにこやかに歌いかけてくる絵が浮かんだりします。そもそもよほどの登山好きでない限り、雪山やキャンプに一人で行くことはありませんから、こうした歌は、たいてい誰かと歌うようにできています。そして、歌詞はといえば、やたらと長いものが多い。まあ長い方が、ヒマがつぶれていいのですが、それにしても、どうしてあんなに長いのか。

「雪山讃歌」は、長い山の歌の典型です。

雪よ岩よわれらが宿り
俺たちゃ　町には
住めないからに
俺たちゃ　町には
住めないからに

（作詞：西堀栄三郎　曲：アメリカ民謡）

このあとなんと9番まで続きます。ああ長い。あとの歌詞は各自ググって下さい。

アメリカ民謡、とあるように、「雪山讃歌」には原曲があります。英語の授業で習う「オー・マイ・ダーリン　オー・マイ・ダーリン」という、あれですね。原題は『Oh My Darling Clementine』、**「いとしのクレメンタイン」**です。

「いとしのクレメンタイン」の歌詞にはいろいろなバージョンがあるのですが、こちらも「雪山讃歌」同様長くて、8番まで続くものもあります。では、もし英語の苦手なあなたが、この曲を朗々と英語で歌う楽しげな人びとに囲まれることになったら、どうするでしょうか。たぶん、こうするでしょう。

なんとかかんとか、なんとかなにか
なんとかかんとか、なんとかなにか（以上、ごにょごにょごまかす）
オー・マイ・ダーリン　オー・マイ・ダーリン
オー・マイ・ダーリン　クレメンタイン（大声で歌う）
ごにょごにょ、ごにょごにょ
オー・マイ・ダーリン・クレメンタイン（大声で歌う）

はい、英語が苦手でも、楽しくみんなと盛り上がることができます。この、「なんとかかんとか」を適当にやり過ごして「オー・マイ・ダーリン　オー・マイ・ダーリン」でなんだか知らないけど盛り上がることのできる歌のしくみが、今回の**「いとしのクレメンタイン」**話なのです。

「雪山讃歌」のクレジットでは「アメリカ民謡」となっていましたが、「いとしのクレメンタイン」は、1885年にパーシー・モントロスという人によって書かれました。舞台は雪山……ではなく西海岸の金鉱で、その「ウィット」に富んだ歌詞のおかげで、アーティストや学生の間で流行り、やがてボーイ・スカウトやカレッジ・ソングの本に載るようになり、人びとは長い長い歌詞を、ランプやガスライトのもとで歌うようになりました（すらすら書いてますが、これはセオドア・ラフ「アメリカン・ソング・トレジャリー」（※1）の引き写しです）。

どんな「ウィット」に富んだ歌詞なのか。「なんとかかんとか」とごまかした部分をちょっと訳してみましょうか。歌えるように言葉数を合わせてみたので、気が向いたら歌って下さい。

※ Raph, Theodore “The American Song Treasury 100Favorites” Dover Publication, Inc. New York. (1986)

1
谷間のほらあな
金鉱探し
おれたちゃ穴掘り
かわいいクレメンタイン
［＊繰り返し］

オー・マイ・ダーリン
オー・マイ・ダーリン
オー・マイ・ダーリン
クレメンタイン
もう二度と会えない
いとしのクレメンタイン

2
身軽な妖精も
足はでかい
イワシの空箱
サンダルがわり
［＊繰り返し］

3
アヒル追い立て
いつもの海へ
足に棘　つまずいて
泡立つ波へ
［＊繰り返し］

4
泡吹く唇
波間に赤く
おいらはかなづち
ごめんよクレメンタイン
［＊繰り返し］

5
谷間の教会
ギンバイカは巻く
薔薇咲く庭に
眠るはクレメンタイン
［＊繰り返し］

6
それから金鉱は
栄えて廃れ
娘は年頃
ここにもクレメンタイン
［＊繰り返し］

7
うなされ見た夢
ずぶぬれクレメンタイン
昔ゃ抱いたが
もう潮時か
［＊繰り返し］

8
さびしい　さびしい
さびしいぜ　クレメンタイン
妹にキスして
忘れようクレメンタイン
［＊繰り返し］

最後は妹で忘れるのか！　さすがにこのひどいオチの部分は、ボーイ・スカウトや子供向けの歌集では省かれるようです。アメリカの古い歌には、災厄や運命を笑いに変えてしまう皮肉な「ウィット」が埋めこまれていることがときどきあって、実に油断ならないのですが（なんだかランディ・ニューマンの歌みたいです）、「いとしのクレメンタイン」もその一例です。

「いとしのクレメンタイン」のような歌のしくみを考えるときに、覚えておくと便利な二つのことばがあります。それは**「ヴァース」**と**「コーラス」**です（※2）。

前半のなんとかかんとかの部分、どんどん内容が変わっていく部分を「ヴァース」と呼びます。一方、「オー・マイ・ダーリン」の部分、ほとんど知らない人でもすぐに覚えて大声で唱和することができる部分を「コーラス」と呼びます。一つの曲の中で何度も繰り返されるので「コーラス」の代わりに「リフレイン」と呼ぶこともあります。

誰かが物語に気の利いたヴァースを加えると、みんながコーラスを続けて歌って盛り上がる。これを何度も繰り返す。ヴァースとコーラスとを交互に歌うスタイルというのは、19世紀のイギリスやアメリカの歌によくある形でした。

ヴァースとコーラスの感覚は、日本でも知られています。たとえば「パイノパイノパイ」で有名な**「東京節」**。

東京の中枢は丸の内　日比谷公園両議院
いきな構への帝劇に　いかめし館は警視庁
諸官省ズラリ馬場先門　海上ビルディング東京駅
ポッポと出る汽車どこへ行く
ラメチャンタラギッチョンチョンデパイノパイノパイ

パリコトバナナデ　フライフライフライ

（1919年／大正8年／作詞：添田さつき）

たぶん、最初の四行をきちんと歌える人はあまりいないと思いますが、最後の「ラメチャンタラギッチョンチョンデ……」のところは、きき覚えのある人もいるのではないでしょうか。この曲の最初の「東京の中枢は……」を含む四行がヴァースで、「ラメチャンタラ……」がコーラスです。「ラメチャンタラ……」の部分は何度も繰り返されるので、ふと耳にしただけの人もあとから思い出せるし、その気になれば唱和できる。

大正時代の東京の風俗が歌われているこの曲は、もともと**「ジョージア行進曲」(Marching Through Georgia)**という南北戦争期に作られたアメリカの軍隊行進曲でした。それを大正時代になって、添田唖蝉坊、知道（さつき）親子が替え歌にして流行した。添田さつきは同じメロディで「平和節」というのも作っていて、ソウル・フラワー・モノノケ・サミットがこの「東京節」と「平和節」を取り混ぜてカバーをしています。取り混ぜても成立するところが、ヴァースの融通無碍でおもしろい性質です。

1970年代にはザ・ドリフターズが「ドリフのバイのバイのバイ」としてヴァースを変えて歌っていて、これがまたヴァン・マッコイの「ザ・ハッスル」を取り入れたすごくファンキーなアレンジなのですが、おもしろいことに、最初の四行をメンバーが一人ずつ歌って、最後の二行は全員で歌うというスタイルになってます。つまり、アレンジが原型をとどめないほどになっても、誰かが気の利いたヴァースを歌ってから、ああうまいこと言うね、と全員でコーラスする、というしくみは保たれている。

ドリフといえば、ズンズンドッコとコーラスする「ドリフのズンドコ節」、そしてババンババンバンバンとコーラスする「いい湯だな（ビバノン・ロック）」。ヴァースとコーラス、という形式は、ドリフのようにグループで景気をつけて歌うスタイルに、実に適したしくみなんですね。ヴァースはいわば改変可能な部分、極端に言えば、誰かがそのときに思い付いたことを歌っても成り立つ部分で、替え歌が作りやすいのです。

「いとしのクレメンタイン」に話を戻すと、この歌もまた、歌詞にいくつかのバリエーションがあることで知られています。先にあげたのは「アメリカン・ソング・トレジャリー」に載っていたのを訳したものですが、英語版のWikipediaを見ると、違う歌詞がいくつもずらずら紹介されていて、物語が幾枝にも派生しています。ヴァースの部分がいかに改変を誘っているかが、よくわかります。

「いとしのクレメンタイン」のもう一つ重要な特徴は、ヴァースとコーラスとが、同じメロディになっているところです。だからすぐ覚えることができる。19世紀まではこうした簡単な構造の曲がたくさんありました。ヴァースとコーラスとで異なるメロディがつけられるようになってきたのは、同じ19世紀、スティーヴン・フォスターが出てくるあたりからです。

ヴァース：

わたしゃアラバマから　ルイジアナへ
バンジョウを持って　出かけたところです
降るかと思えば　日照り続き
旅はつらいけど　泣くのじゃない

コーラス：
おおスザンナ　泣くのじゃない
バンジョウを持って　出かけたところです

（「おおスザンナ」1849年／訳詞：津川主一）

「おおスザンナ泣くのじゃない」のところでメロディを変化させているので、気分がぐっと改まる。この改まる感じが、フォスターのもたらした新感覚だったのですね。「いとしのクレメンタイン」は、フォスターよりちょっとあとの歌ですが、ヴァースもコーラスも同じメロディの古き良きスタイルで、ちょっと復古調なのです。

さて、時代は下って1927年（昭和2年）、スキー合宿にいった温泉地で悪天候にはばまれ、暇を持てあましていた京都大学山岳部の一行は、この「いとしのクレメンタイン」に日本語の歌詞をつけることを思いつきました。そしてできたのが、「雪山讃歌」です。作詞は部員の一人、後の南極観測隊越冬隊長の西堀栄三郎となっていますが、実際にはみんなでよってたかって作ったのでしょう、歌詞は一番ごとに内容が違っていて、何人かで作詞を楽しんだあとがうかがえます。やはりヴァースは替え歌にしやすいのですね。最後の9番で山に別れを告げることで、歌は全体として街から山に来て山をおりるという物語の形におさまっています。

おもしろいのは、こうしてできた「雪山讃歌」には、コーラスの訳詞がないことです。その代わりにヴァースの後半を繰り返すことで、みんなで唱和できる擬似的なコーラスを作っている。つまり、「雪山讃歌」はヴァースとコーラスという形式からやや逸脱しているのですが、一方で、その形式の底にある、うまいこと言う↓みんなで盛り上がる、という感覚は保たれているというわけです。

こうして見ていくと、ヴァースとコーラスという形式によって、きき手は改変すること、どんどん長くしていくこと、物語を加えていくことへと誘われていることがわかります。言い換えれば、ヴァース／コーラスという形式をとり、なんとかかんとか歌っては繰り返し盛り上がることによって、歌はきき手に開かれ、替え歌として生まれ変わるよう運命づけられている。「雪山讃歌」はそんな、ヴァースとコーラスの力に導かれて生まれた歌だと言えるでしょう。

＊＊＊

ところで、クレメンタインは、フランス語だとクレモンティーヌ、だとさっき気づきました。思いがけない日本の曲をカバーすることで知られるクレモンティーヌは、なんと「いい湯だな」も歌っています。ババンババンバンバン。あ、クレモンティーヌは一人でコーラスを歌うのだな。

［参考文献］

※1「愛しのクレメンタイン」については以下のポピュラーソング集を参考にした。

Raph, Theodore(1986)The American Song Treasury: 100 Favorites(Dover Song Collections), Dover Publications.

※2 ヴァースとコーラスの定義についてはいくつかあるが、ここでは以下を参考にした。

Campbell, Michael(2011)Popular Music in America: And The Beat Goes On, 4th edition. Schirmer.

Lazzerini, Colin(2013.10月閲覧) A Rough Guide To The History Of Songwriting Language.
URL: http://songwriting.songstuff.com/article/songwriting_terminology/

Randel, D. Michael(ed.)(2003) The Harvard Dictionary of Music, 4th edition. Harvard University Press.（主に Ballade の項）

8 ― 歌になる理由 ― ジュディ・ガーランド「虹の彼方に」

こんにちは。細馬です。

前回は、「いとしのクレメンタイン」という、ずいぶん古めかしい歌をとりあげました。同じメロディを何度も繰り返す、単純だけど楽しい歌。今回はそこから、もう少し時代を下って、20世紀前半の歌がどんな風になったか、見てみましょうか。というわけで、とりあげるのは、**ジュディ・ガーランド**の**「虹の彼方に」**（1939年）です。作詞は「ペーパームーン」のエドガー・イップ・ハーブルグ、作曲はハロルド・アーレン。これまた古い歌ですが、いまでもいろんな人がカバーしてるから、みんな知ってるでしょう？

じゃ、知ってる人は出だしを歌ってみて下さい。さんはい。

「サームホェアー、オーバーザレインボウ」

そう、普通はそう歌い始めますよね。どこか虹の向こう。歌えるように日本語に訳すと、続きはこんな具合です。

どこか　虹の向こう　高く
あの唄できいた国があるの
どこか　虹の向こう　青く
夢見てた夢かなう国へ

いつか　星に願って目覚めれば雲を見下ろす

悩みは　溶けるレモン・ドロップス
はるか下に　えんとつ
ほらわたし　ここだよ

どこか　虹の向こう　青い
鳥が越えてゆく　そうだわたしも

（訳：細馬　以下同）

素直な歌詞ですが、ここには視点の変化が埋め込まれています。最初の四行では、ここから「どこか」を夢見ているのですが、次の四行、メロディが変わってことばがすばやくなるところでは、もうその「どこか」に心はたどりついています。雲は下にあるし、その向こうに煙突も見える。「悩みは溶けるレモン・ドロップス」っていうのが、いいですね。ものすごい上空へと移動すると、悩みは口の中の小さなできごとで、それがレモンの味で飴玉のように溶けていく。夢がかなったことが、味でわかる。目も舌も夢をかなえた。

かと思ったら、次の二行では、また「どこか」ということばが現れます。やっぱりこの身は地上にいて、夢の世界はここではない「どこか」なのです。そんな場所はどこかしら、そうだわたしも行くんだわ、と、歌い手は最初よりは少し、虹の彼方をこちらに引きつけています。

あれ？　この感じ、前にもありました。

そう、このしくみは、まさに「お正月」の歌そのものではないですか。最初にお正月の夢がゆっくりメロディで歌われて、もういくつねるとお正月。そこからお正月のまっただ中に飛び込んでことばが速くなる、ああでもやっぱりフトンの中だ、早くこいこいお正月。あれです。

どうやら、夢見がちなことばが歌になり、夢が実現するところとばは歩みを速める、という『お正月』メソッドは、万国共通のようです。

さて、以前の連載のことを思い出したついでに、前回のことも思い出してみましょうか。「いとしのクレメンタイン」で見たように、古い歌には、歌う度に変化するヴァースと、繰り返すコーラスとを交互に繰り返す構造があったのでした。

では、ここで問題。「虹の彼方に」のヴァースはどこで、コーラスはどこでしょう？　答えは30秒後に。

…答えは意外や意外、実は「どこか虹の向こう」という歌い出しからお尻まで、すべてがコーラスなのです。この歌は、ご存知の通り『オズの魔法使』（1939年）でヒットしたのですが、ジュディ・ガーランドが映画の宣伝のためにラジオ出演したときには、先にあげた歌詞をコーラス・グループがまるまる、繰り返し歌いました。先にあげた部分は、全部がコーラスであり、リフレイン（繰り返し）だったというわけです。

コーラスではあるのですが「いとしのクレメンタイン」に比べると、ちょっと中身が複雑になってます。メロディが二つある。これをA、Bとしましょうか。歌詞はこんな具合に歌われています。

A：どこか　虹の向こう　高く
　あの唄できいた国があるの
A：どこか　虹の向こう　青く
　夢見てた夢かなう国へ

B：いつか　星に願って目覚めれば雲を見下ろす
悩みは　溶けるレモン・ドロップス
はるか下に　えんとつ
ほらわたし　ここだよ

A：どこか　虹の向こう　青い
鳥が越えてゆく　そうだわたしも

ABそれぞれが8小節、AABAの計32小節でひとつのコーラスになります。Bは Aに比べて言葉数が多いですが、それはさっきも書いたように、少し早く、語るように歌ってるからです。これをAABA形式、なんて言います。

あれ？　じゃ、ヴァースはどこなのでしょうか。

実は、映画『オズの魔法使』では歌われていませんが、「虹の彼方に」には、サームホェアー、の前に、まとまった導入部分があります。

歌詞はこんな内容です。

世界は望みも消えてめちゃくちゃ
どこもかしこも雨でぐしゃぐしゃ
そのとき空に魔法のひとすじが開く
空に雲たちこめるとき

空の高くに虹が見つかる
あなたの窓から続いてる
太陽の向こうへ行きたいなら
雨からひとあし踏み出してごらん

この、長い導入部分が、実はヴァースなのです。最初に歌われるので、「イントロダクトリー・ヴァース」とか「オープニング・ヴァース」と言います。

つまりわたしたちは、このオープニング・ヴァースで語られていること、語り手のいる世界の事情、虹を越えたくなる事情をすっとばし、いきなり「サームホェアー、オーバーザレインボウ」と本題に入ってコーラスしていたというわけです。

実をいうと、オープニング・ヴァースとコーラスというしくみは、「虹の彼方に」だけのものではありません。オープニング・ヴァースのあとにコーラスをつけ、そのコーラス部分をAABA形式の32小節にする、というしくみは、20世紀に入って、「ティン・パン・アレイ」と呼ばれる作曲家たちによって、特にミュージカル・ナンバーで盛んに用いられるようになりました。

ティン・パン・アレイのことは、また別の機会にお話するとして、「虹の彼方に」のオープニング・ヴァース、実際のところ、必要なんでしょうか？　ジュディ・ガーランド自身、オープニング・ヴァースを歌うことはあまりなかったようです。

正直なところわたしは（もしかしたら、あなたも）「サームホェアー」で始まる「虹の彼方に」にすっかり慣れているので、オープニング・ヴァースはちょっとくだくだしく感じることがあります。わけのわからないことばで本番が来るまで待たされているようで、なんだかありがたみを感じにくい。だいいち英語だしね。

でも、ミュージカルを身近に感じている人たちは、どうでしょう。

YouTubeを"oz+high school"で検索していくと、おもしろいことに、アメリカのハイスクールで『オズの魔法使』のミュージカル版をやっている人たちの映像がいくつも見つかります。ハイスクールとはいえ達者な人が多いのに驚かされます。日本では合唱コンクールが盛んだけれど、高校でミュージカル、というのは、それほどではないんじゃないかしら。

こうした高校生ミュージカルをいくつか見ていくと、英語はわからなくても、オープニング・ヴァースがちっともくだくだしくなくて、むしろコーラスに向けてゆっくりと感情を動かして歌われてることがわかります。ミュージカルの中で台詞を語っていた人が歌い出すには、語りが歌になる理由があり、情動が揺らされて歌へと高まっていく時間がある。その理由が歌われる時間が、オープニング・ヴァースなのです。

実は、映画『オズの魔法使』の中のジュディ・ガーランドも、オープニング・ヴァースこそ歌わないものの、何の前触れもなくいきなり歌い出しているわけではありません。

「虹の彼方に」が歌われるのは、まだドロシーがオズのいる世界にいく前。殺風景なカンザスの田舎で、ドロシーはいじわるな近所のガルチさんから犬のトトのことであれこれ言われて悩んでいます。でも、忙しく働くおじさんやおばさんはまるで相手にしてくれない。「今日はもう話はきいてあげられないわ、悩みに巻き込まれない場所を探しなさい！」と言われたドロシーは、犬のトトに向かってこんな風につぶやきます。

「悩みに巻き込まれない場所。そんな場所ってあるかしら、トト？　あるはずよ。そこは、ボートでも行けない、汽車でも行けない。遠く遠くよ。」遠く遠く、ということばに応えるように、オーケストラは、にわかにさざめき始めます。

「月の向こう、雨の向こう」ドロシーのことばがその場所を言い当てる頃には、もうオーケストラは歌の始まりを予感させていて、ドロシーのことばはメロディになります。「どこか虹の向こう…」

ドロシーがトトに向かってつぶやくことばが、まるで歌を準備するように情動を揺らしている。台詞はオープニング・ヴァースのように、少しずつ、歌に向かう情動を用意しているのです。でも、あくまで台詞ですから、オープニング・ヴァースほどに高まってはいない。

台詞から歌に移るとき、、ジュディ・ガーランドは舞台のようにあまり声を張り上げずに、マイクをうまく使っており、歌のクライマックスでは逆に声を少し引き気味にさえしています。そこがまた、この「虹の彼方に」の夢のささやかさを表しているようで、きく者をせつなくさせます。七色の虹のことを歌っていながら、画面が色を欠いたセピア調であることも、このささやかな歌い方に沿っている。そして気がつくと、ドロシーは歌の中でもう夢をかなえて雲の上にいるのですが、映画はその空想場面を描くかわりに、一本のクラリネットをマイクに近づけて、ジュディの歌声に寄り添わせています。

こんな風に、ミュージカルの舞台や映画では、歌は長い物語の一部であり、語りが歌になる理由、そしてその理由を語る方法がある。それが、オープニング・ヴァースや語りという形をとる。「虹の彼方に」は、そのように物語に埋め込まれた歌であり、わたしたちがしばしば耳にする「虹の彼方に」は、そうした物語から取り出された、コーラスなのです。

そして、これは「虹の彼方に」に限った話ではなく、いわゆる「スタンダード・ナンバー」のほとんどに言える問題なのですが、話が長くなりそうなので、続きはまたの機会に。

＊＊＊

そうそう、「虹の彼方に」の最後の部分のことを書くのを忘れていました。
実は先ほどは書かなかったのですが、この歌には、ヴァースとコーラスだけでなく、最後に短い「コーダ」（アウトロ）がくっついています。おもしろいことに、歌詞は夢見るAの部分から、旋律は夢をかなえるBの部分から借りられています。

コーダ：

青い鳥が虹を越えてゆく
そうだわたしも

いつのまにか、さっきは夢の中で鳴っていたクラリネットが寄り添っている。ジュディ・ガーランドは、夢見ることばを、夢をかなえるメロディで歌いながら、歌を閉じていくのです。

9　歌って、サム　―　映画『カサブランカ』より「時の過ぎゆくままに」

ボギー、ボギー、あんたの時代はよかった。

と沢田研二が**「カサブランカ・ダンディ」**（作詞：阿久悠／作曲：大野克夫）を歌ったのは1979年のこと。もう35年前です。歌は「男がピカピカのキザでいられた」と続きます。

ボギーとは言うまでもなくハンフリー・ボガートのこと。彼が主演した映画『カサブランカ』は、ジュリーのこの曲「カサブランカ・ダンディ」からさらに遡ること33年前、1946年に日本で公開されました。1937年生まれの阿久悠は公開当時まだ少年で、『カサブランカ』のボギーにぐっと来た大人たちに遅れた世代でした。

そして33年後、いいオトナになってみると、もうボギーのようなキザっぷりがもてはやされる世の中ではなかった。あなたがもし「カサブランカ・ダンディ」を少年少女の頃にきいた世代なら、35年後のいまこそ、阿久悠の作った詞を味わい尽くすときかもしれません。パラシュートを背負って一人泳いでたジュリー。飲みかけのウイスキーボトルを片手に歌っていたジュリー。遠く帽子を飛ばしたジュリー。おおジュリー、忘れられない。

かつてジュリーが「カサブランカ・ダンディ」を歌ってた頃には、「昔、『カサブランカ』という映画があってだな…」と数々の名台詞についてうんちくを傾け出す、ちょっとうっとうしいオトナがあちこちにいたものです。しかし、こんにち、そういう話をオトナがしようものなら、相手はすぐさまネットで検索して「あ、Wikipedia に書いてある」と逆にもっと詳しい話を教えてくれるでしょう。ボギー、ボギー、あんたにスマホはなかった。

ああ、こんな話をしたいのじゃありませんでした。
『カサブランカ』という映画は何よりも、歌を思い出す映画です。だから、歌を思い出すことについて話しましょう。
さ、もうWikipediaは閉じて。

イングリッド・バーグマンの演じるイルザは、ボギー演じるかつての恋人リックの店に行き、やはり昔なじみのピアノ弾きのサム（ドゥーリー・ウィルソン）に会います。彼女はそこでかつて恋人とよくきいた歌を思い出します。

イルザはサムに、こう呼びかけます。

イルザ：あれを弾いてくれない、サム。昔のよしみで。
サム　：さて何のことだか、イルザさん。
イルザ：弾いて、サム。弾いて、「時が過ぎても」。
サム　：いやあ、忘れちまいました、イルザさん。もう腕がさびついちまって。
イルザ：ハミングしてあげるわ。タライラライラ…
（サム、しかたなくピアノを弾く。イルザ、少し視線をそらせて）
イルザ：歌って、サム。
（サム、驚いたようにイルザを見てから、思い切ったように歌い出す）

「弾いて、サム」は、しばしば名台詞として取り上げられますが、一つの台詞だけを抜き取るのではなく前後のやりとりを見ていくと、イルザは何もいきなりサムに弾いてもらっているわけではなく、ゆっくりと段階を踏んでいることがわかります。
まず、イルザは歌わずに、メロディだけをハミングします。そしてサムも、歌なしで、ピアノだけで弾こうとします。だからイルザは「弾いて」と言ったあとで改めて「歌って」というのです。そしてサムが歌い出す**「時の過ぎゆくままに（時が過ぎても）」（as time goes by）**は、こんな歌です。

忘れないで
そう、キスはいつもキス
ためいきはためいき
変わらない大事なこと
時が過ぎても
恋人たち
唱える「アイラブユー」
信じてることば
どんな未来にも変わらない
時が過ぎても

（訳：細馬　以下同）

「忘れちまいました（I can't remember it）」と覚えていないふりをしているサムが歌い出すと、歌詞の最初がいきなり「忘れないで／覚えているはず（You must remember this)」とくる。サムは歌詞に嘘を暴かれる。そういうところも、この映画の台詞はよく練られています。

「時の過ぎゆくままに」は、後に幾多の歌手に歌われたラブ・ソングですが、その内容はちょっと変わっています。アイとかユーといった恋の当事者視線ではない。ちょっと離れたところから恋とはこういうものだ、という摂理を歌っている。恋人たちの営みは、どんなに世の中が変わっても変わらない、という歌詞は、恋人でなくなった者たちには手厳しい皮肉に響くでしょう。だからこそ、サムは最初、歌わずに弾くだけだった。それをあえて「歌って」とイルザが言うもんですから、目をむいて驚くというわけです。当然、ボギーはあせって飛んで来る。

では、なぜこの歌はこんな風に、誰かの恋のことではなくわざわざ世の恋一般の摂理について歌っているのでしょう。察しのいい方はもうお気づきでしょうが、実はこの歌にも前回の「虹の彼方に」同様、歌い出す理由を述べる部分、すなわち、オープニング・ヴァースがありました。それはこんな内容です。

わたしたちのいるこの時代が
産み出した新しい悩みは
スピードと新発明と
四番目の次元にのっかってる
おまけにくたびれてしまうあの
アインシュタインの理論
だから地に足をつけて
リラックス、気を休めよう

何が進歩しようと
何が証明されようと
人生ってやつは単純で
動かしがたいもの

映画の中で懐かしの歌として扱われているこの「時の過ぎゆくままに」は実際古いラブ・ソングで、もともとは1931年にハーマン・フップフェルドがミュージカルのために作った歌です。1931年の少し前、ローリング20sと呼ばれた1920年代は、発明と科学でアメリカが好景気になった時代でした。自動車が大量生産され、人々はジャズに踊り狂いました。レコードの売れ行きがあがり、ラジオ局が次々と開局し、映画界ではトーキーが誕生しました。アインシュタインの相対性理論を解説する啓蒙書が売れ、進化論は宗教論争に発展しました。しかし、その勢いは1929年の大恐慌でみるみるしぼみ、人々は高い金を出してレコードを買うかわりに、タダでいくらでも音楽をきけるラジオに耳を傾けるようになりました（なんだか音盤とインターネットとの関係みたいですね）。「時の過ぎゆくままに」は、そんな時代の空気を写し取ったオープニング・ヴァースによって、スピードを疎みながら「地に足をつけてリラックス」と歌い出されたのです。

さまざまな歌手や演奏家が「時の過ぎゆくままに」を吹き込みましたが、もっともヒットさせたのは、ルディ・ヴァレーです。ルディ・ヴァレーは、アメリカで最初に「クルーナー」として国民的歌手になった人だと言われています。「クルーナー」とは何か。マイクのない時代、歌手は、舞台から朗々と声を張り上げて観客にその歌を届かせるのが基本でした。蓄音機が現れた当初も、歌手はマイクに向かって相変わらず声を張り上げていました。ところが、次第にマイクの性能があがると、小さな声のおしゃべりにも、親しい表情が生まれるようになりました。1920年代末、ルディは、こうしたマイクの特性を活かして、声を張り上げるのではなく、マイクの近くであたかもハミングでもするように、ひそやかなささやき声で歌い始めました。リスナーは、ラジオから流れ出すその声の近さに驚き、舞台できくのとは全く違うその親密さに魅了されました。ルディは、このようなスタイルの歌手、すなわち「クルーナー」として、ラジオを通じてアメリカ全土で人気を集めたのです。マイクなしの舞台に立つときすら、彼はクルーナー唱法で歌いました。もちろん、そのままでは観客に届かない。そこで使われたのが、メガフォンでした。今からすると冗談のようですが、ルディは、片手でメガフォンを構えて、あたかも客席をゆっくりとスキャンするように体の向きを変えながら歌いかけたのです。観客は自分の方向に回ってきたときにだけ、ルディの声の輪郭がはっきりするのをきいて、その束の間の親しさにまたうっとりしたのでした。

では、わたしたちの耳をメガフォンが通過していくところを想像しながら、「時の過ぎゆくままに」(1931年)をきいてみましょうか。

ルディ・ヴァレー版の「時の過ぎゆくままに」は、コーラス部分も「虹の彼方に」と同じく、AABAの32小節から成るコーラスを持っています。Bの部分では「男は女を求め女は男を求める、その気持ちは打ち消せやしない」と、歌の主張は強まっています。昔の歌手ならこの部分を高らかに歌いあげたでしょうが、ルディ・ヴァレーはむしろ声の力を抜いて、強い調子のことばを巧みに甘くしています。クルーナーという呼び方は主に男性歌手に使われますが、「虹の彼方に」のジュディ・ガーランドがマイクをうまく使って、ルディのようなクルーナー唱法をなぞっていたことは、前回の連載をお読みになった方はおわかりでしょう。ちなみにルディ・ヴァレーのオープニング・ヴァース入りのこの録音は、『カサブランカ』が当たったのを受けて再発されて、彼の最大のヒットとなりました。

「時の過ぎゆくままに」はこんな風にもともとはささやくように歌われたのですから、イルザが小さくハミングで一節を口ずさむというのは、この歌に似つかわしい思い出し方だと言えるかもしれません。一方、サムは、その場にいる人すべてに届くかのようにほがらかに歌い上げていて（そこがまたいいのですが）、まるで歌い手とき き手との親密な秘密をおおっぴらに明かしてしまうかのようです。やっぱり、ボギーがあわてて飛んで来るのも無理はない。

ところで、イルザがハミングしたのは、歌のどの部分だったか。それはオープニング・ヴァースからではなく、コーラスからでした。かつて恋人リックとこの歌を何度もきいたイルザにはもう、この歌がどんな時代にどんな理由で流行ったかを改めてなぞる必要はない。個人の思い出は、時代を飛び越えて、真っ先にコーラスに向かって突き進んでいく。イルザのハミングからオープニング・ヴァースが抜け落ちているのは、それが時代を越えて思い出されたことの証なのです。

前回も書いたように、スタンダード・ナンバーと呼ばれる名曲からは、しばしばオープニング・ヴァースが抜け落ちてしまいます。なぜでしょう。レコードの録音時間が短かったからだと説明する人もいます。でも、それでは、逆にオープニング・ヴァース入りのレコードが存在する理由を説明できない。

イルザの歌い出し方は、この問題にヒントを与えてくれます。

その歌がかつて流行ったことを知る人にとって、その歌が歌い出されるまでの長い理由はもはや必要ない。「自分が覚えていること」こそが、その歌を歌い出す理由です。オープニング・ヴァースなしに歌い始めることによって、歌い手は、自分がこの歌を知っていること、歌とともに思い出す記憶があることを告げる。コーラスから歌い始めるということは、単にオープニング・ヴァースを欠くという消極的な意味を持つのではなく、むしろ、時代を越えて歌を思い出として歌い直すという積極的な意味を持つのではないでしょうか。

スタンダード・ナンバーが響く。歌を知る人にとって、オープニング・ヴァースを欠いたその演奏は、イルザにとっての「時の過ぎゆくままに」のように、時代を越えて思い出されたものとして響いているのかもしれません。歌はいつも歌、覚えているということは変わらない。時が過ぎても。

10―犬と太陽――岡村靖幸「Dog Days」

あたたかな宵、西の空に輝くシリウスが太陽を追って沈んで行くようになると、もう春はたけなわです。やがてさらに季節が移れば、あの青く輝くマイナス1・5等星は、太陽とともに昇るようになるでしょう。おおいぬ座の口元に空高く青く輝くシリウスは、ギリシャ語でセイリオス。「焼けこがす星」という意味です。夜空に青々と輝く星を見て、そのまわりに大きな犬の形を見た人の想像力にも驚かされますが、その青さに燃えさかる炎を見た人の想像力にも驚かされます。

冬の夜、その燃えさかるシリウスの下で世界は静かに凍っている。けれど、もし、この烈々たる青星が夜ではなく昼に光ったなら、そしてその光が太陽と重なったなら、世界はどうなってしまうだろう。昔の人は、夏の太陽と重なるように昇りこの世を焼き尽くす青いシリウスを思い浮かべて、二つの星がもたらす灼熱の日々を「Dog Days」と名付けました。目には見えないまひるの星の光と温度を怖れる昔の人の想像力こそ、真に驚くべきものといえるでしょう。

そのシリウスの歌、**岡村靖幸**の**「Dog Days」**（詞・曲：岡村靖幸）が、今回の歌です。

つい、野尻抱影の星がたり調で始めてしまいましたが、岡村靖幸の数ある曲の中でも「Dog Days」は、その魅力を説明するのが一等むずかしい作品です。初期の作品ということもありますが、のちの彼の曲と比べて、とりたてて劇的な物語がそこにあるわけではない。「あの娘ぼくがロングシュート決めたらどんな顔するだろう」のような革命チックなシュートもなければ、「カルアミルク」のように取り戻したくなるほどせつない過去もない。「聖書（バイブル）」や「家庭教師」のような危険な問いかけも、「19（nineteen）」や「どぉなっちゃってんだよ」のように畳みかけるだけのことばも、「だいすき」のように全力で相手に向けて肯定できるだけのことばもない。語り手は一方的に一目惚れして告白したものの、まるで相手にされることなくあっさりフラれてしまう。しかも彼女の答えときたら「車のない男には興味がないわ」と実に鼻持ちならない。内容だけを見るなら、あっけないひと夏の恋未満のお話です。

さらに奇妙なことに、この歌に出てくる一目惚れの相手の呼び名は「あの娘」「君」「あなた」「Ｓｈｅ」と一節ごとに変わってゆく。実に不安定な詞です。

にもかかわらず、この曲の輝きは、繰り返しきくごとに増していく。あたかも間奏で持続する弦楽器の9thの響きのように、その輝きが途切れない。この、なんでもない物語に見える歌のどこに、そのような輝きを産み出す力が埋め込まれているのでしょうか。

歌は**「あの日さ確かに」**と、思い出すところから始まります。「この日」と言われたら指されたカレンダーを見ればいいし、「その日」と言われたらそれはたぶん前に話題になった日。でも、「あの日」と言うとき、語り手は遠い目をしています。「あの日」と言われたら、きき手は待つしかありません。「あの日」は、語り手だけが思い出すことのできる日であり、つまりそこではきき手には触れることのできない想起が現在進行中であり、いくら「確かに」と言われても、その確かさは語り手だけのものです。

この、きわめて個人的な歌の物語につきあうには、きき手は、きき手であることを止めて、語り手そのものになるしかありません。きき手が「あの日さ確かに」と思い出せる**「ぼく」**になることから、この歌は始まる。「あの日」と思い出せる「ぼく」ならばこそ、**「あの娘」**も思い出せる。あのあのと唱えながら思い出すことのできる記憶を持っている「ぼく」。岡村靖幸の歌に入り込むとき、きき手はいつも、その空想に一人称で入っていくことになります。そうだ、「ぼく」は「あの娘」に会ったのだ、灼けたプールで。

いまや一人称になった「ぼく」の目の前に「あの娘」が現れます。まだ思い出の中身は語られていない。「あの娘」

ということばは、あの日を思い出し、あの日の中身を解くための、最新式のリボン。どんな思い出なのか。おもしろいことに、思い出が語られ始めるや否や、「あの娘」の呼び名は、次々と変わっていきます。

まず思い出された「あの娘」は、次のフレーズで早くも、**「君」**と呼び直されます。**「乱反射に　まどろむ／君の水着姿　やられそうだよ」**。「君」は岡村靖幸の歌の中で、常に「ぼく」の直接の相手です。「君がすきだよ」「君がだいすき」。岡村靖幸が「君」と呼んだ瞬間、告白の時が近づいていることがわかる。しかし、「Dog Days」では、ストレートな告白がなされる手前でことばは屈折します。それは**「あいつ」**のせいです。「あいつより愛してるぼくに気づいて」。これらのことばは岡村靖幸の声域ぎりぎりの高い声で唱えられるのですが、彼はこれを、裏声ではなくあえて地声で歌います。だからことばはうわずって「脆く」響く。

この脆い声が届こうとするその先で「君」は**「あなた」**へと変化する。**「あなたに届けたい」**。岡村靖幸が相手を「あなた」と呼ぶとき、そこでは、告白の不可能性が歌われています。語り手は相手に面と向かってそのことばを発することができず、だからこそ自分の思いの中だけで好きなように相手に対してことばを投げかけている。「ダスティン・ホフマンの様にさらいたい、囚われたあなたを」(「聖書(バイブル)」)と彼が歌うとき、その願いは相手の目の前で唱えられていない(そういえば「聖書(バイブル)」にも「35の中年」という「あいつ」が出てきます)。

語り手は**「歴史に残る勇気を振り絞って」**ついに「君」に告白しますが、それに対する答えはとんでもなくすげない。ここで切実な告白の相手であったはずの「君」は、三人称のフィクションの世界にいる**「She」**へとすり替わります。**She said「車のない男には興味がないわ」**(**「あきらめて出直して勉強でもして」**)。このSheの答えは、「ぼく」の吐き出す**「あいつより愛してるぼくに気づいて」**といううわずりと対比されるかのように、全く同じメロディで、しかもここだけは、当時PSY・Sのボーカルだったチャカの確かな声で歌われます。しかも「勉強でも」のところで、「べん」を拍の頭ではなく前倒しで歌うことによって、CHAKAは語り手のメロディを踏みにじり、彼のことを鼻にもかけていない感じをうまく出しています（この「勉強」はもともと語り手のメロディと同じく拍の頭から歌うことになっていたのを、CHAKAの提案で半拍ずらすことになったそうです）。この、二つの声の残酷な対比によって、先ほどの脆いことばはこてんぱんに砕け散ります。

しかし。砕け散ったその後の展開こそ、この歌のもっとも不思議な部分です。

そこには君でもあなたでもない、二人称が現れる。

それは**「おまえ」**、またの名を**Sunshine**。突如現れたSunshineは、君よりもあなたよりも、「おまえ」と呼べるほどに「ぼく」に近い。これは、人間よりも太陽の方がぼくに近い歌なのです。そのおまえをぼくは糾弾する。おまえのせいで恋もままならぬ。おまえのせいであの娘にふられた。おまえのせいで堕落してしまう。

そこまで何もかも**「おまえのせい」**なら、「おまえ」には大人しくしておいてもらえばよいのに、ぼくは逆に**「輝け」**と言うのです。かがやけ。8分音符で駆け抜けるように言ってしまう。さらに、続く「おまえの」も8分音符で呼びかける。必死で唱えられる「輝け」という声、「おまえの」という声は、またしても地声の声域ぎりぎりのところでうわずっている。詩の内容をみれば**「輝け」**でひとかたまり、**「おまえのせいで恋もままならぬ」**でひとかたまりですが、声質で区切るなら**「輝け、おまえの」**でひとかたまりです。そしてその露頭のように現れた声のうわずった肌理、同じその脆さは、先の**「あいつより　愛してる　ぼくに気づいて」「苦しくて　切なくて　泣き出しそうだよ」**というフレーズを思い出させる。

なぜそこまで**「おまえ」**は輝かねばならぬのか。それは、**「おまえ」**が**「ぼく」**の別称だからです。「おまえ」は「苦しくて切なくて泣き出しそう」な心によって、ことばより脆い声で、しかしその心よりも強く輝く「ぼく」。その生々しい苦しさと切なさによってSunshineの10代を燃やす「ぼく」。君とあなたの間をせわしなく往復するひと夏の感情は、あの娘というリボンで封印されている。その封印をいったん解いたが最期、Sunshineは禍々しい犬の目をして光り出し、みるみる感情を燃やし、音楽を駆動していく。語り手である「ぼく」から見た「君」が乱反射でまどろんでいるのは、もしかしたら、この強すぎる輝きのせいかもしれません。

岡村靖幸は、さまざまな曲で繰り返し「10代」ということばを用い、「10代」の歌を歌っています。もちろん、きき手も、そして岡村靖幸自身も、10代からますます遠ざかっている。しかし、「Dog Days」という曲を知ることで、きき手は、「あの日」を我がこととしてたどり、そこがどんな季節であっても、狂おしく輝く太陽を掲げ、そこに青いシリウスを重ねることができてしまうのです。「ぼく」の中でもうすぐ10代というシリウスが沈む。しかし、冬の荒星は消えるのではなく、実はもう一つの太陽の方へと移動している。Dog Daysが近づいてくる。春はまことに油断のならない季節です。

11 ― ハイ・ディ・ホーのゆくえ ― キャブ・キャロウェイ「ミニー・ザ・ムーチャー」

へーいへいへいへーいへい(へーいへいへいへーいへい)。

いきなりフィンガー5の(小泉今日子の)「学園天国」風に始めてみましたが、こんにちは、細馬です。こんな風に歌詞の繰り返しをカッコを入れると、カッコの外で呼んで、カッコの中から答えてるみたいですね。こうしたコール&レスポンスは、歌手とバンドとの間でも行われますが、なんといってもその醍醐味は、コンサートやライブでの歌い手と観客とのやりとりにあります。

コール&レスポンスのことを考えるとき、わたしがまっさきに思い出すのは、映画『ブルース・ブラザーズ』の1シーンです。

映画の後半、孤児院出身のジェイクとエルウッド、二人のブルース・ブラザーズは、メンバーを集めてコンサートを計画したものの、車がガス欠になって本番に遅れてしまう。するとブラザーズの庇護役だった風采の上がらないおっさんカーティスが、突然見違えるような白いタキシードを身に纏って現れたかと思うと、くねくねと身をよじらせながら奇妙な歌を歌い出す。そして、なぜか観客は大合唱。

「ハイディハイディハイディホー」

(ハイディハイディハイディホー!)

「ホーディホーディホーディホー」
（ホーディホーディホーディホー！）

当時何の予備知識もなくこの映画を見た私は、歌のダークさと、おっさんの醸し出すあやしげな雰囲気、そしてばかばかしく響く掛け声で行われるコール＆レスポンスにすっかり参ってしまいました。

あとで判ったことですが、この曲を歌ったカーティス役のキャブ・キャロウェイこそは、1930年代、ハーレム随一のナイトクラブ「コットン・クラブ」で、白人客を毎夜湧かせていた張本人でした。『ブルース・ブラザーズ』が公開された1980年当時、キャブ・キャロウェイは半ば引退していたのですが、それでもものすごいインパクトだったのです。

今回取り上げるのは、この『ブルース・ブラザーズ』で歌われたキャブ・キャロウェイの代表曲、「ミニー・ザ・ムーチャー」（1931年／作詞・作曲：キャブ・キャロウェイ、アーヴィング・ミルズ、クラレンス・ガスキル）です。

キャブ・キャロウェイが活動の中心としていた1930年代前半のコットン・クラブは、「白人」から見た「黒人」というステレオタイプをこれでもかというくらい強調した場所でした（※1）。ステージは南部のマンション風で、ベランダに楽団員が収まります。そこから階段を数段下がったところが客席に囲まれたフロア、ここでダンサーや歌手たちがパフォーマンスを繰り広げました。出演者とフロアのスタッフは全員アフリカン・アメリカン、ウェイターはすべて赤いタキシードに身を包み、南部の執事風といった風情。一方、客のほうは、ごく一部のセレブを除いてすべて白人でした。キャブのことばを借りるなら、その狙いはおそらく「クラブに来た白人たちに、黒人奴隷に給仕され楽しませてもらう気分を味わっていただく」ことにあったのでしょう。ただし出演者やスタッフが客と個人的なやりとりをするのは御法度でした。

半年交替で行われるショウは、入念なリハーサルを繰り返して行われる極めて質の高いもので、当時のアフリカン・アメリカンのヴォードヴィリアンたちにとって、コットン・クラブに出演することは、ショウビジネスの頂点に登り詰めたも同然でした。キャブ以前もフレッチャー・ヘンダーソン楽団(一時ルイ・アームストロングが在席していました)、デューク・エリントン楽団と当代一、二を争う楽団が専属をつとめていたのですが、1931年にデュークのあとを引き継いだキャブは、それまでにはないパフォーマンスで観客を沸かせました。彼は、フレッチャーやデュークのように楽器を弾くのではなく、指揮をし、歌い、そして踊りました。

その踊りの、なんともあやしいこと。コットン・クラブ時代の彼がいかにヒップでかつ油断ならないシンガーだったかは、その全盛時代に作られた短編映画『ハイ・ディ・ホー』(1934年)を見るとわかります。

映画はこんな筋書きです。キャブは、シカゴとニューヨークとの間を忙しく行き来する売れっ子ミュージシャンで、列車の中で作曲とリハーサルをしています。寝台列車でシカゴからニューヨークに着いたキャブは、乗客係のポーターとおしゃべりを交わすうちに、ポーターの奥さんがジャズ狂であることを知り、彼に新しいラジオを買うようアドバイスします。キャブが手渡したラジオの宣伝カードには「ラジオスターをご家庭に」の文字。ポーターはアドバイス通り大仰な家具調のラジオを買います。妻は思わず「まあなんて美しい…キャブ・キャロウェイをきくことはできるの?」「できるかって?こうやってスイッチを一ひねりすりゃ、ほら、コットン・クラブに座っているのと同じようにきこえてくる」夫がそう答えながらスイッチを入れるとラジオからはキャブの声。『ハイ・ディ・ホー』でキャブ・キャロウェイがみなさまをコットン・クラブにお連れします」。

すっかりキャブに魅了された妻は、夫のいない日にコットン・クラブに行き、キャブと懇ろになり、彼を家に招き入れます。ところがそこに夫がやってきて、あわや修羅場に。そのとき、突然ベッドルームから楽団がにぎやかに演奏しながら出てきて、あっけにとられる夫婦を尻目にキャブたちは悠々と退場します。

1930年代、不況のあおりを食ってレコードの売り上げは下がり、代わって好まれたのが、音楽をただできくことのできるラジオでした。そしてキャブ・キャロウェイはラジオの生んだスターでもありました。キャブは、自伝「ミニー・ザ・ムーチャー と私」で、「ミニー・ザ・ムーチャー」のコール&レスポンスがどんな風にできたかを語っています。

1931年の春、ショウをラジオで全米放送していたときだ、テーマ曲の「ミニー・ザ・ムーチャ」を演り始めたんだが、歌いながら真ん中あたりで、まあよくあることなんだが、歌詞がさっぱり思い浮かばない。まるっきり忘れちまったんだ。放送中じゃなきゃ歌なしで放っとくんだが、そうもいかない。何かで埋めなきゃならん。で、そのとき初めてスキャットで歌うってのを思いついたんだ。

「ハイディハイディハイディハイディホー。ハイディハイディハイディホー。ホディホディホディヒー。ウードゥリーウードゥリードゥー。ハイディホディホディヒー。」

客は大受けだったもんだから、ラジオの生放送中だったけれどそのまま続けたんだ。まるで最初っからそう書かれてたみたいに。今度はバンドに真似するように言ってから歌った。「ハイディハイディホー」バンドが応える。また歌う。「ドゥワーデドゥワーデドゥワーデドゥー」バンドが応える。この辺になると、バンドが応えるたびに客が何人か一緒に歌うようになってた。そこでバンドに止まれと合図をして、客に歌いましょうともちかけた。今度は私が歌って客が応える。大合唱で屋根が落ちるかってほどだった。それをずっと繰り返して、もうどれくらい長くやったかわからなくなって、しまいには屋根の梁が揺れ出すわ、客は起ち上がって拍手喝采するわで、次の日になるとラジオのリスナーから手紙が洪水のように舞い込んだ。

(『ミニー・ザ・ムーチャと私』p112)

以来、「ミニー・ザ・ムーチャー」はキャブのテーマ曲となり、NBCの全米ラジオネットワークで夜毎かかるようになり、東海岸西海岸を問わず知れ渡るようになりました(映画の中でもラジオをひねると「ミニー・ザ・ムーチャー」のイントロが流れています)。キャブたちがツアーにでかけると、ラジオで彼のファンになったリスナー客であふれかえりました。

ラジオとレコードの間には決定的な違いがありました。それはラジオの生放送がもたらす「いままさにその場にいる」という臨場感です。映画の中では、夫の留守の間に妻がラジオの前ではなくコットン・クラブの客席にいて、そこでキャブと逢い引きをするのですが、先にも書いたように実際のコットン・クラブでは、黒人が席に着くことも出演者と個人的にやりとりをすることも通常は許されないことでした。しかし、ラジオの力をもってすれば、そのような障壁は軽々と越えられてしまう。映画「ハイ・ディ・ホー」は、ラジオが「ご家庭」をコットン・クラブに変えてしまい、その副作用として、キャブが(そして楽団までもが)「ご家庭」に闖入してご婦人と個人的なやりとりを始めてしまうという、荒唐無稽なファンタジーを描いているわけです。

そしてもうひとつ、ラジオがもたらした大きなできごとは、ライブ性と即興性です。レコードが何度きいても同じ演奏を繰り返すのに対して、ラジオの演奏は、同じ曲でもきくたびに少しずつ違う。そして両者の違いがとりわけ際立つのが、コール&レスポンスの部分でした。レコードにはキャブとバンドとのコール&レスポンスが収められている。一方、ラジオから流れるショウには、その場でわき起こる観客の声がそのまま入っている。しかも、キャブ・キャロウェイのスキャットの内容やタイミングは、演じるたびに少しずつ異なっている。それを、ラジオの前にいるリスナーは、あたかも「コットン・クラブの席に座っているかのように」きくことができる。キャブのコール&レスポンスがもたらす臨場感は、バンドから観客へ、さらにはラジオ・リスナーへと拡張されたのです。
それにしても、歌手とバンドや観客との間でかわされるコール&レスポンスはいつ発明されたのでしょう。少なくともキャブが最初ではないことは確かです。おそらく19世紀末のヴォードヴィル芸にも似たやりとりがあったでしょう。1903年にはアイーダ・オヴァートン・ウォーカーがミュージカル『In Dahomey』で共演者とコール&レスポンスを演じたと言われています。キャブの姉のブランチ・キャロウェイはサッチモとの共演歴もある人気歌手で、キャブよりも先にショウ・ビジネスの世界に入っていたのですが、彼女もまたアイーダのスタイルからヒントを得て、即興性のある歌い回しやコール&レスポンスを用いていました。キャブは直接には、この姉の影響を受けたのでしょう(※2)。ここで、トランペットとの掛け合いが楽しい、ブランチ・キャロウェイとジョリーボーイズの「It looks like Susie」をきいてみましょうか。

ではショウ・ビジネスを離れて、「コール&レスポンス」はそもそもいったいいつ頃から発生したのでしょうか。たぶん、その起源はずっとずっと昔、ことばや歌が始まった頃までたどることができるんじゃないかと思います。なぜなら、それは子供がことばや歌を覚える形式と同じだからです。親がひとこと口にして、少し待つ。赤ん坊が声をあげる。親はまた何かを言って笑いかける。赤ん坊が手をばたつかせる。声をかわるがわる出すこと、体をかわるがわる動かすことの喜びによって、わたしたちは声や表情や動作を交わし、ことばや歌を覚えていく。口から口に歌を伝えるとき、おそらくは大人もまた、この形式を使ったに違いありません。わたしたちがことばや歌を繰り返すことを好み、繰り返すことに長けているのも、繰り返しがただ個人に閉じているだけでなく、他人とのやりとりを促すからではないでしょうか。

さらに言うなら、出来合いの歌やことばを伝えるだけが繰り返しではない。誰かがその場である一節を思いつき、それを口にし、それを誰かが真似る。それが次第に歌になっていく、ということだってあったはずです。ブルース研究の第一人者ポール・オリヴァーは、『ブルースの歴史』という本（※3）で、アフリカン・アメリカンの間で歌われた労働歌や霊歌において、いかにコーラスが特徴的だったかを強調しています。オリヴァーは、ある白人の将軍の目撃譚として、こんな話を書いてます。

「一人が唄い始めると、他の男達も一節きいてコーラスに入ってくる、あたかもなじみの曲のようだが、実はきいたことのない曲なのだ。わたしは新しい『歌』がかくもたやすく彼らの間に根を下ろすのに驚いた。」

ポール・オリヴァーはこのような奴隷制度下で歌われたアフリカン・アメリカンの歌をブルースの起源と見ています。はたしてこうしたコール&レスポンスが、ブルースにいたる一本道だったのか、それは実際のところアフリカン・アメリカンの中で閉じたできごとではなく、もっと広がりのあるできごとだったのではないかという問題については、ぜひ大和田俊之さんの『アメリカ音楽史』（※4）をお読みいただくとして、ここでは、ブルースの系譜とは別の、コール&レスポンスの持つ、ごく基本的な性質に注目しましょう。

オリヴァーの目撃譚がおもしろいのは、すでに知られている歌がどのように組織的に歌われたかではなく、コール&レスポンスによって歌が生まれ、形作られていく様子が描かれているところです。奴隷制時代のアメリカで、アフリカから連れてこられた人びとは、英語という新しい言語を覚え、まったく知らなかった労働環境下で、共同作業を行うべく体を動かしながら、あるときは一人で声をあげ、あるときはお互いに声を交わしながら、少しずつ覚えたてのことばを用いて歌を作っていったでしょう。リーダーの即興にコーラスが合いの手を入れるという歌の形式が西アフリカに古くからあったことも、声の交わし方に影響したかもしれません。ともあれ、コール&レスポンスは、単に歌の形式であるだけでなく、新しいことばや歌を練り上げるのにうってつけの形式だったのではないでしょうか。

「ミニー・ザ・ムーチャー」によってコール&レスポンスの持つ力を発見したキャブ・キャロウェイは、その力を存分に活かした曲作りを続けていきます。「ザ・ズ・ザ」、「リーファー・マン」「キッキン・ザ・ゴング・アラウンド」「ユー・ガッタ・ホ・ディ・ホー」など、キャブはコール&レスポンスを駆使した曲を多く発表しており、しかも演奏ごとに少しずつフレージングを変えながらそこに即興性を加えています。

それにしても、陽気にさえきこえるコール&レスポンスをはさんでおきながら、「ミニー・ザ・ムーチャー」はなぜ、かくも暗くあやしい曲調なのか。ちょっと歌詞を見ておきましょうか。

みなさまおききあれミニー・ザ・ムーチャーの物語を
彼女こそは情熱のフーチークーチーガール
あれほど気性が荒く強情な女はいない
されどミニーのハート、大きいこと鯨のごとし

つるんでいた男の名はスモーキー
愛したそいつはあいにくコーキーで
ミニーをチャイナタウンに連れて行き
派手にゴングを蹴って回る方法を教えたとさ

するとスウェーデン王が夢に現れた
王はミニーの望むものをすべて与えた
金と鋼鉄でできた家
ダイアモンドの車にはプラチナのホイール

王の別荘と競走馬を与えられ
毎食、1ダースのコース料理をふるまわれた
ニッケルとダイムが百万ドル分
そこに彼女は腰掛けて全部を十億回数えましたとさ

(訳：細馬　以下同)

前半は女と男の紹介だし、後半は夢の話のようですが、実は、キャブはこっそり、仲間うちでしか判らない隠語を埋め込んでいます。「コーキー」とはコカインの売人のことで、「ゴングを蹴って回る」とはコカインを吸うこと。つまり、「スウェーデン王の夢」はドラッグによって現れた幻覚であり、けいれんしてアッパーになったかと思うと両手をだらりと下げて歩き回るキャブの奇妙な踊りは、ドラッグでふらふらになってしまったミニーのありさまを表している。これは、ジョーによって薬漬けにされ、いっときの空しい夢に溺れているミニーの物語であり、それにふさわしいダークで危うい曲調が用いられているというわけです。

ただし、こうした裏の意味は、あくまでドラッグに通じている人びとだけが知るものであり、隠されたものでした。のちにキャブは、仲間内の隠語を一般の人びとにも紹介すべく、ウェブスターならぬ「ヘップスター」辞典を作って

公開しましたが、その辞典にさえも、ドラッグに関する記述は載っていません。いまでこそ、これら隠語の意味はインターネットでたやすく知ることができますが、当時の白人客や多くのラジオ・リスナーには、ごく表面的な意味しか分からなかったでしょう。

「ミニー・ザ・ムーチャー」は、およそ一般向けとは言えないダークな歌詞にもかかわらず、アフリカン・アメリカンが発表したレコードとしては初のミリオン・セラーを記録しました。レコード・セールスには、もちろん、全米に彼の曲を流したラジオの力が、そして何よりコール&レスポンスの力が、大きくあずかったはずです。それが証拠に、呼びかけに使われる「ハイ・ディ・ホー」はキャブの代名詞となり、彼は「ハイ・ディ・ホー・マン」と呼ばれるまでになりました。

歌の裏の意味はわからなくとも、歌のあやしさ、危うさだけは、おそらく一般のきき手にも感じられたことでしょう。油断ならぬ雰囲気から突然陽気なコール&レスポンスへと抜け出すとき、そこまでもやもやしていたきき手のハートはぐっと捕らえられたに違いありません。実際、『ブルース・ブラザーズ』を見ていた当時の私は、歌詞に埋めこまれた意味など知りもしませんでしたが、キャブの物語る声が聴衆の陽気な掛け声によって推し進められるのをききながら、一攫千金を夢見るブラザーズたちを待ち受けている暗い運命の力を感じて、ぞくぞくしたのを覚えています。コール&レスポンスは、歌詞の持つ二重の意味によって暗に隔てられているステージと客席、あるいはステージとラジオの前の人びとを一気に凝集し、歌を前進させる装置だったと言えるかもしれません。

＊＊＊

ところで、『ブルース・ブラザーズ』を見てから何年かのち、わたしは、キャロル・キングがかつて組んでいた「ザ・シティ」というバンドのアルバム『夢語り』（1968年）を復刻盤できいて、「ハイ・ディ・ホー」に再会しました。キャロルは「ザット・オールド・スウィート・ロール（ハイ・ディ・ホー）」（作詞：ジェリー・ゴフィン／作曲：キャロル・キング）という曲の中で、「底の底まで落ちて、床が天井に見えるくらいだ」と歌ってから、ちょっとやけっぱちな調子でこう続けるのです。

ハイディホー
ハイディホー
手に入れてやる、空のかけら
手に入れてやる、あの懐かしのスイート・ロール
歌ってやる、ハイディ・ハイディ・ハイディ、ホーーーー

そうか、「あの懐かしのスイート・ロール」とは、キャブのヒット曲のことなんだな。そして、人生の底の底まで落ちた語り手は、「ハイ・ディ・ホー」に埋めこまれたコール＆レスポンスの力を召喚して、自分から遠く隔たってしまった空をこの手に集めようとしている。キャロルにしては珍しくふてくされたような声が実はキャブの歌声を異化したものだと気づいた瞬間、この歌がやけに愛らしく感じられたのでした。

［参考文献］

※1 デューク・エリントンの伝記。子供向けの本だが楽しい内容。コットン・クラブの雰囲気もよく伝えている。
Crease, Stephanie S. (2009) Duke Ellington: his life in jazz with 21 activities. Chicago Review Press.
※2 キャブ・キャロウェイについては以下の自伝と伝記を参考にした。
Calloway, Cab (1976) Of Minnie the Moocher & Me. Thomas Y. Crowell Company.
Shipton, Alyn (2010) Hi-De-Ho. Oxford University Press.
※3 ポール・オリヴァーのブルース論はいくつもあるが、ここでは次のものを参照した。
Oliver, Paul (1998) The Story Of The Blues. Northeastern.
※4 大和田俊之（2011）『アメリカ音楽史 ミンストレル・ショウ、ブルースからヒップホップまで』講談社選書メチエ。

12 ― それでは歌っていただきましょう ― ザ・ビートルズ 「サージェント・ペパーズ・ロンリー・ハーツ・クラブ・バンド」

長い名前をでっちあげ、なりすましての大演奏、以来幾星霜、辛い浮き世を乗り越えて、きけば心躍ること間違いなしのこのナンバー、それでは歌っていただきましょう。もうみなさますっかりご存じの…

というわけで、今回取り上げるのは、**ザ・ビートルズ**の**「サージェント・ペパーズ・ロンリー・ハーツ・クラブ・バンド」**（1967年／作詞・作曲：レノン＝マッカートニー）です。

「サージェント・ペパーズ・ロンリー・ハーツ・クラブ・バンド」という曲は、言うまでもなく**『サージェント・ペパーズ・ロンリー・ハーツ・クラブ・バンド』**というアルバムの一曲めです。このサージェント・ペパーズ・ロンリー…ええい、もう略しちゃいますが、「サージェント・ペパーズ」をわたしが最初にきいたのは、中学生のとき、近所のイソダくんの家でした。なにしろそれまできいたことのないヘンな曲で、わあわあ誰かが（ポール・マッカートニーのことです）がなったかと思うと、ブラスバンドみたいな音がして、合唱が起こって、観客の声まで入って、とにかく曲調が次々と変わるのだけれど、なぜそんな風にめまぐるしく変わるのか、ちっともわからない。

イソダくんはすでに解散後何年か経っていたビートルズの大ファンで、「サージェント・ペパーズ」は、ビートルズが架空のバンドになりすましそのバンドとして歌っている曲で、やたら長ったらしいバンド名も一種の冗談であり、そもそも『サージェント・ペパーズ』というアルバム自体、その架空のバンドのアルバムであるかのように作られている、さらにそのバンドをバックに歌うビリー・シアーズという男がいて、そいつが歌っているのが次の曲「ウィズ・

ア・リトル・ヘルプ・フロム・マイ・フレンズ」で、だけど実は歌っているのはリンゴ・スターで…ということまで教えてくれました（実はわたしのビートルズに関する基礎知識はほとんど、イソダくんに教わったものです）。

　けれど、中学生のわたしには、ビートルズのほどこしたその工夫が、なんだかめんどくさい遊びだなあ、と思えただけで、あまりピンと来ませんでした。同じアルバムに入っている曲でも、「ルーシー・イン・ザ・スカイ・ウィズ・ダイアモンズ」や「ア・デイ・イン・ザ・ライフ」は、理屈抜きにおもしろく、イソダくんにねだって何度もかけてもらいましたが、「サージェント・ペパーズ」はというと、なんだかとっちらかった感じがして、正直、飛ばしてきくことが多かった。自分でレコードを手に入れてからも、この曲の後に途切れなく演奏される「ウィズ・ア・リトル・ヘルプ・フロム・マイ・フレンズ」のほうを早くききたくて、リンゴの声の始まる瞬間にどんぴしゃり針を下ろすことができると、やった、という気になったものです。

　ところが、ある日、ふとしたはずみで「サージェント・ペパーズ」が俄然おもしろくなったのです。ある演歌の歌番組を見ながら、歌の始まりに司会がとうとうと語る口上をなんとなくきいていたのです。おぼろげにしか覚えてませんが、たぶん「デビュー以来20年、歌い続けたこの歌を、今宵も思いをこめてうたいます。それでは歌っていただきましょう。」というような内容でした。そのとき、突如「サージェント・ペパーズ」でポールががなっているフレーズを思い出したのです。そうだ、あれは「それでは歌っていただきましょう」と同じ口調だったんじゃないか。そう思いついたとたん、「サージェント・ペパーズ」の冒頭が、歌手の登場を大仰に紹介する司会者の口調そのものだったことに気づいたのです。20年前にペッパー将軍によって指導されたというバンドの来歴を示す冒頭の文句、あれはＭＣの口調だったんじゃないか。

　そう考えると、曲のメロディの異様なまでの高低の少なさがわかってきます。出だしのメロディには、ドとラ、二つの高さの音しかない。口上らしい口調を演出すべく、ポールは、二音の間を往復するだけにして、ことばの響きを歌よりも語りに近づけている。一節ごとに声は高くなり、その一方で高低の変化はほとんどなくなっていく。MCが客をあおりながら、バンドの登場が迫っていることを告げるときの、独特の声の使い方を、ポールはシミュレートしている。そしてついに「サージェント・ペパーズ・ロンリー・ハーツ・クラブ・バンド!」とバンド名を告げるとき、音の高低は全く失われ、ポールはブルーノート一音だけを使って絶叫します。レコードからはそれに応える観客の歓声。つまり、冒頭のほとんどメロディを欠いたポールの歌は、バンドを呼び出す声をそのまま音楽にしたものだったのです。

バンド名が告げられた直後、ラッパがいかにも律儀にぷかぷか音程のついたメロディを吹き出し、バンドが馬鹿丁寧に歌い出すと、ああ、語りから解き放たれて音楽になることは、なんと気楽で愉快なんだろうと思えてくる。そうか、音楽を呼び出す声は、メロディを失うことで、次に現れるメロディを引き立たせるのだな。

ところが、この曲が油断ならないところは、いったんメロディを得たかにきこえた歌が、また語りに近づいていくことです。バンドの歌は、まるで優等生の芸能人がインタビューに答えているかのような、型通りの決まり文句を繰り出すばかり、そのつるつるのとっかかりのないことばに見合うように、一節一節はまったく音程を変えずにおとなしく歌われます。そしておしまいには、ラッパの上下するメロディと対照的に、歌は全く音程の動かないおためごかしの観客へのリップサービスを口にするばかりです。

するとまた冒頭のMCが、はいはいごめんなさいよとばかりに語りで(もう歌というより語りです)威勢よく割り込んできて、次に登場する歌手、ビリー・シアーズを紹介します。誰だよ、ビリー・シアーズって! で、いままで謹厳実直な歌を歌っていたサージェント・ペパーズは、実はバックバンドだったことが明らかになる。なあんだ。

どうやら稀代のメロディメーカー、ポール・マッカートニーはこの「サージェント・ペパーズ」で、あろうことかメロディをほとんど封じ、歌と語りのボーダーラインのあちらとこちらを往復するような、きわどい曲を作りあげ、バンドの紹介をまるごと一つの歌に仕立て上げた。でも、鍛え上げたポールの声は、MCの複雑なフレーズを小気味よいリズムに乗せ、正確な音程で歌い当てて、メロディの不在すらロックンロールらしく響かせている。それをきいたわたしは、景気はいいけどなんだかメロディがあんまりなくてとっちらかった曲だなあ、という感想を持ったのでした。

もし、この曲がライブで演じられ、いかにもMC然とした衣装の歌手が客を煽り、すまし顔のバックバンドが型通りの演奏をするのを目の当たりにしたなら、わたしにも何が起こっているか、おおよそ判ったのではないかと思います。でも、「サージェント・ペパーズ」の頃のビートルズは、もはや観客の前で演奏することはなく、こうした遊びを、レコードの中ですべて完結させるバンドでした。きき手は、ただ曲に耳を傾け、そこに埋めこまれた観客の歓声をきくことで、自身の演芸やコンサートの体験を呼び出し、起こっていることを思い浮かべなければなりませんでした。それは、かつてないスリリングな聴覚体験だったはずなのですが、中坊のわたしには過ぎた遊びでした。

＊＊＊

それから何年か経って、ある女性二人組の奇妙な歌がラジオから流れてきました。歌は、恋人たちに帰宅をうながす無粋な警部のことを物語るのですが、そこに出てくる警部のことばは、ありえないほどメロディが上下していました。「もーしもしきみたち、かえりなさ、いーとー」。帰りなさい、ということばをそんなびよーんと伸ばして言う警部がいるわけがない。わたしはよく弟と、その「いー」のところを真似しておもしろがりましたが、まさかその二人組が、その後一大ブームを巻き起こすことになるとは思いもしませんでした。曲のタイトルは**「ペッパー警部」**。

13 歌を売る歌 ―「アレクサンダーズ・ラグタイム・バンド」

こんにちは。

前回はビートルズの**「サージェント・ペパーズ・ロンリー・ハーツ・クラブ・バンド」**をとりあげました。バンドのテーマ曲というだけでなく、歌の中にバンドを語る他人が出てきてその語りまで演じてしまうところが、『サージェント・ペパーズ』のおもしろいところでした。

バンドを語る人をバンドが演じる。じつはこのアイディア、古い古い歌の中にあるのです。**「アレクサンダーズ・ラグタイム・バンド」**というのがそれです。

この歌ができたのは第一次世界大戦前の1911年、まだラジオもテレビも、もちろんインターネットもない時代。作詞作曲は**アーヴィング・バーリン**。バーリンの名前を知らない人でも、彼の作った**「ホワイト・クリスマス」**（1942年）ならご存じでしょう。バーリンは同世代のジェローム・カーンや年下のコール・ポーター同様、20世紀のアメリカを代表する流行作曲家でした。**「アレクサンダーズ・ラグタイム・バンド」**は彼の最初のヒット曲です。日本では岸井明や榎本健一がうたう**「世紀の楽団」**という歌で知られていますが、日本語詞がまた愉快な調子で景気もいいもんですから、今でもいろんなバンドがカバーしてます。

まずはきいてみましょうか。**コリン&ハーラン**という、1911年当時、ラグタイムやミンストレル・ソング、コミックソングを得意としていたデュオが歌っています。いやはやなんとも楽しそうですね。

当時は多くの作家が作詞、作曲を別々に分担することが多かったのに対して、バーリンは一人で作詞作曲をやりました。さらに興味深いことに、彼は歌を作ることができるにもかかわらず、楽譜を読み書きできませんでした。実はこれはちょっと困ったことでした。というのも、19世紀から1910年代にかけて、音楽はレコードよりもむしろ**「シート・ミュージック」**と呼ばれる譜面によって流行していたからです。

いまでも本屋に行くと、最新ヒット曲が一曲だけ入った数頁ほど譜面を売っていますが、シート・ミュージックはそのルーツというべきものです。当時のシート・ミュージックには、石版印刷の色鮮やかなデザインの表紙がつけられて、なかなか目で見て楽しいものです。レスター・S・レヴィーという人が集めたシート・ミュージックのコレクションがすばらしいので、音楽や印刷に興味のある人はぜひどうぞ※。

もっとも、シート・ミュージックを買っても、そこから音が出るわけではない。書いてあるのはメロディと歌詞、それにピアノの伴奏の三段組です。つまりこの頃、歌は音盤で再生するものというより、自分で歌って演奏することで初めて実現するものでした。

それにしても、ピアノなんて高価なものをそんなにたくさんの人が持っていたのか。誰でも、というわけではないですが、19世紀になってピアノが急激に普及したのは確かです。狭い場所に置くことができるアップライトピアノが発明されたのは1800年ごろのフィラデルフィア。以後、改良が進むにつれ次第にアメリカの中流家庭にはピアノが入り、ピアノを弾ける人の人口が増えました。オルコットの「若草物語」の冒頭で、三女のベスがクリスマスの贈り物に「楽譜（シート・ミュージック）」をねだりながらピアノを弾いていますが、これは南北戦争期（1861－1865年）つまり、シート・ミュージックとアップライト・ピアノの時代でもあったのです。そして、医師の娘である姉妹の家には、上等のピアノはなく、だからこそベスはお金持ちのローレンス邸のグランドピアノに憧れるのです。

19世紀後半、エジソンの蓄音機（1877年）がそれほど一般的ではない時代、流行りの歌がきける場所はヴォー

※ http://levysheetmusic.mse.jhu.edu/

ドヴィル劇場でした。人々は劇場に通い、演奏される曲が気に入ると、楽譜屋で譜面を買いました。さらには19世紀末に自動ピアノが流行し、あちこちの店先で人なきピアノがクラシックや流行歌を奏でました。音楽出版社業界は次第に大きくなり、ニューヨークでは、何軒もの店が立ち並んで競合するようになりました。ラグタイムが流行し、**スコット・ジョップリン**の**「メイプル・リーフ・ラグ」**（1899年）がヒット。これももちろん、シート・ミュージックとして売れました。

シート・ミュージック業界に欠かせぬ存在が**「プラガー」**でした。プラガー、というのは、そもそもは客のふりをした宣伝屋のことでした。ヴォードヴィル劇場に行って、あたかも客であるかのように歌のコーラスの部分で拍手を送ったり、ときには歌手を遮ってコーラスを繰り返させたり客に唱和させたり。いわばサクラ係です。アーヴィング・バーリンは若い頃、こうした「プラガー」をやって日銭を稼いでいました。

やがてシートミュージック売り場が繁盛するようになると、プラガーの意味が変わってきました。売り場自体が宣伝の場となり、1900年代後半には、店で譜面をピアノで弾いてきかせたり、声を張り上げて歌う実演家としてのプラガーが活躍するようになりました。譜面を手にとった人は、プラガーに演奏してもらってその場で試聴する。これなら初見で譜面を読めない人でも、どんな曲かわかります。

商売熱心なプラガーになると、いくつもの店を渡り歩き、ときには通りや駅やサルーンで歌い、シートミュージックを売り込みました。自身の曲を売る作家兼プラガーもいましたし、プラガーをきっかけに作家になる人もいました。たとえば、ジョージ・ガーシュインは、もともとは音楽出版社専属のピアノ・プラガーで、若きフレッド・アステアはガーシュインのもとに伴奏用の音楽を漁りに通い、彼と知り合いました。

1900年代末、ニューヨークのユニオン・スクエア近く、音楽出版社が何軒も立ち並ぶ通りを歩くと、そこからは譜面を演奏するピアノの音がにぎやかにきこえるようになりました。店に入ると狭い場所にピアノが何台も置かれて、プラガーたちが待ち構えている。**モンロー・ローゼンフィールド**という記者（彼は作曲家でもありました）は、1909年、通りに響き渡るピアノがあまりにうるさいので**「ティン・パン・アレイ」**と皮肉って記事に書きました。以後、これら流行曲を量産する音楽出版業界は「ティン・パン・アレイ」と呼ばれるようになります。

では、この譜面とピアノによって歌が伝播する時代、アーヴィング・バーリンはどうやって曲を書いたのか。ピアノのない家庭に育ち、ミュージカルのコーラスをやったり、劇場でプラガーをやったりしたのち（そこでは、ちょうど幼いバスター・キートンが両親とヴォードヴィル芸をやっていました）、1904年、16才の年に彼はチャイナタウンで「歌うウェイター」になりました。給仕の合間に他のウェイターたちと歌い踊り、客を楽しませる。当時はそういう職業があったのです。歌うウェイターをやりながら、彼は少しずつ曲を作るようになりました。ただ、先にも書いたように、彼は譜面が読めず、ピアノの方も一本指で、黒鍵のみを適当に弾くだけでした（※1）。

幸い、ルームメイトのマックス・ウィンスロウは若き有能な作曲家で、歌唱指導もできればピアノも弾けて、曲のアレンジや売り込みにも長けていました。ウィンスロウは、バーリンの歌にぐっとくる何かがあると感じていたようです。何作かバーリンの曲を譜面化したのち、1911年、23才のバーリンが作った「アレクサンダーズ・ラグタイム・バンド」を譜面に仕立て上げ、75人のプラガーに曲を叩き込み、店に来る客にきかせ続けました。これがシート・ミュージック史上空前の大ヒットとなり、夏までに50万部、年の終わりには100万部が売れ、次の年にはさらに100万部、イギリスやヨーロッパにも流行は広がりました。これをきっかけにバーリンは次々と流行曲を作っていくことになります。

さて、ここからが、ようやく本題です。

バーリンの**「アレクサンダーズ・ラグタイム・バンド」**はなぜそんなに売れたのか。日本語版Wikipediaの「アーヴィング・バーリン」の項目には、「教養の乏しさから、書く歌詞の作風もインテリ趣味の技巧とは遠く、概して単純率直で素朴であったが、それゆえに誰にもわかりやすく親しみやすい内容のものが多かったため、大衆からは好まれた」なんて書かれています。でも、教養とかインテリジェンスがあると技巧的な曲になって、乏しいと単純率直で素朴になるなんて、本当かな。そもそも歌の単純さってどうやって測るんだろう。

はたして「アレクサンダーズ・ラグタイム・バンド」は単純な歌なのかどうか、それを考えるために、既成の考え方をいったん置いて、歌そのものに分け入っていきましょう。

この曲はいくつか変わったしくみを持ってます。古い曲ですから、まずオープニング・ヴァースがあります。

ねえあなた、ねえあなた
急いで外に出ましょうよ
行こうよ　行きましょうよ
ほら、あのバンド・リーダー、ラグタイム刻むあの人のところへ
（略）

（訳：細馬　以下同）

内容を読めばわかるように、このヴァースは、バンドマンの立場ではなく、客の立場、音楽に誘われる側の立場から歌われています。しかし、曲がコーラスに入ると、口調が変わります。

よってらっしゃいきいてらっしゃい
アレクサンダーズ・ラグタイム・バンド
こんな軍隊ラッパきいたことありますかい?
思わず出征したくなる

客だと思ったら、なんだ、呼び込みじゃないか。客の振りして実は客をその気にさせる宣伝屋。この変わり身、まさにバーリンがかつてやっていた劇場のプラガーの身振りです。

アレクサンダーという名前は、**「クーン・ソング」**という、黒人をカリカチュア化した当時の歌でしばしば用いられたものです。黒人にアレクサンダーという古代帝国を思わせるおおげさな名前がつくのがおかしくて、その名前は客の笑いを誘いました。今から見ると、人種差別的なステレオタイプに依った笑いですが、こうしたクーン・ソングは1880年代から1920年代くらいまでポピュラーなもので、作者はしばしば白人でした。この曲も、アフリカン・アメリカンの軽快なラグタイムのリズムを借りておきながら、そこにアレクサンダーというおおげさな名前を割り当てることでおかしみを出したというわけです。数十年ののち、この長いことばのおかしみは、**ポール・マッカートニー**によって「サージェント・ペパーズ・ロンリー・ハーツ・クラブ・バンド」という命名の長々しさへと換骨奪胎されることになります。

それにしても、「思わず出征したくなる」とは、なかなか人を喰った歌の文句です。実はこの部分、念の入ったことに、そこまでのメロディから急に逸れて、軍隊ラッパの単純な節回しで歌われています。軽快なラグタイムの中にきまじめなメロディが埋めこまれることで、軍隊の単調さを皮肉るような調子が出る（※2）。バーリンは、軍隊生活の歌をこのあとしばしば作っていて、**「朝はつらいよ」（Oh, how I hate to get up in the morning）**では、やはり単調な起床ラッパのメロディを用いて、軍隊の朝のうんざりするような気分を歌っています。

さらにコーラスの後半で、曲はスティーヴン・フォスターのメロディを引用します。

スワニー河をラグタイムできき̇たいなら
よってらっしゃいきいてらっしゃい
アレクサンダーズ・ラグタイム・バンド

この**「スワニー河をラグタイムできき̇たいなら」**というところで、伴奏はそれまでの跳躍するラグタイムから一転して、四分音符となり、歌詞もスピードをずんと落として、フォスターの**「故郷の人々（スワニー河）」**のメロディを一瞬なぞります。この、古き良き時代の川の流れを感じさせたところで、曲は再び倍速で跳躍し、フォスターの調べをラグタイムに一変させる。年配の客にも目配せをしながら、若者の世界へとすいと身を転じる、その変わり身の速さ。ここにも、プラガー出身のバーリンらしさがよく出ています。そして、ことばと音楽とが自然なタイミングでひょいと変わるところに、作詞作曲を一人で行う作家の特徴が現れている。

それだけではない。くるくる曲調が変わるこの曲を軽々と演奏することで、バンドは、その演奏力をも宣伝することになります。軍隊ラッパをタイミングよく挟み込み、古い曲も新しい曲も即座に繰り出せるバンドの自在な演奏力の高さが、この曲ではアピールされている。つまり「アレクサンダーズ・ラグタイム・バンド」は、ただバンドをことばで宣伝する歌でなく、その技術の高さを宣伝する歌にもなっているのです。

それまで、多くの流行歌は、フォスターの**「ビューティフル・ドリーマー（夢路より）」**に代表される16小節の均整のとれた構造を持っていました。けれど、「アレクサンダーズ・ラグタイム・バンド」のコーラスは32小節と倍の長さを持っています。そのおかげで、あちこちでスタイルを変えて寄り道をしながら、元に戻っていくことができる。

バーリンはウェイター時代、高いテノールでぺらぺらと歌を歌う人だったといいます。その多弁さを活かし、次々とスタイルを変えていくさまを披露していくには、16小節では短すぎた。彼の歌が「単純」だなんて、とんでもない。バーリンは、10代から培ってきた「歌うことでその歌を売る」という経験を曲に巧みに埋めこんで、あちこちでいろんな客に目配せをしながら、その目配せのあざやかさによって相手を引き込んでいく、変幻自在の「歌を売る歌」を実現してしまったのです。

「アレクサンダーズ・ラグタイム・バンド」以降、32小節のコーラスという形式は、多くの「ティン・パン・アレイ」の作家に使われるようになります。20世紀の作家達は、この曲のヒットによって、フォスターの時代よりも多弁で自由な形式がありうることに気づいたのでした。「時の過ぎゆくままに」（第9章）や「虹の彼方に」（第8章）はその好例と言えるでしょう。

バーリンは、本名をイズラエル・バリンと言いましたが、10代のとき、いかにもユダヤ的なその名前ではなく、アーヴィング・バーリンと名乗るようになりました。彼が、歌うウェイター時代に最初に書いた曲は、**「サニーなイタリーから来たマリー」**というタイトルで、これはイタリア訛りできき手を笑わせる歌です。後年、彼は、ユダヤ人でありながらキリスト教徒の祝日であるクリスマスを言祝ぐ**「ホワイト・クリスマス」**を書き、生涯最高のヒットを飛ばしました。自分ではない何者かに身代わること、その出自から離れようと演じることは、彼の精神の癖だったのかもしれません。彼が「アレクサンダーズ・ラグタイム・バンド」で表した、何者かにすばやく身代わることの快楽は、ミリオン・セラーになったことからもわかるように、多くの人びとに受け入れられ、幾多のカバーを産み出しました。

＊＊＊

戦後、日本に進駐してきた米軍キャンプの兵士達の前で、ある少女が、英語の歌を歌うようになりました。ロケットのように飛び出す若い声できき手の脳天にきつい一発をお見舞いするその彼女の持ち歌の中に「アレクサンダーズ・ラグタイム・バンド」がありました。バラード調で**「ハニー」**と呼びかけ**「いきましょうよ（Ain't you going）」**と誘いかける大胆なアレンジ。そこからいきなり豹変、テンポアップしたスイングに乗りながら、少女はとんでもない声で**「おいでよ！（Come on and hear）」**と歌いかけ、**「思わず出征したくなる（So natural that you want to go to war）」**とラッパのメロディで呪文をかける。度肝を抜かれた兵士がずいぶんいたんじゃないだろうか。

その少女、**弘田三枝子**は、10代で紅白歌合戦に連続出場し、三回目に出場した1964年には「アレクサンダーズ・ラグタイム・バンド」を英語で朗々と歌いました。それは、日本語の**「世紀の楽団」**に馴れ親しんだ人をも、ぎょっとさせたことでしょう。

［参考文献］

※1 アーヴィング・バーリンの伝記については以下を参照した。
Bergreen, Laurence (1990) As Thousands Cheer: The Life of Irving Berlin. NY: Viking.
※2「アレクサンダーズ・ラグタイム・バンド」は、リズムにシンコペーションがほとんどない（=ラグタイムではない）としばしば言われるが、フィリップ・フリアは歌詞の弾み方には巧妙にシンコペーションが埋め込まれていることを指摘して、シンガーソングライターとしてのバーリンに注意を向けている。
Furia, Philip (1990) The Poets of Tin Pan Alley. Oxford University Press.

14 韻のゆくえ —— ポール・サイモン「恋人と別れる50の方法」

イエスタデイ。ファーラウェイ。やいやいなんでい、こんちくしょう、細馬です。

それにしても洋楽の歌い手というのは、なぜどいつもこいつもみんな**韻を踏む**のでしょう。**ビートルズ**も**マイケル・ジャクソン**も**レディ・ガガ**も韻を踏む。アンチクライスト、アナキスト、**セックス・ピストルズ**まで韻を踏む。まあ、セックス・ピストルズの場合は、これでも喰らえって感じで踏んでるんでしょうが、それにしても、オレはアナーキーだ！と歌う人でさえも、韻は踏んでしまうのです。歌の内容がなんであろうと、韻を踏むことなしには歌は成立しない。どうやら英語の歌における韻は、単なる作法ではなく、避けることのできない基本構造のようです。

しかし、この韻の感覚は、日本人にはなかなか理解しがたい。ラップならともかく、歌謡曲やJ-POPでいちいち語尾に韻なんぞ踏んでいたらくどくどしくてしょうがない。それでなくとも、日本語の語尾には「です」とか「ます」とか「である」とか「だ」とか、おきまりの終わり方があって、放っておいても勝手に揃ってしまうんです。気を許すとどの語尾も同じになってしまうんです。むしろ揃うのを避けたいと思ってるんです。夏なんです。

英語の歌にとって、韻とは何なのか。それは単なる退屈な決まり事にすぎないのか。今回はこの問題について考えてみようと思います。

とりあげるのは、**ポール・サイモン作詞作曲**の**「恋人と別れる50の方法」**。1975年のポール・サイモンのアルバム『**時の流れに**』に入ってる曲で、シングルカットされて全米第一位となりました。ドラムに少しでも関心のある人なら、前半、**スティーヴ・ガッド**が叩き出す独特の**「リニア・ドラム・ビート」**に耳をそばだてたことがあるでしょう。

歌のしくみ自体は、ビートルズやサイモン&ガーファンクルといったポップスがとっている王道で、古い歌に特有だったオープニング・ヴァースはなく、ヴァースとコーラスの交替する構造です。でも、わたしが高校生の頃、初めてこの曲をきいたときは、ジャケットの裏に記されたその歌詞を見て、「なんだこりゃ?」と、ちんぷんかんぷんでした。

まず最初のヴァースでは、どうやら、ある女が語り手の恋の悩みに答えているらしい。問題はあなたの頭の中のほうよ、と彼女はわたしに言う。論理的に考えれば答えは簡単よ。なんならわたしが自由になるお手伝いをしてあげる。そしてもちろん、多くの英語の歌がそうであるように、ポール・サイモンの歌う文句はいちいち語尾で韻を踏んでいます。**ミー、ロジカリー、フリー**。

でも、韻を踏んで何がおもしろいんだ?

しかも奇妙なことに、ヴァースではやけに親密で個人的な口調だったのが、コーラスに入ったとたんに、命令形が連続し始め、その助言は女声コーラスを得てやけに煽り口調になります。何より驚かされるのは、これまで一人だと思っていた男が複数になる。**ジャック、スタン、ロイ、ガス、リー**。そしてそれぞれの男の名前と韻を踏むように「別れる方法」が提案されます。**とっととばっくれて、ジャック。プランを立ててごらん、スタン。いいからこい、ロイ。飛び乗っちゃえバスに、ガス。捨てちゃえキーを、リー**。そしたらもうフリーよ。

なるほど、名前と方法がうまく韻を踏んでいる。

でも、韻を踏んで何がおもしろいんだ?

正直、当時のわたしにはただの語呂合わせ以上のおもしろさは感じられませんでした。

この曲の歌詞のおもしろさに気づいたのはそれから20年以上もたった頃です。そのきっかけの一つは、この曲と同じアルバムに収められた別の曲**「きみの愛のために」**という歌について考えたことでした。

ポール・サイモンの多くの曲がそうであるように、「きみの愛のために」も、一種のラブソングではあるものの、幸せそうな内容ではありません。せっかく結婚したというのに、その日は雨降り、空は黄色で草の色は暗く、書類に署名して旅行に出発、と、ポールはできごとを皮肉に対照させていく彼独特の口調で、みじめな結婚生活の始まりを記述していきます。そしてもちろん、しっかり韻が踏まれている。**レイニーデイ**。**グレイ**。**アウェイ**。そのあとも、この曲ではろくでもない新婚生活が鬱々と綴られるのですが、ある日何度かきき直すうちに、わたしは奇妙な反転感覚に襲われたのです。

このみじめさは、もしかして韻によってもたらされたのではないか？

これまで、英語の歌とは韻を踏むものであり、ある内容を表すためには韻を踏まねばならぬのだ、と思っていたけれど、実は逆なのではないか。韻を踏もうとするために、歌うべきことばが決まってしまい、物語のゆくえが決まってしまうのではないか。そう考えたとたんに、この曲のみじめさが、趣深いものに思えだしたのです。

語り手はまず、**レイニーデイに結婚した**、と語り出した。そして韻を踏まねばならぬがゆえに、**レイニーデイ**ということばと響き合うことばを探した。すると**グレイ**ということばが見つかった。泊まった家の配管は**オールド**だった。そして韻を踏まねばならぬがゆえに、**風邪（コールド）**をひいてしまった。

歌がなぜみじめな運命をたどるかといえば、韻がその運命を導き出したからであり、歌の不幸は、韻を踏むという歌のルールに則ったがゆえの不幸である。この考え方、人はある行為を行うために形式を用いるのではなく、形式に沿おうとするがゆえに行為のゆくえを知らず知らずのうちに決めてしまうのだという考え方をとると、「恋人と別れる50の方法」の韻は、俄然おもしろくなってきます。

スタンという名前だからそれに沿うように**プラン**という韻を踏んだのではない。**スタン**という名前に沿うことばを考えているうちに**プラン**を立ててしまう。**リー**という名前に沿うように**キー**（**鍵**）という韻を踏んだのではない。**リー**という名前に沿うことばを考えているうちに、**キー**を捨ててしまう。名前の数だけ別れる方法があり、人は名前に沿ったことばを思い浮かべようとして、名前に似合う別れの方法を思いつき、自分の運命を決定してしまう。「恋人と別れる50の方法」で描かれているのは、そのような、ことばのもたらす運命なのではないか。

「恋人と別れる50の方法」という歌が、韻を踏むことによって恋人との別れに向かって堕ちていく歌なのだとしたら、興味深いもう一つのポイントは、歌がいつ韻を踏まなくなるか、ということです。それはずばり、歌のタイトルでもある「恋人と別れる方法なんて50もある」という部分です。

冒頭から韻によって、とんとん拍子に彼女の誘いが三行進んだところで、すとんと韻のないタイトルのことばがやってくる。「だって、恋人と別れる方法なんて50はある」。

つまり、「恋人と別れる方法なんて50はある」というフレーズは、韻を欠くことによって、それが韻を踏んだあとに訪れる終着点そのものであること、つまりは殺し文句であることを示しているのです。スティーヴ・ガッドのリニアなビートもまた、あたかも韻を踏むようにスネア・ロールを繰り返し挟みながら、重いバスドラに両手のタムを重ね、ずどんと運命の行き先を告げています。

さらにおもしろいことには、ヴァースが韻を欠いて終わるのに対し、コーラスは逆に、「キー／リー／あなたはフリー」と韻を踏んで終わります。

巧妙にも、それぞれの男の名前と行為とを結びつけるところでは、**フィービー・スノウ**をはじめとする強力なバックコーラスと16ビートのドラムで調子よくバックアップしておきながら、最後の**「そしたらあなたはフリー」**というところだけはバックコーラスが抜けて、あたかもきき手に捨てるべき鍵を手渡すかのようにポール一人の声へと戻っている。快調に16ビートを刻んでいたドラムもまた、再び冒頭のリニアなビートに戻っている。

この、ポールの声で最後まで踏み続けられた韻によって、曲はあたかも、きき手に対して韻の行き先をそのまま委ねるかのようなオープン・エンドとして響きます。あたかもきき手をも、連ねられた名前の一員に加えようとするかのように。ああこわいこわい。ポール・サイモンの曲は、けして声を張り上げないにもかかわらず、気がついたらきき手を語られている運命の前に立たせているからこわいんですよね。

＊＊＊

それにしても、恋人から別れるお手伝いをしましょうと、私だけに向けた親密な口調でアドバイスしておきながら、そのアドバイスの宛先を突如複数の男へと向け直すこの謎めいた女性は、いったい何者なのか。彼女は、**サイモン&ガーファンクル**の**「ボクサー」**で語り手に声をかける、7番街の女のような存在なのかもしれません。あるいは、ここで挙げられている手管は実は彼女の体験談であり、連ねられている名前はすべて、彼女のもとを去った男のものなのかもしれません。いや、もしかすると、あらゆる名前に似つかわしい韻を踏むことで、その名に似つかわしい運命を見つけ出していくこの女性は、歌の女神なのではないか。

「明日に架ける橋」のみによってポール・サイモンを知る人にとっては、彼の歌は、きく者の困難の前に横たわってくれる頼もしい友人のように感じられるかもしれません。けれど彼の歌をきき進めていくと、その多くは、相手を励ましたり慰めようとするよりも、むしろ、歌おうとするたびに（韻を踏もうとするたびに）、その韻の指し示す運命の方へと**「犬みたいに手なづけられて」**いく歌であることに、きき手は気づかされます。ポール・サイモンの類い希なるソングライティングの魅力は、励ましや慰めを目指す点にあるのではなく、運命を韻の導くままに踏んでいく、その歩み方にあるのではないでしょうか。そして、その歩みの確かさにこそ、きく者は慰撫されているのかもしれません。

15　深く深く　―　二階堂和美「いのちの記憶」

「手をたたきましょう」の作詞家である小林純一は、こどものための曲を多く作詞していますが、その特徴は、とても身体的です。彼の代表作の一つに**「大きなたいこ」**（1952年／作曲：中田喜直）があります。この歌では、大きなたいこを叩くさまと小さなたいこを叩くさまを対比させます。

大きなたいこ
どーんどーん
小さなたいこ
とん　とん　とん

「大きなたいこ」のことを歌うときは大きな声でその音を、「小さなたいこ」のことを歌うときは小さな声でその音を歌う。小さい頃はそんなことを考えもしませんでした。歌の内容がどんなものであろうと、声を張り上げてわあわあぎゃあぎゃあ歌うものだと決まっていました。そんな子供に、この歌は、「歌の中で示されたことばと歌い方とは関係しうる」ということを教えてくれたのでした。

しかし大人になるにつれ歌のことばと歌い方の関係は、もっと複雑なものだということもわかってきました。「笑う」と言ったとたんに笑ったり、「悲しい」と言ったとたんに泣き声になったのでは、忙しくてしょうがない。だから、人は、基本的には歌の内容と歌い方との間に、少しよそよそしい不干渉な関係を築きます。たとえば、**「上を向いて歩こう」**

を歌うときにも、いちいち涙をこらえたり、泣いたりはしない。

かといって、まったく無関係というわけでもない。歌声はときに歌のことばの示す情動に近づき、ときに情動から距離をとり、ときにはことばの内容とは異なる情動を帯びる。人は歌をききながら、ことばと声とのあいだを振れる情動の振れ幅をきいているのかもしれません。

さて今回取り上げるのは、**二階堂和美**の**「いのちの記憶」**（2013年／作詞・作曲：二階堂和美）です。映画『かぐや姫の物語』の主題歌として有名になりましたが、今回考えてみたいのは、歌そのもののことです。

「いのちの記憶」には、一番、二番で繰り返されることばがあります。それは**「深く深く」**ということばです。この歌詞を歌う声は、先に書いた通り、歌詞に合わせて「深く」なることもできるかもしれないし、「深く」ということばが指し示す内容とは不干渉で居続けることもできるでしょう。

では、二カさんはどう歌ってるでしょうか。彼女はここを、**「ふかあく」**と、「か」をずうっと伸ばして歌っています。と、こう書くと、さぞかし声が、表層から深層へと潜っていくように深みを帯びるのだろうなと思われるかもしれません。しかし、実際はそうではない。

二カさんの声は、逆にこの長音の部分で、声をのばしながらその声がはかなくなっていくかのように、少し軽くなるのです。そしてメロディも、沈降するどころか、むしろ長音とともに上昇していきます。「ふかあく」と歌われながら、声は表層から深層に潜るどころか、むしろ深層から表層へと運ばれていくかのように、微かな浮力を帯びています。「深く」ということばが、潜る力ではなく、浮力を伴っている。これはどういうことか。単に、歌い手は歌のことばと声とを、できるだけ無関係におこうとしているのか。

ここで歌をはじめからきいてみましょう。「いのちの記憶」は、こんな風に始まります。

あなたに触れたよろこびが
深く深く
このからだの端々に
しみこんでゆく

不思議な歌詞です。**「あなたに触れる」**というできごとは、普通、からだの表面で起こります。だからもしその触れた場所からよろこびが発するならば、それはからだの表面から奥へと向かうはずです。ところが、それは「ふかあく」と浮力を伴って歌われたあと、**「からだの端々に／しみこんでゆく」**。通常、深く深く進んでいくときは、海面から海中へ潜るように、地表から地中へ掘り進むように、周縁から核へと進んでいくのではないか。それがここでは、むしろ周縁である**「端々」**に行くのです。「はしばし」ということばもまた、深みのたどりつく先としては意外なほど、高く、そして淡く歌われています。

深く進むほどに端々に行く。そのような移動をする主体はどこからきたのか。それはきっと端とは逆の場所、核から来たのでしょう。「このからだの端々」に移動する主体は、「このからだ」の核から来た。だから、**「触れる」**というできごとの起こったからだの表面からではなく、からだの核からすうっと立ち上がるのです。

単に方向が逆になっているだけではありません。核から表面に向かうことと、表面から核に向かうこととでは、空間の変化の感覚も全く逆になります。通常、表面から核に向かうとき、世界は広い場所から次第に狭い場所へと狭まっていきます。これに対して、核から表面に向かうとき、世界は狭いところからより広い場所へと拡がっていきます。

拡がるだけではない。それは端々へと**「しみこんでゆく」**。人やもののような塊として移動するのではなく、水のように「しみこむ」。核からただ一つの「端」に向かうのではなく、いくつもの「端々」に拡がる。「ふかあく」と歌う声の速度と浮力に従って、体液のごとく、毛細血管のひとつひとつを探り当てて、その細い管の先を充実させていく。

歌は、このようにして、深さというできごとに、新しい時間、新しいからだを与えます。触れる、というできごとを合図に、からだの核で生まれ、長音のようにゆっくりと拡がり、からだの端々へと探り当てていくような深さ。

思わず「新しい」と書きましたが、この深さ、この時間、このからだのあり方は、本当に「新しい」のでしょうか。**「必ずまた会える／懐かしい場所で」**と歌は続きます。どうやらこれは、前にもあったことらしい。いや、あったというより、前にもこんな風に思い出したような気がする。この歌は、ものというよりは変化、深みというよりは深まっていくことそのもの、何か特定のものを思い出す歌というよりは、思い出すことそのもののような気がします。かつて、この歌のように、なにごとかが深まっていくように、思い出したのではなかったか。

なんだかいつもの文章よりも、くらがりを手探りするようなぐあいになってきたのですが、実を言うと、さっきから使いたくてあえて使っていないことばがあります。それは**「わたし」**です。不思議なことに、「いのちの記憶」では**「あなた」**ということばが使われていながら「わたし」ということばが一度も表れません。そのことで、この歌はとても触覚的で体感的に響きます。あなたが触れたこと、あなたがくれたことははっきりしているけれど、「わたし」と呼ばれるもの、「わたし」という特定の視点はない。歌は、何かの光景をありありと映し出すかわりに、からだに感じさせます。「深く深く」というのが、はたしてわたしの中で深まっているのか、それともわたしが深みを目指しているのか、わからない。わたしの中で端々にしみこんでいくのか、それともわたしがたくさんのわたしになって端々の深さへと拡がっていくのか、わからない。そもそも、このからだは、「わたし」と指し示すことができるような目に見えるからだのことではない。あなたによって、深く深く拡がっていく時間、その時間とともに明らかになっていくからだです。

このからだには、まだ名前がない。

どんな名前をつけましょうか。

歌声はそれを**「よろこび」**そして**「ぬくもり」**という名で呼んでいます。

16　ブルースがおりてくるまで　――　ベッシー・スミス&ルイ・アームストロング「セントルイス・ブルース」

最近のバラエティ番組ではトークが洗練されてきて、ひとことひとこと無駄のない伏線が張られて、きちんと笑いをとる、いわゆる**「すべらない話」**が多くなってきました。しかし自分で語ってみればわかりますが、こういう用意周到で無駄のない話というのは、なかなか難しいもので、何度もネタを繰らないと、テレビで芸人さんがさりげなくやっているようにはいきません。

わたしたちが日常会話でおもしろい話を誰かにしようとすると、たいてい、文字にするとくどいくらいに冗長な繰り返しが生まれます。それもそのはずで、相手は何もお笑い番組を見るように手ぐすね引いておもしろい話が始まるのを待っているのではない。ぼんやりきいてるうちに、あ、何かおもしろい話が始まるのだなとあとから身を乗り出してくる。だから、やりとりはこんな風になりがちです。

A：いややな、バイトいくのん
B：そうやな、わたしもいややわ
A：ほんまいややねん、バイトいくのん
B：え、どしたん？　なんかあったん？
A：だってな、行くたんびにお皿割ってまうねん
B：あ、わたしはそこまでちゃうわ

はい、すべらないどころか、他人にはまったくもってどうでもいい会話です。

どうでもいい会話なのですが、今回お話したいのは、これって、**ブルース**なんじゃないか？　ということです。

唐突に本題に入りますが、ブルースとはどういう歌のしくみをもっているのか。事典で調べると、たいていは小節数とコード進行が書かれています。ブルースは12小節である。4小節×3で、最初の4小節×2は同じ歌詞を繰り返すAAB形式である、云々。コード進行はたとえばCのブルースだとこんな具合です。

C—F—C—C—（4小節）
F—F—C—C—（4小節）
G—G—C—C—（4小節）

これ以外にもいくつかバリエーションがあるのですが、それは今回の本題ではないので、各自ググって下さい。

さて、10代のわたしは、この**「ブルース進行」**を知って、これなら自分でできそうだと、一人で鍵盤楽器を適当に弾いて試しました。なにしろ**ドミソ**（C）、**ドファラ**（F）、**シレソ**（G）、の三つだけでできているのですから、初心者でもコードを押さえることはできます。しばらくすると、なんだかそれらしく弾けるようになりました。でも、何かが足りない。

しばらくして、ブルースには**ブルーノート**というものがあってその微妙な音程がブルースの特徴なのだ、ということを知りました。ドミソを素直に弾いてるだけでは感じがでない、シをちょっとフラットにしなさい。ミやソもちょっとフラットにしなさい。しかし、「ちょっと」と言われても、鍵盤楽器では管楽器やギターのような「ちょっとの」

フラットは弾けない。しかたないので、ときどきミを弾いたりミのフラットを弾いたりしました。すると、前よりもずっとブルースっぽくなりました。

しかし、そこまででした。コードに合わせてメロディを弾くと、なるほどブルースっぽくはなる。しかし、こんなことをして何がおもしろいのかがわからない。そもそも、なぜ12小節なのか。なぜこんな簡単なコード進行を守る必要があるのか。歌謡曲だって、もっとおもしろみのあるコードをいっぱい使っているじゃないか。そんなわけで、それっきり、自分でブルースを弾くのはあきらめてしまいました。

かわいそうに、ブルースに縁のなかったわたし。

しかし今なら、10代のわたしにもう少しマシな説明ができるような気がします。なぜなら、今のわたしは、**ベッシー・スミス**の歌う**「セントルイス・ブルース」**をきいてぐっとくるからです。その説明を、ここでやってみようと思います。

さて、10代のわたしよ。話は長いぞ。

***

ブルースにはさまざまな要素がありますが、そのうちの重要なものとして、かつて奴隷制のもとにアメリカにたどりついた、**アフリカン・アメリカンの一人語り**と**掛け合い**がよく指摘されています。

一人語りのほうは**「フィールド・ホラー」**と言われるものです。屋外で、誰かがよく通る声で嘆いている。ちょっと節回しがきいている。知らない人が通りかかると何ごとかと思うような声ですが、本人は、きこえていようがいまいがかまわず嘆き続けている。人前で叫んだり独り言を言ったりすることを戒められて育ってきた人はぎょっとするでしょうが、それは文化の違いというもので、かつては、こうしたフィールド・ホラーがしばしば行われていたようです。

1913年生まれのマディ・ウォーターズは、少年期を振り返って「フィールド・ホラー（ハラー）」のことをこんな風に言っています（※1）。

だれもがみんな畑じゃ叫んでたけど、誰も気にしちゃいない。むろんおれだってハラーしたものだ。あんたらブルースって呼ぶかもしれんけど、みんなただ湧き上がってくるだけのもんさ。男が働いてて、近くで女も働いてるってな場合だな。それで何か言いたくなる。それを叫ぶってわけだ。歌うというか、ロバかなにかに叫びかけることもあるし、暗くなって帰りたくなったときとかな。どんなこと歌ってたかって言われてもあんまり覚えちゃいないけど、こいつはいつも歌ってたさ、「満足なんてどこにもない、心の中はトラブルばかり」。いつもこれだたったな。いつだって感じたままを歌ってたのさ。

（ポール・オリヴァー「ブルースと話し込む」）

このフィールド・ホラーに関連して、興味深い話があります。それは、人類学者の木村大治さんが『共在感覚』（京都大学学術出版会）という本で書いている、**ザイールの農耕民ボンガンド**の一人語りです。

人と人とのことばのやりとりに興味を持ってザイールに出かけた木村さんは、奇妙な語りにたびたび遭遇しました。たとえば、一人の人が、庭に立っている。大きな声で、村中にきこえるような声で「暑くてたまらん」と愚痴を言ったり、「フクロウが鳴いている」と不気味な予言めいたことを言う。たまに近くにいる他の人から答えが飛んだりするものの、基本的には放っておかれる。会話をキャッチボールだと思っている人間からすると、実に奇妙な行為です。まるで受け手がいないフィールドに向かって何かを投げるように、ことばが投げられている。木村さんは、これを**「投擲的発**

話（とうてきはつわ）」と名付けました。「フィールド・ホラー」は、もしかすると投擲的発話と同じルーツを持っていたのかもしれません（※2）。

一方、**掛け合い**は、コール&レスポンスを扱ったときに少し触れましたが、何人もの人々が長い労働の最中にお互いに歌い合うというものです。誰かが文句を切り出すと、何人かが気づいて合いの手を入れる。さらに同じ文句を繰り返すと、さっきは気づかなかった者も合いの手を入れる。こうした掛け合いは、労働歌によってお互いの作業のタイミングを合わせるときや、教会でゴスペルを歌う際にも取り入れられました。

「ブルースの女王」の一人、**ベッシー・スミス**と**ルイ・アームストロング**が吹き込んだ**「セントルイス・ブルース」**（1925年/作詞・作曲：W・C・ハンディ）には、これら二つの要素がよく表されています（※3）。**「いやなものね、ほら夕日が落ちていく」**とベッシーが嘆き始めると、それに答えるようにルイのトランペットが歌います。

ベッシーはもう一度**「いやなものね、ほら夕日が落ちていく」**と繰り返します。繰り返しますが、伴奏の和音はさっきに比べてくぐもるように変化している。くぐもってはいますが、もはや話は始まっているのだから、どうした、どうした、とルイのトランペットはさらにその先を促すように歌います。ちなみにこの演奏では、伴奏はハルモニウム（ふいご式のオルガン）一台という、現代からするとちょっと変わった編成です。当時、ハルモニウムは小さな教会によくある楽器でしたから、この響きは、教会で歌われるゴスペルを連想させたでしょう。

ベッシーは次の一節でようやく、「いやなものね」と歌う理由を述べます。**「だってわたしのいい人、町を出て行っちゃった」**。そりゃあそりゃあなんともはや、と言わんばかりにルイは高いところから低いところへとメロディを連ねます。嘆く、答える、また嘆く、また答える、理由を言う、さらに答える。これが、小節の数で言うと4×3の12小節になっています。

ベッシーとルイは、次の12小節も、同じようにやりとりします。こんな具合です。

明日も今日と同じ気分なら（ルイのトランペット）
明日も今日と同じ気分なら（ルイのトランペット）
荷物まとめて出て行くわ（ルイのトランペット）

この感じ、同じことばを違うコード進行で繰り返し嘆いてから結論を言う感じ、そして嘆くごとに誰かの掛け合いが入る感じになじんでくると、ブルースはぐっとくるようになってきます。一人で弾き語るなら、一節歌ってから手に取った楽器に掛け合いを入れさせるという一人二役を意識することで、この感じが出ます。

つまり、12小節のコード進行を守ってブルーノートを入れるだけでもとりあえずブルースになるのだけれど、それだけでは、なぜわざわざそんな規則を守るのか、ぴんとこない。繰り返し嘆いては誰かが和してくれ、思いを吐き出すとまた誰かが和してくれる。そういう感覚になじんで、ようやくセントルイス・ブルースはおりてくるのです。

さあ、これで、10代のわたしが、ブルースに縁遠かった理由がわかりました。それは、ブルースを小節数とコード進行とブルーノートで理解しようとしたものの、それ以外の要素に思い至らなかったからです。わたしは、12小節のコード進行を、単に演奏の腕前を見せる時間としてしか考えず、そして腕前がなかったがゆえに、すぐに壁にぶちあたったのでした。

もし、セントルイス・ブルースの嘆き方や答え方に通じていたなら、幾多のブルースに、そして冒頭にあげた何げない会話にだって、微かにブルースがおりてくるのが感じられたはずです。たとえ腕前がなくとも、そしてそこに小節線やコード進行やブルーノートが記されてなくても。

いややな、バイトいくのん（そうやな、わたしもいややわ）
ほんまいややねん、バイトいくのん（え、どしたん？　なんかあったん？）
だってな、行くたんびにお皿割ってまうねん（あ、わたしはそこまでちゃうわ）

さて、ここまでさんざん「ブルース」として紹介してきた「セントルイス・ブルース」ですが、ここからは逆に、この曲が「ブルース」という名の下に、いかにさまざまな種類の音楽を盛り込んでいたかに注目してみましょう。

まず、この曲は、当時のティン・パン・アレイ風の構造を踏襲して、**オープニング・ヴァース**と**コーラス**でできています。おもしろいことに、わたしたちにはなじみのある「セントルイス・ブルース」のメロディは、当時の譜面を見るとオープニング・ヴァースに当たることがわかります。これまで見てきた「アレクサンダーズ・ラグタイム・バンド」（第13章）「時の過ぎゆくままに」（第9章）「虹の彼方に」（第8章）の例でわかるように、多くの古い流行歌では、こうしたオープニング・ヴァースは次第に省略されて、あとのコーラスだけが残っていくのですが、ベッシーとルイの「セントルイス・ブルース」では逆に、オープニング・ヴァースのほうが主で、コーラスはごくあっさりと（やはり12小節で）歌われています。

つまり、「セントルイス・ブルース」は、当時流行の形式（オープニング・ヴァース＋コーラス）をとる一方で、オープニング・ヴァースの12小節構造のほうに力点を置く、変則的な歌になっているのです。この点で、「セントルイス・ブルース」は、純然たるアフリカン・アメリカンの音楽というよりは、流行歌の形式に乗っかりながら、そこに新しい要素を埋め込んだ音楽だったことがわかります。

ちなみにコーラスの歌詞は、オープニング・ヴァースで歌われた嘆きをしめくくるような、こんな歌詞です。

わたしにセントルイス・ブルースがおりてきた
まるでわたしのようにブルー
あの人の心、海に投げられた石なんだわ
じゃなきゃ、あたしからこんなに離れるわけないもの

（訳：細馬 以下同）

ベッシー・スミスとルイ・アームストロングは、「セントルイス・ブルース」のオープニング・ヴァースが持つ12小節の構造に、嘆きと掛け合いの繰り返しを見いだして、そこをぐっと深めた演奏を行いました。「いやなものね」と切り出してきき手の注意を引き、もう一度「いやなものね」と繰り返すことできき手をさらに引き込むブルースのしくみが生み出されていました。その結果、コーラスには「ブルースがおりてきた」。「セントルイス・ブルース」自体は単にブルースであるというよりも、実に多様な音楽的要素の交差点であり、ブルースらしさはむしろ、ベッシーやルイによって見いだされたというべきでしょう。

もう一つ、この曲には、ちょっと変わった仕掛けが入っています。オープニング・ヴァースの後半で、突然、ズチャッチャズンチャ、とタンゴのリズムが16小節鳴るのです。なぜこんな奇妙な構造になっているのか。

作曲者の**W・C・ハンディ**は当初この曲を器楽曲として作曲し、当時ニューヨークでダンス・デュオとして人気だった**キャッスル夫妻**（彼らの生涯はのちにフレッド・アステア主演で「カッスル夫妻」として映画化されました）が

踊ることを意識して、ダンス向きのラテン風ステップを埋め込みました。それがこの、タンゴの部分です。

ベッシーとルイのような演奏になる前の、もっとにぎやかな「セントルイス・ブルース」をきいてみましょうか。1921年の**「オリジナル・デキシーランド・ジャズバンド」**の演奏です。ちなみにレコードのレーベルには**「フォックス・トロット」**とあって、ボーカルの詞は曲をあおる程度に抑えられているので、この演奏がダンス用であったことが見てとれます。特にタンゴの部分はぐっと曲調が変わって、なるほどいかにも踊り向きな感じがします。

では、このタンゴの部分にどんな歌詞があてられていたかというと、これがなかなかすごい。

セントルイス女がダイヤモンドはめて
連れ回してる、あの人ったら半人前扱いされて
おしろいやらかつらを女に買ってやりたいだけよ
じゃなきゃ わたしのいい人行きゃしない、どこにも、どこにも

つまり、男の金できらびやかになったセントルイス女を恨む文句が、タンゴのリズムに乗せて歌われているのです。ニューヨークではそのリズムに合わせて、きらびやかな衣装を着た人々が踊っている。彼らの姿は、歌のないダイヤモンドをはめているセントルイス女と、彼女に連れ回されている「あの人」そのものだったわけですが、歌のない器楽曲で踊りを楽しんだ人たちは、そうした皮肉を知るよしもなかったでしょう。

セントルイスが人にブルースをもたらす街なら、ニューヨークはそのブルースをタンゴに乗せて踊ってしまう街でした。そして「セントルイス・ブルース」は、そのセントルイスもニューヨークをも取り込んだ、したたかな流行歌だったのです。

［参考文献］

※1 ポール・オリヴァー「ブルースと話し込む」（日暮泰文訳・土曜社）は、マディ・ウォーターズやジョン・リー・フッカーをはじめ、幾多のブルースマンへの聞き書き集で、楽理のブルースではなく、ブルースがやってくる感覚を知るのに重要な一冊。

※2 木村大治「投擲的発話：アフリカの声の世界」URL: https://jambo.africa.kyoto-u.ac.jp/lecture/kimura2/index.html（2021年1月15日閲覧）

※3 以下の入門書は読みやすくおもしろい。セントルイス・ブルースにおけるルイ・アームストロングとベッシー・スミスとの掛け合いの魅力や、その歴史的経緯について参考にした。
Wald, Elijah (2010) The Blues: A Very Short Introduction, Oxford University Press.

17——感電する足 —— チャック・ベリー「メイベリーン」

そういえばもう17回目だというのに、この連載で肝心なジャンルを一つ取り上げ損ねていたのに気づきました。それは「ロックンロール」。

ロックンロールを取り上げるとしたら誰がいいだろう? プレスリー? アイク・ターナー? ビル・ヘイリー? バディ・ホリー? いくつものビデオクリップを見直すうちに、突然、もうこの人しかいない、とひらめきました。

1965年に彼がベルギーのテレビ番組に出演したビデオを見て、もう断然決めたのです。このビデオの中で彼は明らかに、ロックンロールに感電している。どんな風に? まずは見てみましょう。

チャック・ベリーで**「メイベリーン」**。

チャックが「メイベリーン」(1955年/作詞・作曲:チャック・ベリー)をリリースしてから10年後の演奏なのですが、実に生き生きとしています。特に間奏で機関銃のごとくギターを構えて音を歪ませるところは、まさにチャックの面目躍如。

そして、わたしが何よりしびれたのは、歌っているときの彼の足の動きです。まるで電気ショックを与えられたカエルの足のようにぴょんぴょんしている。すごい。何より奇妙なのは、そのタイミングです。けして気持ちよさそうにリズムに乗っているのではない。むしろ地面に流れている何かに触れたように、唐突に外側に跳ね上げられている。

なぜ彼の足の動きが独特なのか。

通常、わたしたちが床を踏んでリズムをとるときは、いつ床を踏み鳴らすかに注意します。たとえばワンツースリーフォーで二回踏みたければ、ワンとスリーで踏みます。何を当たり前のことを言ってるのかと思われるかもしれませんが、まあ待って下さい。チャックの足の動きで重要なのは、いつ踏むかではなく、いつ足を跳ね上げるか、なのです。

通常わたしたちが歩くときは、片方の足をあげるのとほぼ同時にもう片方の足をあげます。だから、交互に足を踏め、と言われると、多くの人は足を片方ずつあげてしまいます。

しかし、チャックの場合は違います。片方の足が着地し終わったあと、彼の両足はしばらく動くことなく揃うのです。それは彼が次のように足を上下させているからです。４つカウントするので、ちょっと繰り返しやってみて下さい。

1：左着地
2：右跳ね上げ
3：右着地
4：左跳ね上げ

1拍めから2拍め、3拍めから4拍めで、両足が揃うのがおわかりでしょうか。そして2、4拍めでひょいと足を上げる、こうすると、チャック・ベリー独特の足の動き、あの、ただの歩行ではない、ビートに感電するような感じが出るわけです。そうか、この感じが、ロックンロールなんだ。

■「メイベリーン」はどんな切れ目か

○○とは何か、それはいつ始まったか、という問いに答えるのは難しい。

歴史にはいくつもの切れ目があって、いくつもの要素に対して公平であろうとすると、結局どの切れ目も同じように見えてくる。細かく調べれば調べるほど、その切れ目が平坦になってくる。「何が○○か」「いつから始まったか」「どの切れ目が正当か」という問い方には、どうも底なし沼のようなところがあります。

では、もっと違う問い方はできないものか。ミュージシャンでアメリカ音楽史を教えているマイケル・キャンベルは、「アメリカのポピュラー音楽（第四版）」という教科書を、チャック・ベリーの「メイベリーン」から始めているのですが、そこでの彼の問い方はなかなかいかしています。ロックンロールを頭から解説するかわりに、彼は「もしあなたが1955年に「メイベリーン」のレコーディング・セッションに立ち会ったとしたら、友達にその興奮をどう電話で伝えるか？」と問うているのです（※1）。

この問いのよいところは、「メイベリーン」がロックンロールを代表する曲として正当かどうかを問うのではなく、それが**「いかなる切れ目だったたか」**を問うているところです。

キャンベルが考えた1955年5月21日の架空の電話はこんな具合です。

あなた：チャック・ベリーはボブ・ウィルズのカントリーをリメイクした「アイダ・レッド」ってのを持ってきてたんだ。でも（チェス・レーベルの）チェス兄弟は「アイダ・レッド」って名前が気にくわなかった。で、ベリーは床にあったマスカラの箱を見て「メイベリーン」って名前にしたんだ。メイベリーンは化粧品会社だけど、歌の中では女の子の名前なんだ、ひでえだろ？

ともだち：でもチェスってブルースのレーベルじゃなかったっけ？　なんでカントリーなんか吹き込んだの？
あなた　：いや、それが実際はぜんぜんカントリーじゃなくてさ…

このやりとりには、いくつもの切れ目が描かれています。どんな切れ目か。そう言われても、ボブ・ウィルズだのチェスだの固有名詞がいっぱいでわかんないよ、という人もいるでしょう。野暮は承知で、ここでちょっと解説を。


チェス・レーベルは、1950年代のリズム&ブルースのレコードを数多く作っていたレーベルです（※2）。

1955年当時、アメリカのレコードの売り上げは三つのチャートで測られていました。一つは主に白人のきくカントリーのチャート。もう一つは主に黒人のきくリズム&ブルース（＝R&B）のチャート。そして全米のポップ・チャートです。レコード業界もまた、全米を相手にする大手レコード会社とは別に、黒人のきくリズム&ブルースを専門とする小さなレーベルが存在しました。その一つが、チェス・レーベルです。

チェスが主として扱っていたのは、メンフィスやシカゴに台頭してきた、エレクトリック・ギターを使った新しいブルースです。アイク・ターナーが参加した「ロケット88」（1951年）や、ハウリング・ウルフ、マディ・ウォーターズ、ボ・ディドリーといった、今ではよく知られているミュージシャンたちを、まだ全米に知られていない頃から積極的に扱っていました。

チャック・ベリーはデビュー前、彼のアイドル、マディ・ウォーターズをシカゴにたずね、マディに勧められるままにチェス・レーベルに足を運び、チェス兄弟の関心を引いたのでした。なぜか。

それはチャックが、白人が得意とするヒルビリー（カントリー）をレパートリーにしていたからです。

白人はカントリーをきき、黒人はR&Bをきく、という従来の単純な構図は1950年代に急速に崩れていきました。その立役者はラジオのDJです。彼らはラジオでR&Bブルースの曲を盛んにかけ、それが白人の若者の好みにも入っていきました。立役者の一人、人気ＤＪのアラン・フリードのかけるレコードは次々とチャートの上位を占めるようになり、彼は自身のかけるレコードをしばしば「ロックンロール」と呼びました。ニューヨークで開かれた「ロックンロール・パーティー」は大盛況を博し、この呼び名は次第に、Ｒ＆Ｂとカントリーの垣根を越えるさまざまな音楽に使われるようになりました。

ただし、そこにはある種の偏りもありました。重要なのは、多くの場合、影響の方向は、黒人の音楽から白人の音楽だった、という点です。たとえば「ロケット88」はビル・ヘイリー＆ヒズ・コメッツが歌い直してヒットしました。また大手のレコード会社は、黒人のボーカル・グループのレパートリーを白人グループに歌い直させて、それをリリースするという手に出ました。その結果、Ｒ＆Ｂのチャートで人気の歌が、白人によって歌い換えられてポップ・チャートの上位を占める、という現象がしばしば起こりました。

ところが、チャック・ベリーの場合は、違っていました。彼はデビュー前、地元のセントルイスで、白人音楽であるヒルビリー・ソング（カントリー）を得意のレパートリーとしており、「ブラック・ヒルビリー」と呼ばれていました（※3）。白人が黒人の真似をするのではなく、黒人が白人の真似をしている。チェス兄弟は、チャックが歌うカントリー風の曲に、何か新しさを感じたようです。

１９５５年の架空の電話で、ともだちが「でもチェスってブルースのレーベルじゃなかったっけ？　なんでカントリーなんか吹き込んだの？」と言ってるのには、こんな背景があったのです。

■ウェスタン・スイングと「メイベリーン」の違い

では、チャックが得意としていたカントリーのレパートリーとはどのようなものだったのか。ここで、「メイベリーン」

のもととなった**ボブ・ウィルズ&テキサス・プレイボーイズ**の名曲**「アイダ・レッド」**をきいてみましょう。陽気にバイオリンを弾いているのがボブ・ウィルズです。この曲はもともとアメリカ民謡でしたが、ボブが演じているのは、当時のカントリーで流行していた「ウェスタン・スイング」のスタイル。テンポもリズムも、「メイベリーン」とけっこう共通しているのですが、しかし、確かに何かが違う。どこがどう違うのか。

そのヒントはボブ・ウィルズのバイオリンを弾く足の動きにあります。ボブの体のノリは、チャックに比べて、ずいぶんゆったりしていて、ぷかぷか水の上を浮いているようです。なぜか。秘密は彼の足の踏み出し方にあります。

1：左着地
2：
3：右跳ね上げ
4：(右跳ね上げ)
1：右着地
2：
3：左跳ね上げ
4：(左跳ね上げ)

はい、バイオリンを弾くボブの歩行の速さは、チャックの1／2であることがわかります。しかも、ボブは多くの場合、3拍目で足を上げて、次の1拍目で着地します。つまり、歩行のビート自体もゆっくりなのです。そして足はチャックのようにぴょんぴょん跳ね上がらず、すいすいと前後する。

さて、この辺で、マイケル・キャンベルの創作した（1955年のレコーディング・セッションにいたかもしれない）「あなた」の語りの続きを見てみましょう。

あなた：まずひでえギターのリフから始まったね。おかしな音で、カントリーとかジャズよりも、っていうかブルースよりもエッジがきいてる…そこからリズム・セクションとマラカスが加わって、それだけなんだ。ホンキートンクの2ビートで、そこはカントリーなんだけど、バックビートはもっとへんで、ベースのビートをぶっとばしちゃってるんだ。

「メイベリーン」を初めてきいた人がぶっ飛ぶのは、まず冒頭のギターのリフ（一節）が、いったい何拍目から始まっているのかさっぱりわからない点です。何度レコードできいても、カウントがとれない。とれないままにリズムが始まっている。実際には、冒頭のリフはカウントなしでいきなり1・5拍目から入っています。スリーフォーもワンも告げられずに数えられるわけがありません。この、正確かつ予測不能リフがきき手の体に予告なしに切り込んでくるとき、「エッジがきいてる」感じがします。

チャック・ベリーとボブ・ウィルズの違いはタイトルにも表れています。

女性の名前を田舎っぽい「アイダ・レッド」から「メイベリーン」にした結果、それはおしゃれになった以上の効果をもたらしました。というのも「アイダ・メイ」や「アイダ・レッド」は二つの単語であるのに対して「メイベリーン」は一つだからです。一つの固有名詞が「メイ〜ベ・リーン」と、ねじるように歌われることで、時空が歪むような奇妙な言語感覚が生まれる。これはボブ・ウィルズの歌にはないものです。しかも、チャックは、中盤になると「メイベリ〜ン」と語頭を詰めて歌いますが、これも元曲の「アイダ・レッド」にはないすばやさです。
ボブ・ウィルズたちが歌っているのは、暖炉の燃える部屋にいるすてきな娘、アイダ・レッドのことですが、一方のチャックの語りはどんな内容なんでしょうか。

メイベリーン　なぜまっすぐでいられない？
おおメイベリーン　なぜまっすぐでいられない？
油断したなら振り出し元の道

おいら　モタっていたんだ丘めがけ
そこにメイベリーン乗ったGM社製
キャデラック強引こんな広い道路
追い越せやしないおれさまのフォード
キャデラックずいぶんぶっと飛ばしてない？
ほらどすんどすんと　はしたない

（訳：細馬）

中産階級の若者に車が浸透していった1950年代らしく、「アイダ・レッド」とはうってかわって、戸外で車をぶっとばして女を追いかけている男の話です。女はキャデラックで男はフォード。「モタる（motorvated）」という造語や「どすんどすん（umper to bumper）といった擬音の使い方も「アイダ・レッド」にはないセンスです。

さらに歌詞はあちこちで裏拍が強まっています。「なぜまっすぐでいられない？（Why can't you be true?）」では、Why も can't も you も裏拍で跳ねて true でようやく表拍になって、彼女の「誠実さ（true）」は、歌声で跳ね上げられているのです。チャックのことばは、あちこちこのようなシンコペーションでぴくぴくと跳ねている。

そして、「あなた」が語っているように、「アイダ・レッド」と「メイベリーン」の最大の違いは、2拍めと4拍めの強さ、すなわち**「バックビート」**にあります。「メイベリーン」ではこのバックビートでドラムがスネアをばんばん強めに叩くので、「アイダ・レッド」の流れるようなビートではなく、車が「どすんどすん」バウンドするようなせわしないビートになります。チャックとボブの動きの違いの原因はこれでしょう。ボブには足を上げさせるようなバックビートがない。一方、チャックはバックビートがどんと鳴るごとにぴょんぴょん足を動かすので、あたかも地面に電気が走って、足を跳ね上げさせているように見えるのです。

そしてそして、圧倒的に違うのはソロです。ボブの場合もチャックの場合も、ソロになるとベースが上下になってスイングし始めるのですが、ボブのバイオリンは華麗なメロディを奏でるのに対し、チャックのギターにはまとまったメロディはほとんどない。リフ（メロディの断片）ということばは、チャックのギターを表すのにはとても便利です。T－ボーン・ウォーカーやマディ・ウォーターズに電撃的影響を受けたであろうプレイで、一つの音程を弾いているだけにもかかわらず、それがあたかも冒頭の1・5拍を再現するように裏の拍へ裏の拍へと食い込みながら歪まされていく。それは、きき惚れてしまうギターというよりは、真似したくなるギター、やってみたくなるギターでした。それがいかに真似られたかは、また別の回に話しましょう。

以上、チャックの「メイベリーン」がいかにボブの「アイダ・レッド」と違うかを、細々《こまごま》とみていきました。こうして列挙していくとわかるように、一つ一つの要素を拾い上げていくと、チャックの曲は、必ずしもボブの曲を全く塗り替えているわけでなく、むしろ小さな改変をあちこちで行っているのだということがわかります。にもかかわらず（だからこそ）、全体をきくと「確かに何かが違う」。カントリーでもブルースでもあったのですが、しかし、単にその二つの混合でもなかった。それを雄弁に物語っているのが、バックビートに揺れる彼の足さばきなのです。

＊＊＊

チャック・ベリーといえば、「ダック・ウォーク」。彼の曲をコピーする人は、ギターのフレーズのみならず、必ずと言っていいほどあの独特の「ダック・ウォーク」の歩き方を真似します。

ではここで問題。ダック・ウォークをするときに上がっているのはどちらの足でしょう？

実は正解は、二つあります。

一つは「左足」。「ジョニー・B・グッド」の間奏などでチャックがしばしば披露するダック・ウォークは、右足の膝を曲げ、左足を伸ばして、とんとんと前に進むものです。

もう一つの正解は、「どちらも上がらない」。実は、彼のダック・ウォークにはもう一つあるのです。それは、両膝を曲げ、足を着地させたまま、ギターを抱えてすり足で前に進むというものです。どんな動きかちょっと見てみましょうか。1956年のチャック・ベリーで「ユー・キャント・キャッチ・ミー」。冒頭で彼を紹介しているのはアラン・フリード。最後の10数秒にご注目を。

はい、確かに両足をすってます。首も前後していて、まさしくダック・ウォークです。

このすり足のダック・ウォーク、一見すると簡単なようですが、実際にやってみると、なかなかチャックのようにはいきません。たいていの人は、単純に右足と左足を交互に出そうとして、片方が着地した瞬間にもう片方を出すのですが、これではチャック独特のあの間合いが出ません。

すり足のダック・ウォークをかっこよくきめるには、いつ着地するかだけでなく、「いつ足を出し始めるか」に注意する必要があります。よく見ると、チャックのダック・ウォークでは、わずかですが両足がぴたっと止まっている時間があります。なぜか。4ビートを刻むとき、彼は裏拍で足を出して表拍で着地します。つまり、こうです。

1：右止まる
2：左出す
3：左止まる
4：右出す

やってみるとわかりますが、このやり方だと、1拍めから2拍め、3拍めから4拍めで両足がぴたっと止まります。この静止のおかげで、チャック独特の間抜けなダックっぽさが出るのです。

そしてここまで読んだ方は、この一見地味なダックウォークが、実はあの感電するように足を跳ね上げるときのチャックの足と同じリズムだということに気づかれたことでしょう。

アヒルの足裏は、ひっそりと感電しているのです。

[参考文献]

※1「メイベリーン」のレコーディング風景を友達に伝えるにはどうしたらよいかについての考察。
Campbell, Michael(2011) Popular Music in America:And the Beat Goes on, 4th edition. Schirmer, pp.3-4.

※2 チェス・レコードの歴史についての充実した本。メイベリン作成の経緯も記されている。
Cohodas, Nadine (2000) Spinning Blues into Gold: The Chess Brothers and The Legendary Chess Records. Iconoclassic Books.

※3 チャック・ベリーの（非公式の）伝記。
Pegg, Bruce (2002) Brown Eyed Handsome Man: The Life and Hard Times of Chuck Berry. Routledge, N. Y.

18 「メンフィス・ブルース」が指し示すもの ―「メンフィス・ブルース」

2011年3月、来日中だったシンディ・ローパーが、地震のあともコンサートを開いて人々を勇気づけた話は、さまざまなメディアに取り上げられましたが、そのコンサートが、シンディには珍しい「ブルース」をフィーチャーしたものであったことはあまり報じられませんでした。

シンディは2010年、名うてのミュージシャンを迎えて本格的なブルース・アルバム、「メンフィス・ブルース」を発表しました。アラン・トゥーサンのピアノをバックにシンディが奔放に歌うなんて、彼女が「ハイスクールはダンステリア」や「タイム・アフター・タイム」で売れまくっていた頃には想像もしなかったけれど、そのシャウトは、意外にもブルースと相性がよくて、ついききこんでしまいます。

こんな風に、流行歌手がブルースやカントリー・ミュージックを取り上げると、よく「原点回帰」なんて言われるのですが、さて、その原点とは、どのようなものでしょうか。そもそも原点なんてあるのかしらん。

アルバムタイトルにあるメンフィスはもちろんブルースの聖地のひとつですが、それだけでなく、「メンフィス・ブルース」というのは、ブルースの最初期に作られた歌と同じタイトルです。おそらくシンディもそのことは意識して名付けたのでしょう。ではそれはどんな曲だったのか。というわけで、今回はその古い方の**「メンフィス・ブルース」**、「商業的にレコーディングされた最初のブルース」の話です。

「メンフィス・ブルース」を作ったのは「ブルースの父」**W・C・ハンディ**。実は前々回の**「セントルイス・ブルース」**の作曲者でもあります。何はともあれ、どんな曲かちょっときいてみましょうか。

まずは、ハンディが1912年に書いた譜面通りに演奏しているプリンス・バンドによる演奏です。

あれあれ？　これ、ほんとにブルースなんでしょうか。リズムは当時流行っていたラグタイムですが、動物の鳴き声の真似が入っていて、やけににぎやかです。どうもこの録音では、ある種の「田舎らしさ」が強調されている。この「田舎らしさ」問題、あとではっきりした形で再登場しますので、ちょっと覚えておいて下さい。

ブルースらしい要素は、なくはない。12小節形式、ブルーノート、そして伴奏との掛け合い。しかしどれも、前に取り上げた「セントルイス・ブルース」とはずいぶん違った形です。

曲は三つの部分に分かれていて、一番目と三番目の部分が、なるほど12小節単位になっている。しかし、その中身はいわゆるブルースとはちょっと違います。というのも、メロディを見る限り、繰り返しが前半にあるAAB形式ではなく、繰り返しが後半にあるABB形式だからです。前に見たように、ベッシー・スミスとルイ・アームストロングの演奏するブルースでは、前半に二度同じことばを繰り返すことで、きき手を惹きつけていたわけですが、この「メンフィス・ブルース」ではその方式はとられていない。

ブルーノートはどうか。メロディのあちこちにミ♭やソ♭やシ♭が用いられていますが、あまりに各音がはっきり演奏されすぎていて、なんだかとりつくしまがありません。掛け合いはといえば、主旋律に対して、バンドが隙間を埋めるようにせわしなく断片を奏でているものの、さほどはっきりした輪郭はない。

「メンフィス・ブルース」は作られてすぐに大ヒットしたわけではありませんでした。この曲はもともと、1909年にメンフィス市長に立候補したエドワード・クランプを応援すべく作られたと言われています（※1）。ハンディはこれを改作して、1912年の秋にシート・ミュージックとして発売しましたが、最初はあまり売れ行きが上がりませんでした。ところが、1913年、ニューヨークの出版社に持ち込んで作詞家に歌詞をつけてもらうと、これが当たりました。

どんな歌詞だったのか。その、歌詞つきのバージョンをきいてみましょうか。モートン・ハーヴェイが1915年に歌った「メンフィス・ブルース」です。

あれ？　曲の構成がずいぶんと変えられています。もともとあった3つの部分のうち、最初の部分はほとんど削られて、第二の部分と第三の部分を使って、オープニング・ヴァースとコーラスからなる、いわゆるティン・パン・アレー風の作品にアレンジされています。モートン・ハーヴェイの歌い方も、朗々としていてなんだかブルースらしくありません。

そしてもっと問題なのは歌詞です。ちょっと最初の方を見てみましょう。

みなさん、わたしゃメンフィスにきたところ
ここじゃ人はみなニコニコ
人当たりはいい、お金なんか使わなくていい
テネシーのあの娘とダンスにいけば、きこえるバンド、その名はハンディ
みんなゆるやかに体を揺らす、あの黒人たちの見事なハーモニー
忘れられないハンディのメンフィス・ブルース、あのブルース

（訳：細馬　以下同）

この語り口、どこかできいたことがありますね。

誰かがバンドのことを話している。しかもそれは、この曲の作曲者ハンディのバンドです。**バンドがバンドの宣伝をする**このしくみ、まさしくあの**「アレクサンダーズ・ラグタイム・バンド」**です。どうやら、この歌詞は、１９１１

年に流行った「アレクサンダー・ラグタイム・バンド」にかなり影響を受けているようです。ちなみに、ここまでがオープニング・ヴァース。では、コーラスではいよいよ、ブルースらしい嘆き節になるのでしょうか。いや、それが、どうも様子がおかしいのです。

フィドルのこする弦が髪に幾度も触れ
バスーンは続く、トロンボーンのささやきに、ささやきに
その嘆き、復活の日の罪人のよう
憂鬱な悩み、苦しみのリフレイン、黒人の哀歌のよう
さあここだ、呪文がかかるよ、わたしの心に、心に
心騒ぐ、この歌をまたきく
メンフィス・ブルース

確かに「嘆き」「憂鬱な悩み」「苦しみのリフレイン」ということばは出てくる。しかしそれは、「セントルイス・ブルース」のような、語り手本人の嘆きや悩みではありません。語られているのは、あくまで、いま鳴っている「メンフィス・ブルース」がどのようにきこえるかです。この点でも、歌詞のつくりは「アレクサンダー・ラグタイム・バンド」とそっくりです。

後半には歌詞に楽器の名前が入っています。そのおかげで歌と伴奏のやりとりがよりはっきりするようになり、実際、モートンの歌に合わせて、フィドルが揺れ、トロンボーンがあいづちを打っています。これは器楽曲の段階ではなかった要素ですが、これまた「こんな軍隊ラッパきいたことありますかい?」と歌う「アレクサンダー・ラグタイム・

バンド」を彷彿とさせます。

一方、全体を通してみると、この曲は、単に曲自身の魅力を歌っているだけでなく、メンフィスやそこで流れる音楽へときき手を誘うの形式になっていることがわかります。メンフィスの人を褒め、メンフィスの音楽を褒める。メンフィスは「ブルース」のきこえる街として紹介され、そのブルースがどんなものかが紹介される。つまり、この歌はブルースそのものというよりは、いわば、**ブルースのサンプルであり、ブルースを指し示す歌**なのです。メンフィスご当地ソングとも言うべきそのエキゾチズムは、ブルーなメロディとともに、メンフィスのあこがれをきき手にもたらしたことでしょう。プリンス・バンドの演奏でほのめかされていた「田舎らしさ」は、ここでは「異国情緒」という形となって、メンフィスへときき手を誘う、いわばご当地ソングが出来上がっている。


***

W・C・ハンディは、アフリカン・アメリカンとしてアラバマ州に生まれました。

彼の音楽のゆりかごとなった場所のひとつは、**理髪店**です。

理髪店はアフリカン・アメリカンコミュニティの憩いの場であり、待ち時間の暇にまかせて噂話に花を咲かせる場所でもありました。メンフィスやチャタヌガなど、アフリカン・アメリカンの多く住む居住地区には、いくつもの理髪店があり、ハンディ自身も、理髪店の待合室の窓からサーカス団の音楽監督が地元のバンドに稽古をつけているのを見て、コルネットの吹き方を覚えたといいます。

当時、楽器なしでできる気軽な音楽に、コーラスがありました。歌好きのアフリカン・アメリカンの若者たちが理髪店のまわりにたむろして4人でコーラスに興じる「バーバーショップ・ハーモニー」は、お金のいらない気軽な娯楽で、ストリートからプロフェッショナルに転じるカルテットもいくつもありました。バーバーショップ・ハーモニーは1890年頃には流行の絶頂にあり、アフリカン・アメリカンによって演じられるカラード・ミンストレル・ショウやヴォードヴィル劇場で人気を博していました。

ハンディは、こうしたカルテットをいくつも渡り歩き、各地のショウに出演していましたが、大和田俊之が『アメリカ音楽史』で指摘しているように、ハンディにとってバーバーショップ・ハーモニーは、ブルースを生み出す一つの原動力になっていたと思われます（※2）。持続するメロディのうしろで和音を変化させる「スワイプ」や「スネイキング」といったバーバーショップ・ハーモニーのテクニックによって、ブルーノートを入れ込むテクニックが生まれたからです。

一方、ゲイジ・アヴェリルは、1890年代のバーバーショップ・ハーモニーがアフリカン・アメリカンの文化に根ざしていることを踏まえた上で、そこには白人と黒人の文化混淆の歴史があることも指摘しています（※3）。バーバーショップ・ハーモニーのコーラスのスタイルには、古いオーストリアやドイツのコーラス文化や教会音楽の影響も入っていたでしょうし、黒塗りをした白人によるミンストレル・ショウでも同じようなコーラスが行われていました。たとえばフォスターは「おお、スザンナ」をはじめさまざまな曲の「コーラス」を、ミンストレル・ショウ向けに書いています（第7章でちらっと取りあげた、ヴァースに対するコーラス部分は、まさにハーモニーを生む場所だったのです）。白人と黒人の文化はあちこちで入り交じりながら、複雑なバーバーショップ・ハーモニーへと進化していったのだろうと考えられています。

コルネットと歌を得意とするハンディは、やがてミンストレル・ショウのバンドリーダーを務めるようになりました。バーバーショップ・ハーモニーとミンストレル・ショウによって音楽を培ってきた彼の曲に、多様な要素がきこえてくるのは、当然かもしれません。

実際には、ブルースは、動物が鳴き交わす田舎というよりも、都市で響き、都市で試される音楽でした。

たとえば、メンフィスと同じテネシー州の一都市、**チャタヌガ**を例にとりましょう。

1900年ごろのチャタヌガでは、アフリカン・アメリカンはマイノリティではなく、人口の40%以上を占めていました。チャタヌガの東9番街は、メンフィスのビール・ストリートがそうであったように、アフリカン・アメリカンのコミュニティが発達していました。チャタヌガは、さまざまな鉄道線のターミナルでもあり、アメリカを巡業して回る多くのヴォードヴィリアンたちは、立ち寄ったチャタヌガでひと興業打って、別の地へと旅立っていきました。

そのおかげで、チャタヌガにはさまざまな演芸による音楽や新しい騒音があふれていました。ミッシェル・R・スコットは当時の街の風景をこんな風に記しています（※4）。

***

街を行けば、アフリカン・アメリカン経営の薬局、レストラン、雑貨屋、理髪店がいくつもあった。東9番街ではジェームズ&アレンで買い物をするアフリカン・アメリカンたち、あちこちの理髪店の前で、楽しげに話しながら冗談を言ったり最新の噂話の花を咲かせている若者を見かけることができたはずだ。9番街を行けば、派手な看板を掲げた劇場が目につき、そこでは、アフリカン・アメリカンによるヴォードヴィルやヴァラエティ・ショウを見ることができた。路面電車のがたごと言う音、新聞からソフトドリンクにいたるさまざまな売り子のにぎやかな声が通りに響き、こうした街の騒音のただなかで、ストリート・パフォーマーがハスキーな声で、わずかな硬貨と引き替えにブルースを歌っているのがきこえる。でも近づいてみた人は、その声の主が、古いバンジョーを持ったくたびれた男ではなく、家計を助けるべく歌っていたわずか10歳の少女であることに驚かされたことだろう。

ここできこえてきた「ブルース」がどのようなものだったかはわかりませんが、この10歳の少女、**ベッシー・スミス**は、長じるとヴォードヴィル劇場のコーラス・ガールとして地方巡業するようになりました。そして「メンフィス・ブルース」の出版された1912年には、ウェイン・バートンというタップ・ダンサーとデュオを組み、その歌声によって、各地のヴォードヴィル劇場で何度もカーテン・コールをうける「カーテン・レイザー」になっていました。

W・C・ハンディの作った歌が「ブルース」のありかとしての南部を「田舎」として指し示していたちょうどその頃、ベッシー・スミスは、その指し示された「都市」で、すでに活躍していたのでした。

彼女はやがて「セントルイス・ブルース」をはじめ、幾多のブルースを歌い、「ブルースの女王」と呼ばれることになります。

＊＊＊

指し示しの構図は、当時ニューヨークから発行された歌付きバージョンのシート・ミュージックの表紙からも確認できます。ずらりと並んでいるバンドは「ジオ・エヴァンス・ハニー・ボーイ・ミンストレル」。バンドのメンバーはみな白人ですが、タイトルの下にイラストで描かれているのは、タバコをくわえた黒人。これらからわかるように、「メンフィス・ブルース」は、白人（あるいは黒人自身）が黒塗りをして黒人に擬装する、ミンストレル・ショウのレパートリーとしても喧伝されたのでした。ハンディ自身はアフリカン・アメリカンでしたが、彼の発表後、この曲は、白人から見た黒人の歌としてアレンジされ、演奏されたのです。

そして1914年、この曲の人気をさらに高めるできごとが起こりました。当代切ってのダンス・デュオ、キャッスル夫妻がこの曲のメロディを気に入り、当時最先端のステップだったフォックス・トロットの伴奏曲として用いたのです。W・C・ハンディは、おそらくこのような展開を予測していなかったでしょう。しかし、次の作品「セントルイス・ブルース」を作るときには、今度はキャッスル夫妻を意識してわざわざタンゴのリズムを入れました。これは、前にお話した通りです。

ただし、同じW・C・ハンディの手による作曲とはいえ、「メンフィス・ブルース」と次作「セントルイス・ブルース」とではずいぶんと大きな隔たりがあることも、今一度思い出しておきましょう。既に述べたように、「メンフィス・ブルース」では中途半端だったブルースの各要素が、「セントルイス・ブルース」ではよりはっきり表れているのですが、隔たりはそれだけではありません。

「セントルイス・ブルース」は、一人称で女性の苦悩が歌われ、歌い手が嘆きを感情移入することができる「ブルース」でした。一方、「メンフィス・ブルース」は、メンフィスへの旅行者の立場で歌われ、白人側から見たメンフィス観を表し

「メンフィス・ブルース」のシートミュージック。
Courtesy of the Lester S. Levy Collection of Sheet Music, The Sheridan Libraries, The Johns Hopkins University

た歌としてヒットしたのでした。

＊＊＊

前々回は、ブルースの源流としてアフリカン・アメリカンのフィールド・ホラーとコール＆レスポンスを取り上げたのですが、実際にブルースを形成したできごとを挙げていくと、教会音楽、バーバーショップ・ハーモニー、ミンストレル・ショウ、ヴォードヴィル劇場と、いくつもの要因があがってきます。しかもそれらは、必ずしもアフリカン・アメリカンの中で閉じたままブルースへと結実したわけではない。逆に、ブルースと名付けられて出版された音楽も、必ずしもブルース的とは限らない。

どうやら、「ブルースが最初にレコーディングされたのはいつか」という風に、どこか一点にブルースの発祥を決めるような問いかけは、あまり意味がない。むしろ「ブルース」の名の下に、いったい何が起こったのかを問うていく方が、より深くその当時の状況へと入り込んでいけるようです。「ブルース」が醸し出されてきた多様な場所や時代については、まだまだ考えるべきことがありそうですが、それについてはまた別の機会に。

＊＊＊

ハンディ版の「セントルイス・ブルース」から10年経った1924年、ブルース・クイーンの一人、アイダ・コックスが、奇妙なタイトルのブルースを作りました。「ワイルドな女にはブルースはない」(Wild Women Don't Have the Blues)。「セントルイス・ブルース」以来綿々と描かれてきた、自分のもとに帰らぬ男を嘆くあわれな女というステレオタイプにうんざりしたように、アイダはこう歌います。

女たちがろくでもない男のことをわめいてる
つまらない夫のことだのそのお仲間だのを
その辺に座り込んで嘆いてる
なぜあの人は家に帰ってこないのだろうって
だけどワイルドな女は悩まない、ワイルドな女には無縁のブルース

なんと、女にはブルースなんか無縁だ、という歌をブルースとして歌っているのです。つまらない奴なんか家に入れなくていい、間違ったことをしたらただじゃおかない、と男を蹴散らしてから、アイダはこう続けます。

天使ぶっても報われやしない
考えをかえてぐっとワイルドでいこう
いいからおききうそじゃないから
ワイルドな女になるんだ、それしかない
だってワイルドな女は悩まない、ワイルドな女には無縁のブルース

1920年代、ブルースには早くも、その紋切り型の姿を乗り越える試みが生まれ始めていたのでした。

シンディ・ローパーは「メンフィス・ブルース」のボーナス・トラックで、この「Wild Women Don't Have the Blues」をカバーしています。そういえばシンディはかつて、うるさい母親も父親も男の子も仕事も蹴散らして**「女の子は楽しみたいんだ!」**（Girls Just Wanna Have Fun（邦題「ハイスクールはダンステリア」））と歌ったのでした。

［参考文献］

※1 ハンディの「メンフィス・ブルース」の出版と録音の経緯については、
Sullivan, Steve (2013) Encyclopedia of Great Popular Song Recordings, The Scarecrow Press, pp. 902-904.

※2 バーバーショップ・ハーモニーをはじめ、ブルースの系譜学については、大和田俊之（2011）『アメリカ音楽史』。（講談社選書メチエ）。

※3 Averill, Gage (2003) Four Parts, No Waiting: A Social History of American Barbershop Harmony, Oxford University Press.

※4 ベッシー・スミスの育った1900年代のチャタヌガについては、
Scott, R. Michelle (2008) "Blues Empress in Black Chatanooga", University of Illinois Press.

19 音楽をきく順序 ― ザ・ローリング・ストーンズ「サティスファクション」

2010年ごろ、大学生のアニメ観を知りたくなって、簡単な質問を出したことがあります。

質問：次の三つのアニメが最初にテレビで放送されたのはいつかを考えて、古い順番に並べて下さい。

A：ちびまる子ちゃん
B：サザエさん
C：鉄腕アトム

結果は（私には）衝撃的なものでした。

なんと半数近くの人が、ちびまる子ちゃんをサザエさんより古いアニメだと書いていたのです。

えええええええ？

もちろん、わたしは説明をしました。サザエさんは戦後すぐに始まった漫画が原作で、テレビ放映は1969年から始まったこと。だからサザエさんの生活は基本的に1960年代を描いていること。一方、ちびまる子ちゃんはもともと、1980年代から見た1970年代の世界を描いた話で、テレビ放映は1990年代から始まったこと。

ちなみに、鉄腕アトムがいちばん新しいアニメだと思っている人も半数近くいました。念のために書いておくと、鉄腕アトムのテレビ放映はこの二つよりずっと古くて、1963年です。

でも、考えてみれば無理もない。
だって、90年代生まれの人は、生まれたときから「ちびまる子ちゃん」を見てるのです。その前の歴史の細かい違いなんて、よほど興味がなければわかるわけがない。ちびまる子ちゃんの描かれ方にそこはかとなく漂っているノスタルジックかつファンタジックな雰囲気のほうが、サザエさんのリアルタイムな雰囲気よりも「古い」感じがすることだって、あるかもしれない。

さて、「ちびまる子ちゃん」と「サザエさん」の違いなんて明々白々じゃないかと思っている人にも、次の質問は難しいんじゃないでしょうか。

質問：次の1950年代の曲を、リリースされた年代順に並べて下さい。

A：リッチー・ヴァレンス「ラ・バンバ」
B：マディ・ウォーターズ「ローリン・ストーン」
C：エルヴィス・プレスリー「ハートブレイク・ホテル」
D：チャック・ベリー「メイベリーン」
E：ハウリング・ウルフ「モーニン・アット・ミッドナイト」
F：バディ・ホリー「ザットル・ビー・ザ・デイ」

これらの曲をきいたことがある人でさえ、どれが古いかなんか気にしちゃいないことが多いんじゃないでしょうか

（わたしもつい最近までそうでした）。ちなみに、先日、あるロックンロールのコンピレーションを手に入れたら、これらの曲が「ききやすい流れになるように」まったく年代順を無視して入ってました。

しかし、ロックンロールの歴史を考えるとき、これらの前後は重要です。正解は以下の通りです。

1：マディ・ウォーターズ「ローリン・ストーン」（1951）
2：ハウリング・ウルフ「モーニン・アット・ミッドナイト」（1952）
3：チャック・ベリー「メイベリーン」（1955）
4：エルヴィス・プレスリー「ハートブレイク・ホテル」（1956）
5：バディ・ホリー「ザットル・ビー・ザ・デイ」（1957）
6：リッチー・ヴァレンス「ラ・バンバ」（1958）

たった二、三年の違いじゃないかと侮るなかれ。あなただって、仮面ライダーの響鬼とカブトのどっちが先かにこだわっていたり、『天気の子』と『君の名は』を同時期の作品だと言われると怒ったりするんじゃないでしょうか。

ちょっと解説を加えておきますと、マディ・ウォーターズ（1915年生）とハウリング・ウルフ（1910年生）とは、1950年代前半以降、前に紹介したシカゴのR&Bレーベル、チェス・レコードの二枚看板でした。彼らは、チャック・ベリー（1926年生）からすれば大先輩であり、チャックがマディの紹介でチェス・レコードと契約することになったことはすでに書いた通りです。

エルヴィス・プレスリー（1935年生）のデビュー自体は1954年の「ザッツ・オールライト」ですが、彼が初めて全米1位となった「ハートブレイク・ホテル」が世に出たのは1956年です。このわずか二年の間にチャック・ベリーは黒人の側から、エルヴィスは白人の側から、それぞれR&Bとヒルビリーの混淆した新しい音楽を練り上げていきました。ちなみに、ロックンロールの定番、ビル・ヘイリー&ヒズ・コメッツの「ロック・アラウンド・ザ・クロック」は1954年4月。この曲が映画『暴力教室』でヒットしたのは、「メイベリーン」とちょうど同じ頃、1955年7月以降です。

ハイスクール時代にはブルーグラスをやっていたバディ・ホリー（1936年生）は、プレスリーをきいて影響を受け、1957年、「ザットル・ビー・ザ・デイ」や「ペギー・スー」でヒットを飛ばし始めました。

若きリッチー・ヴァレンス（1941年生）がシカゴに登場したのは、彼がまだ17歳のとき。ヒスパニック系の親族に親しんできたリッチーは、メキシコのフォーク・ソングを取り入れることで、それまでのロックンロールとは違うサウンドを生み出しつつありました。

さて、これら一曲一曲の由来を訪ねていくだけでもおもしろいのですが、それは長くなるのでおいておくとして、今回話そうと思うのは、この順番が、違う時代、別の場所にいるとどうとらえられるか、ということです。

といっても、それほど離れた時代や場所ではありません。時代は1950年代、場所は大西洋をはさんだ国、イギリスです。

＊＊＊

たとえば、1943年にロンドン近郊に生まれたマイクの場合を考えてみましょう。

彼がニューヨークに生まれていたら、たとえば一つ年上のキャロル・キングがそうだったように、アラン・フリードのかけるロックンロールで踊り狂ったかもしれません。

しかし、本土がほとんど第二次世界大戦による攻撃を受けなかったアメリカとは違って、ロンドンは爆撃の対象で、街にはまだドイツ軍の爆撃のあとがあちらこちらにありました。アメリカのように新しい音楽を楽しむ雰囲気になるには、時間がかかりました。

子供の頃のマイクは、西部劇ごっこでアメリカ訛りの英語をしゃべって、アメリカの文化に淡いあこがれを抱いていたものの、イギリスにロックンロールが本格的に入ってくるのは、もう少し後でした。1950年代前半から、ロンドンにはスキッフルという、ジャグバンドから発達した音楽が流行り始めて、1957年には絶頂になりましたが、早熟なマイクは、どちらかというとマイナーなアメリカの音楽にあこがれていました。

この頃、マイクは、ある方法でアメリカのポピュラー音楽をきくことができるのに気がつきました。それはドイツに駐留していた米軍放送、AFNです。まだ家にはレコードプレーヤーがなかったので、マイクは、ロンドンに微弱な電波で届いたこの放送を通じて、ノイズだらけのR&Bをきいていました。

1958年、マイクが生まれて初めて買ったギターでコピーしたのは、リッチー・ヴァレンスの「ラ・バンバ」でした。イギリス・ツアーにきたバディ・ホリーのコンサートにも行き、生まれて初めて生のロックンローラーを見ました。でも、彼がもっと心をつかまれたのは、友達の家できかせてもらったハウリング・ウルフでした。あいにくハウリング・ウルフを扱っているチェス・レコードは、シカゴの小さなレーベル会社で、ロンドンではなかなか手に入らない。彼は、レコードプレーヤーを手に入れるとともに、わざわざチェス・レコードに手紙を書いて個人輸入を始め、友達の家でブルースのセッションをしたりしていました。

1960年、名門ロンドン・スクール・オブ・エコノミクスに入った17才のマイクは、ブルース好きの学生たちとクラブを作って、せっせと輸入していたレコードを学校に持っていく日々でした。ある日、彼がたくさんのレコードを抱えて駅のホームに立っていると、偶然、小学校時代の同級生に会いました。それまであまり話したことがなかったその同級生は、やはり音楽好きのようで、ギターケースを抱えている。あれこれ話してから、マイクは彼に、マディ・ウォーターズのアルバムを貸してやることにしました。

その同級生からすれば、マディのアルバムはずっとききたかったレコードでした。実は1958年、ロンドンにマディ・ウォーターズが来英し、ブルース好きの大人は衝撃を受けていたのですが、そのときはまだ彼は15才で、マディのことを知るには若すぎました。その頃の彼は、エルヴィス・プレスリーのデビュー曲「ザッツ・オールライト」をきき、買ってもらったアコースティック・ギターで一生懸命コピーをしていました。

1959年、アメリカではすでに知られていたチャック・ベリーをようやくきいた彼は、そのギターに衝撃を受け、これまた必死でコピーをしました。そして1960年、彼が列車を待っていると、見たことのある同級生のマイクが、彼がききたくても手に入れることができなかったレコードをごっそり持ってプラットホームに立っていたというわけです。

こんな風に、1940年代前半のロンドンに生まれた若者にとって、手に入りにくいR&Bのレコードをきくよりも前に、まずエルヴィスやバディ・ホリーやリッチー・ヴァレンスのような白人のロックンローラーをきいて、そこからチャック・ベリーやマディ・ウォーターズ、あるいはハウリング・ウルフへと遡っていくという順序をたどるのはごく自然なことでした。

マイクとその同級生は頻繁に会うようになりました。R&Bにあこがれていた二人は、やがて彼らより15歳年上で、ロンドンにマディ・ウォーターズを招聘した男と知り合い、彼のやっているブルース・バンドに加わりました。

マイクはやがてミックと名乗るようになり、同級生のキースは一才上なのにエルモア・ジェイムズばかりのプレイをする同じバンドのギタリスト、ブライアンに刺激を受けてさらにギターの腕を磨きました。

1962年、彼らはマディ・ウォーターズのシングルにあやかって、バンド名を「ザ・ローリング・ストーンズ」と名付けることにしました（※1）。

＊＊＊

1959年2月、リッチー・ヴァレンス、バディ・ホリー、ビッグ・ボッパーが飛行機事故で突如亡くなりました。飛行機事故は、「音楽が死んだ日」と呼ばれました。エルヴィスが1958年から1960年まで兵役のための活動を休止し（その間も録りためてあったレコードが次々とリリースされましたが）、残ったチャック・ベリーが1959年末に婦女暴行の罪に問われて第一線からいったん姿を消すと、1950年代後半のロカビリーの流れはみるみるせき止められたかに見えました。

もちろん音楽じたいがアメリカから消えたわけではなく、新しい才能は次々と現れていました。たとえば、ミックより三つ上だったフィル・スペクターはむしろ1960年代からプロデューサーとしての頭角を現し始めたし、ミックの一つ年上で、50年代のロックンロールを浴びていたキャロル・キングは作詞家で夫のジェリー・ゴフィンとともに職業作家となり、リトル・エヴァのヒット曲「ロコモーション」（1962年）を作りました。西海岸では、ミックと同い年のブライアン・ウィルソン率いるビーチ・ボーイズが、チャック・ベリーの「スウィート・リトル・シックスティーン」をアレンジした「サーフィン・USA」（1963年）をリリースしました。

それでも、ほんの数年の間に、同じR&Bやロックンロールに影響を受けたアメリカとイギリスの音楽が、違う進化を遂げていたことは確かでした。アメリカのR&Bとロックンロールに傾倒していたビートルズとローリング・ストーンズが1964年に相次いでアメリカでツアーを行うと、それはブリティッシュの侵略（ブリティッシュ・インヴェイジョン）と呼ばれました。

残念ながら、ビートルズが熱狂のうちに迎えられたのに対して、ストーンズのツアーの評判は、さほどでもありませんでした。

しかし、いいこともありました。彼らは、ツアーのあとにシカゴを訪れ、あこがれのチェス・レコードのスタジオでセッションを実現したのです。チェスのスタジオには、彼らが親しんできたレコードできこえてくる独特のアンビエント・エコーがかかっており、演奏してみると、イングランドで録音したときとは全く違う雰囲気が出ました。しかもそこには、チャック・ベリーやマディ・ウォーターズ自身まで様子を見にやってきました。

ストーンズはそのチェス・スタジオで、マディ・ウォーターズの「アイ・キャント・サティスファイド」やチャック・ベリーの「アラウンド・アンド・アラウンド」そしてミックとキースの「タイム・イズ・オン・マイ・サイド」をはじめ十数曲を吹き込みました。自分たちの演奏が長年あこがれたチェス・スタジオの音となって鳴り響いたことが、彼らに大きな影響を与えたことは間違いないでしょう。ちなみに彼らはこのツアーで、あるもう一人のシンガーに衝撃を受けたのですが、そのことは別の章で話しましょう。

翌年の1965年、ストーンズは再び行ったアメリカ・ツアー中に新曲を発表しました。

ごうごうと唸るようなギブソンのファズボックスのギターのリフをキースが鳴らすと、ミックは、まるで意味のあることを言うのもかったるいとでもいわんばかりに、ひとつひとつの単語を長々とごろつかせ、悪態をつきました。「まあああああんんんんぞおおおくうう、でえええきいいいいなあぁいよおお」

そのことばはもともと、チャック・ベリーの「サーティー・デイズ」からの引用でしたが、ミックの歌い方は、矢継ぎ早にことばを繰り出すチャック・ベリーの歌い方とも、うねるようなブルースを絞り出すマディ・ウォーターズの歌い方とも、まるで違っていました。

1965年5月に発売されたその曲、**「サティスファクション」**は、全米ビルボードNo・1となり、ツアーは大成功を収めました。

［参考文献］

※1　ミックとキースのデビュー前については以下の評伝を参考にした。

Davis, Stephen (2001) Old Gods Almost Dead: The 40-year Odyssey of the Rolling Stones. Broadway.

20 ― どこでもない国の入り口 ― カルメン・ミランダ「チャタヌガ・チューチュー」

歌をきいて即、その背景を知りたいと思うか。難しい問題です。

20代くらいまでのわたしは、そういう背景知識にむしろ、警戒心を抱いていました。自分のきいている歌の魅力が、文字になったり小難しい議論になったりした途端に損なわれるような気がして、音楽を論じた雑誌や本から、できるだけ距離をとっていました。極端な場合は、ライナーノートさえ、見ずにいました。きき覚えた歌の意味がわからなかったとしても、無理にその謎を解かずに、ただきこえるままに放っておき、気ままな想像に浸りたかったのです。

そんな風に、きこえるままにしておいた歌のひとつに**「チャタヌガ・チューチュー」**があります。

これは**細野晴臣**の**『トロピカル・ダンディー』**の冒頭を飾る一曲で、もう何回きいたかわかりません。にもかかわらず、その歌詞の意味を調べる機会を逸していました。というのも、その歌詞が、どうも不思議な響きだったからです。チャタヌガという、舌がもつれそうな都市の名前。そして細野晴臣がちょっと鼻にかかった声で矢継ぎ早に繰り出す早口の歌は、まるで架空の国のことばのようで、なんだか別世界の歌のように響きました。わたしはその浮き世離れした感じを、手放したくなかった。

でも、ここまで読んだ方にはおわかりの通り、歌のたのしみは、背景を知ったくらいで簡単に失われたりはしない。それに、チャタヌガという地名は、第18章で取り上げたとおり、**ベッシー・スミス**の生まれ故郷で、わたしたちはすでに、それがただの早口ことばではないことを知っている。というわけで、これを機会に、チャタヌガ・チューチューの内容に足を踏み入れてみようと思うのです。

ともあれ歌詞を見てみましょうか。もともとこの曲は**グレン・ミラー楽団**によって『銀嶺セレナーデ』（"Sun Valley Serenade"／1941年）という映画の中で演奏されました。作詞はマック・ゴードン、作曲は「ブロードウェイの子守歌」で知られるハリー・ヴォーレン。このときの歌詞は英語で、例によって少々長いオープニング・ヴァースがあるのですが、それは省略してコーラスを訳すと、こんな具合です。

おい君
これチャタヌガ行きかい？
「29番線ですよ」
よし、靴磨いとくれ
まかしとけ
チャタヌガ・チューチューだろ
金ならたんまりある
こんなのはした金だ
ペンシルバニア駅を3時45分に出りゃ
雑誌読んでるうちにボルチモア
ディナーはダイナーでちょうだいな
ハムエッグ最高でもうキャロライナ
口笛がきこえる、エイト・トゥ・ザ・バーだな

てことはテネシーはそう遠かないな
石炭くべろ、まだまだいくぜ
ウーウー、チャタヌガに着いちゃうよ

待ってるかな、駅で
サテンのレースで着飾って
「ファニーフェイス」って呼んでたあの娘
彼女泣くんだ、ぼくがもうどこにもいかないって言うまで
だからチャタヌガ・チューチュー
チューチューしてよ我が家に

（訳：細馬　以下同）

というわけで、ニューヨークのペンシルバニア駅からチャタヌガまでの長い道のりをチューチュー蒸気を吐く汽車に乗ってあの娘に会いに帰る歌。ボルチモア、キャロライナと、地名も韻を踏んでなんとも調子がよく、これならあっという間に目的地に着いてしまいそう。最初に靴磨きの少年とちょっとことばを交わして、そのやりとりが跳ね板になってぽんと汽車に乗るんですが、会話のリズムで飛び乗るこの感じ、細野晴臣の別の鉄道ソング「Pom Pom蒸気」に通じるものがあります。

ところで、歌の途中に、ちょっと気になるフレーズがあります。それは、「エイト・トゥ・ザ・バーだな」というところ。バーとは小節線のことで、つまり一小節8ビートってこと。実はこのフレーズ、当時流行の8ビート、つまり

ブギウギのリズムを取り入れたちょっと前のヒット曲**「ビート・ミー・ダディ、エイト・トゥ・ザ・バー」**（1940年）の引用です。ここで大事なのは、**ブギウギがテキサス生まれの音楽**だと言われていることで、それは「ビート・ミー・ダディ」でもこんな風に歌われています。

ところはテキサス、ホンキートンクな田舎町
そこにいるのはピアノの達人
どんなスタイルもお望みのまま
でも彼が好きなのはエイト・トゥ・ザ・バー
弾けば火の玉
彼こそダディ、最高さ

ピアノに向かえば人だかり
ひとたび弾けば名演奏
打ち出すリズムで猫まで踊る
踊るにゃ遠慮はなしだけど
ベースとギターが鳴ったなら
みんなが叫ぶ「やってよダディ、エイト・トゥ・ザ・バー」

こんな具合に、「ビート・ミー・ダディ、エイト・トゥ・ザ・バー」では、テキサスがごきげんなブギウギの流れる

街として歌われているわけです。ちなみにこの曲は、グレン・ミラー楽団のレパートリーでもありました。「チャタヌガ・チュー・チュー」で、エイト・トゥ・ザ・バー（＝ブギウギ）がきこえるということは、（テキサス生まれの）南部の音楽がきこえてるってことで、つまりは、南部の入り口であるテネシーはそう遠くないなという話なのです。

歌の中に別のスタイルの歌が引用される。このしくみは、実は第13章の**「アレクサンダーズ・ラグタイム・バンド」**ですでに見られたものですが、興味深いのは、その引用部分、この場合は、「エイト・トゥ・ザ・バー（＝ブギウギ）」がどう演奏されているか、です。

映画『銀嶺セレナーデ』では、グレン・ミラー楽団の演奏に乗せて歌が二度歌われます。一度目は、白人コーラスですが、「エイト・トゥ・ザ・バー」のところは、普通にスウィングが刻まれているだけで、取り立てて何も起こっていない。問題は二度目の方です。

この二度目の場面では、かつてコットンクラブで**キャブ・キャロウェイ**（第11章）とともに一世を風靡した**ニコラス・ブラザーズ**が、**ドロシー・ダンドリッジ**と華麗なタップと踊りを歌いながら披露しているのですが、彼らは、序盤ではあえてタップを控えめにしておいて、「口笛がきこえる、エイト・トゥ・ザ・バーだな」のところで、タップを一節踊るのです。つまり、この歌詞の部分に下線を引くかのようにタップを踏むことで、歌にブギウギの気分をひととき呼び込んでいるというわけです。タップダンサーの登場する映画では、口以上に足がものを言ってるので、油断がなりません。ここから彼らは、歌い手とあの娘について語るはずの歌の後半は省略して、インストゥルメンタルをバックに華麗なタップへとなだれこみます。いわばブギウギがきこえたのを合図に一気に踊りを爆発させ、その推進力でチャタヌガに到着するのです。

＊＊＊

何かを見ききして、気になりながらその背景を長いことあえて知らずに済ませていた、ということはよくあるのですが、その一つに、「フルーツ山盛り女」があります。

わたしは昔からダフィ・ダックやバッグス・バニーやトムとジェリーが活躍する古いアニメーションが好きなのですが、その中に奇妙な仮装の場面がある。たとえば、「ヤンキー・ドゥードゥル・ダフィ」（1943年）で、ダフィが突如、フルーツを山盛り頭に乗せて女装しながら「ボンチキボンチキボン！」と唄う。テックス・エイヴリーの『へんてこなオペラ』（1952年）にもこの「フルーツ山盛り女」が出てくる。説明はまるでなし。当時の人にはすぐピンときたのでしょうが、わたしには何のことやらさっぱりわからない。気持ちがひっかかったまま、ずいぶん長い年月が経ちました。

ところがある日、ウディ・アレンの映画**『ラジオ・デイズ』**（1987年）を見ていて、突如はっとしたのです。

ときは1940年代、ラジオから流れてくる当時の曲の思い出が、ウディの語りによって次々と描かれていく。場面は狭い家の中、サンバのリズムが流れ出し、いとこのルーシーが、頭に高々とタオルを巻いて、歌に合わせて踊っている。「ルーシーはもうカルメン・ミランダが大好きだった」。そのルーシーの、うっとりしながら鏡の中の自分に手をさしのべて踊る姿がすばらしいのです。ほとんどは知らないことばで歌われているのですが、「サウス・アメリカン・ウェイ」というところだけが英語で、その「サウス」ということばが、まるで南に抜ける秘密の入り口のようにひそやかに歌われていて、それがまた夢見心地にこちらを誘う。「アイアーイ、アイアーイ」。ほほえみながら見ていた家族も、合いの手が入るところではここぞとばかりに口まねをして、ルーシーと一緒に踊り出す。

この場面は、わたしの心の中の口パクベストワンなのですが、それはさておき、ルーシーが頭に高々とタオルを乗せているのを見て、あ、もしや、とようやく気づきました。あのダフィ・ダックが頭に高々とフルーツを乗せて真似ていたのは、カルメン・ミランダだったのです。

＊＊＊

カルメン・ミランダの生涯については、『カルメン・ミランダ、バナナ・イズ・マイ・ビジネス』（1995年）というドキュメンタリー映画で詳しく紹介されているので、それを参考にここで紹介しておきます。

カルメンは1909年生まれ。ポルトガル出身、ブラジル育ちの歌手で、10代のときには家計を支えるために帽子屋で働いていましたが、両親に内緒で歌に励み、1929年に歌手デビューします。当時、ちょうどブラジルではラジオが普及し始めたところで、このラジオにのって、サンバはブラジル全土に拡がるポピュラー音楽となっていく過程にありました。カルメンは1933年、ブラジルで最初にラジオ局と契約した歌手となり、数多くのサンバを歌いました。彼女の伴奏を長らくつとめたバンド・ダ・ルアのリーダー、アルイージョ・オリヴェイラは彼女のことをこんな風に語っています。「いったんカルメンが歌い出すと、もう観客は催眠術にかかったみたいに動けなくなっていた」。カルメンは、その後、次々とレコードを出し、妹のアウロラとともに1930年代後半にはブラジルのトップ歌手となっていました。1939年、『バナナ・ダ・テラ（大地のバナナ）』で、バイーアの女の衣装をぐっと誇張して豪華なネックレスと髪飾りを身にまとって歌い踊ると、彼女の人気はさらに高まりました。

この年、ブロードウェイの敏腕プロデューサー、リー・シューベルトの誘いでカルメンはアメリカに渡り、「ブラジリアン・ボムシェル（猛烈美女）」という触れ込みでレビューに出演して好評を博します（※1）。ニューヨークからハリウッドに移り、ミュージカル映画『遙かなるアルゼンチン』（1940年）に出演すると、高い靴を履き、頭の上にフルーツをてんこ盛りにして唄い踊る場面はたちまち人気になりました（大柄に見えるのはこの帽子と靴のせいで、実は身長は1メートル53センチでした）。
残念ながら、カルメンのアメリカでの活躍は、ヴァルガス政権下の愛国的な雰囲気に満ちたブラジルでは、好意的に受け入れられませんでした。１９４０年、彼女はブラジルに帰国して、ヴァルガス夫人主催のチャリティ・コンサートに出演し、「ハロー」と英語で挨拶をしましたが、観客は静まりかえり、ヒット曲**「サウス・アメリカン・ウェイ」**を歌うと、ブーイングさえ起こる始末でした。「ブラジル」ではなく「サウス・アメリカン」と、異なる国をひとくくりにしてイメージ化する彼女の歌は、アメリカナイズされ過ぎていると受け止められたのです。この事件に傷ついたカルメンは、１９４０年以来亡くなる前年に一時帰国するまで、長らくブラジルに戻りませんでした。

カルメンがハリウッド映画の中でサンバを歌い踊ることによって、アメリカでのサンバの認知度は一気にあがりました。『遙かなるアルゼンチン』（１９４０年）、『ザット・ナイト・イン・リオ』（１９４１年）、『ウィークエンド・イン・ハバナ』（１９４１年）。舞台は国もことばもばらばら。これらの映画の中で、カルメンは「サウス・アメリカン」からきた、押しが強くてちょっと嫉妬深い女性で、カタコト英語をまくしたてて主人公たちの男女の仲を引っかき回す、いわば狂言回しを演じました。でも、ひとたび歌い踊り出すと、もう主人公も筋書きもそっちのけで、カルメンの独壇場。早口のポルトガル語が豆鉄砲のようにこちらの耳にぽんぽん飛び込んできて、どんどん引き込まれてしまう。「遙かなるアルゼンチン」で歌われた「サウス・アメリカン・ウェイ」はデッカ・レコードからリリースされ、ラジオからもカルメンの歌声が頻繁に流れました。『ラジオ・デイズ』でいとこのルーシーが夢見るように踊っているのは、おそらくこの頃です。

カラフルな果実と衣装で着飾ったカルメンは、テクニカラーの映画の中では、ひときわ光り輝きました。彼女のヴィジュアルがいかに途方もなかったかは、**『ザ・ギャングズ・オール・ヒア』**（１９４３年）で歌われる「ザ・レディ・

イン・ザ・トゥッティ・フルッティ・ハット」の場面を見れば、一目瞭然です。そこでは特にバナナが大活躍するのですが、それがいかなる内容かはあえて書かないので、ぜひ何らかの方法で（できれば大きな画面で）見て、衝撃を受けて下さい。

カルメンがもたらした、たわわな果実に彩られた南のイメージは、さまざまな形で再生産されました。たとえば、1944年に登場したユナイテッド・フルーツ・カンパニーのキャラクター『チキータ・バナナ』は、カルメンそっくりに頭にバナナを乗せて、カルメン風に誘いかけるように歌いました。「わたしはチキータ・バナナ／教えてあげたいことがある／熟したバナナを／見分けるコツ／茶色い斑点が出て／金色になったら／バナナの味は最高／あなたにとって最高なのよ」。カルメンのもたらした過剰なイメージは、アメリカから見た「南米」もしくは「第三世界」のまなざしへと、巧妙に取り込まれていったのだと言えるかもしれません（※2）。

しかし、1945年に第二次世界大戦が終わり、アメリカのムードが外向きよりも内向きになると、南へと誘うカルメン・ミランダのエキゾチックな人気は急速に下り坂になりました。その後アンドリュース・シスターズと共演でレコードを出すなど音楽の世界ではなおも人気がありましたが、映画作品には恵まれず、1955年、心臓発作によって46才の若さで亡くなりました。カルメンのブラジルでの評価は回復し、リオデジャネイロの葬儀では、カルナヴァルのごとく通りに人があふれました。

＊＊＊

カルメン・ミランダのルックスはさておき、彼女の歌が持っていた本来の魅力を今一度考え直すために、この辺で、彼女の歌をきいてみましょうか。曲は「チャタヌガ・チューチュー」（1942年）。

カルメン・ミランダが歌う「チャタヌガ・チューチュー」は、グレン・ミラー楽団のものとまるで違います。なにしろ演奏はサンバを得意とするブラジルのバンド、バンド・ダ・ルア。そのリーダー、**アルイージョ・オリヴェイラ**が訳したポルトガル語の歌詞をカルメンは歌っています。細野晴臣がカバーしたのは、まさにこのカルメン・ミランダ版の「チャタヌガ・チューチュー」です。

美しいギターのアンサンブルが、流れるようなサンバを奏でながら、汽車を進めていきます。彼女は、こんな風に歌い始めます。

教えてあげましょ、チャタヌガ・チュー・チュー
チューチューは汽車、汽車がね、誰かのところへ連れてってくれるのよ
チャタヌガ行きが駅に来たら
飛び乗るのよ、飛び乗るのよ
通過しちゃうやつでもね

「教えてあげましょ」という、秘密を明かすような始まり方は、バナナの食べ方を教える「チキータ・バナナ」の歌の始まりとよく似ていることがわかります（それもそのはず、「チャタヌガ・チューチュー」の方が先ですからね）。

それにしてもめくるめくのは、カルメンの早口です。実際に歌ってみればわかりますが、とても舌が追いつかない。それでいて、まるで力んでいない。子音を駆使して、ぱちぱちと粒立ちのよい発音できく者の耳をそばだたせながら、母音の去り際をさっと抜いていく見事な息づかい。それが、汽車を駆動している。ポルトガル語を知らないきき手に

はさっぱり意味はわからないけれど、とにかく調子がいい。
さて、語り手は何を「教えて」くれようとしているのか。列車はどんどん進んでいきます。

ペンシルバニア駅を出るのが
三時くらい
だんだんワシントンに近づくから
コーヒーでも飲んでひとやすみ
ハムエッグを食べたらキャロライナ
アメリカーノがバーに入ってく
「おお、ブギウギ・チューチューだ。エイト・トゥ・ザ・バー」

先の英語版と比べてみると、後ろの二行は、決定的に歌詞が違っています。カルメンが**「アメリカーノがバーに入っていく」**と歌うや、バックバンドの合いの手が**「おお、ブギウギ・チューチューだ」**と歌いかけるのですが、演奏はこの一瞬、サンバからブギウギのピアノに変化します。しかも、ポルトガル語の歌詞の中にあって、ここは英語です。アメリカ人のきき手には、**「アメリカーノ」**と自分たちを異国のことばで呼ぶことばと、**「ブギウギ・チューチュー、エイト・トゥ・ザ・バー」**というフレーズだけが、ブギウギを背景にまるで太文字になったようにくっきりと浮かび上がってきたことでしょう。
注目すべきは、このブギウギが「アメリカ南部」の音楽としてではなく、「アメリカーノ」の音楽として引用されていること、そして続きで、次のようにひっくり返されることです。

でもブラジル人ならサンバでしょう！
ボン・チキボン・バラガダ・バラガドゥン！
ボン・チキボン・バラガダ・バラガドゥン！
だって運転士さんはサンバの達人
さあチャタヌガ着いちゃうわ

さっきブギウギを鳴らしたばかりの伴奏は、**「ボン・チキボン・バラガダ・バラガドゥン！」**で打楽器だけのバトゥカーダとなり、歌は、口三味線でそのリズムをなぞり、サンバのまっただ中へときく者を連れて行く。ふたたびギターが鳴り始めると、いまや運転士までサンバの達人で、チャタヌガ行きの列車は、サンバ列車に変身している。

この歌は、映画『ロッキーの春風』（1942年）の中で歌われるのですが、ここでの彼女の踊りがまたいいのです。「おお、ブギウギ・チューチューだ」と合いの手が入るところでは、バンドから遠く離れた場所で、ずん、ずん、と足を踏みながらメリハリのある手振りをしておいて、「でもブラジル人ならサンバでしょう！」といってからは、いきなり推進力を得たように、「ボン・チキボン・バラガダ・バラガドゥン」と歌いながら、バトゥカーダの伴奏に合わせてすうっとバンドの方へ近づいていく。カメラもまたカルメンに吸い寄せられるようについていき、見る者は、サンバを奏でているバンドのもとへと導かれていきます。その魔法のような動きたるや！

ここから、いよいよ語り手は親密に、この旅の目的を明かしていきます。

会いたい人がいるのよ

きっと待ってるわ、駅で　アハー！
昔は「ファニー・フェイス」って呼んでたの。
だってスペンサー・トレイシーみたいだったから。

早く着かないかな、そしたら二人きり
だからチャタヌガ・チュー・チュー
もうなんのことかわかったでしょう？
チャタヌガチャタヌガ

原曲にはない**「アハー！」**というかけ声が入ることで、「なんだ、そういうことなのね」という感じが出る。ずっと汽車の行き先の話ばかりしてたけれど、なんだ、ほんとは駅で恋人が待ってるんじゃないか。教えたかったのはそのことなのね。もっともポルトガル語のわからない人間には、なにかがアハ！とわかった、ということしかわかりません。歌に出てくるスペンサー・トレイシーは、イングリッド・バーグマンやジュディ・ガーランドと浮名を流し、この年には、のちに長きにわたってパートナーとなるキャサリン・ヘップバーンと「女性No.1」で共演して大当たりしたばかりの色男でした。そんなハリウッド・スターに恋人をなぞらえるところに、語り手の舞い上がってる感じ、調子に乗りすぎてる感じがよく出ています。
カルメンは、「もうなんのことかわかったでしょう？　チャタヌガチャタヌガ」といいながら、チャタヌガという固有名詞を転がしていく。「もうなんのことかわかったでしょう？」という問いかけはわからなくとも、チャタヌガという音が、言葉遊びのように転がされているのはわかる。カルメンはその名前の冒頭を「チュチュ」「チャチャ」と汽車の音ともキューバのリズムの名前ともつかぬ音へと変化させてから、最後にクイーカのような声で笑い出します。もはや、チャタヌガということばは、テネシー州の都市名ではなく、知らない国の恋の呪文と化している。

細野晴臣のラジオ番組「Daisy World」（2000年4月23日）によれば、彼が『トロピカル・ダンディー』でカルメン・ミランダの曲を取り上げたときは、まだカルメンの映画を見たことがなかったそうです。当時まだ25才だった彼が、どこでもない熱帯を描き出すにあたって、彼女の音楽だけをヒントにこの「チャタヌガ・チューチュー」を取り上げたのは、まことに慧眼だったというより他ありません。

＊＊＊

カルメン・ミランダ版「チャタヌガ・チューチュー」の楽しさは、詞の意味を翻訳によって変えただけでなく、演奏によって歌のしくみをまるごと変化させ、ブギウギの示す南部を、サンバの示す幻想の国へとあざやかにすりかえてしまったところにあるでしょう。作詞と演奏を担当したアルイージョ・オリヴェイラの力は、並々ならぬものです。

オリヴェイラは、カルメンの死後、バンドを解散してアメリカからブラジルに戻り、レコード会社のディレクターとなりました。彼は1959年、ある歌手の初のアルバムを制作します。

では、その歌手、ジョアン・ジルベルトの歌をきいてみましょうか。

〔参考文献〕

※1 映画スターとしてのカルメン・ミランダの生涯については、
Shaw, Lisa (2013) Carmen Miranda (Film Stars), British Film Institute.

※2 カルメン・ミランダとバナナ産業との関係については、以下の第6章 "Carmen Miranda on My Mind" を。
Enloe, Cynthia (2000) Bananas, Beaches and Bases. : University of California Press, pp 124-150.

うたのしくみ

シーズン2

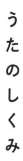

1—二人でやり遂げる歌 — クリステン・ベル&サンティノ・フォンタナ「とびら開けて」

ディズニーのアニメーション**『アナと雪の女王』**は、物語や映像もさることながら、その歌の魅力によって大ヒットとなりました。2014年には、ついにシング・アロング版の上映館まで現れ、館内大合唱という事態が発生しました。

中でも興味深いナンバーが**「とびら開けて(Love is an open door)」**(作詞:クリスティン・アンダーソン=ロペス/作曲:ロバート・ロペス/歌:クリステン・ベル&サンティノ・フォンタナ/日本語版:神田沙也加、津田英佑/訳:高橋知伽江)です。物語の前半に登場するこの曲は、主人公の一人である王女アナと、彼女の国のパーティーに訪れた南国の王子ハンスとが恋に落ち、プロポーズにいたる歌。ジャクソン5を思わせる軽妙な曲調のデュエットですが、その軽さとは裏腹に、なかなかの難曲です。早口で跳躍するメロディーや突き抜けるような高音を正確に歌い、しかもそれをさりげなくきかせるのは、かなり歌唱力に自信のある人でも至難の業でしょう。ましてやこれはデュエット、一人が上手いだけでは不足で、歌自慢の男女が二人揃わねばなりません。

ところがしばらくして、この曲は歌うこと以外の方法によって愛好され始めました。その方法とは**「口パク」**です。YouTubeには、これを口パクで歌うカップルや家族の動画がいくつもアップされており、中には100万以上の再生回数を打ち出しているものまである。ただ歌に合わせて身振り手振りを交えながら口を動かしているだけといえばそうなのですが、見ているとあたかもご本人たちが歌っているかのようで、これがなかなか楽しい。「とびら開けて」「口パク」で検索するといくつも出てくるので未見の方はそちらをどうぞ。

誰かの曲をかけながら正確にその口の動きを真似て、あたかもその人が歌っているかのように見せるパフォーマンスは、ゲイカルチャーでは「リップシンキング」と呼ばれており、ドラァグ・クイーンたちによってしばしば演じられてきました。また、アニメーションや洋画の一場面を口パクでなぞったり別の台詞をアテレコするという遊びも、あるにはありました。けれど、同じ曲に対して一般の人々がこれほどさまざまな口パクを試み、しかもその動画が多くの人に閲覧されるというのは、ちょっと珍しい事態ではないでしょうか。

そんなわけで、今回はこの「とびら開けて」に、どんなしくみが埋め込まれているのか、そしてなぜこの歌と「口パク」とは相性がいいのかということを考えてみたいと思います。

さて、この曲の日本語版には、いろいろおもしろい点があるのですが、中でも不思議なのは次のやりとりです。

ハンス：教えてよ
アナ　：え？
ハンス：何が好きか
アナ　：サンドイッチ！
ハンス：僕と同じじゃないか！

（訳：細馬　以下同）

たぶん、いちばんのツッコミどころは、「王子と王女の好物がサンドイッチかい！」という点でしょう。が、それよりも奇妙なのは、「何が好きか」というハンスの突然の問いに対して、アナは好きな趣味でもなく好きな場所でもなく好きな「食べ物」について即答していること、それも、サーロイン・ステーキでもなくビーフ・ストロガノフでもなくコロッケでもなく「サンドイッチ」と答えていることです。「何が好きか」という問いは、無限といっていいほどあらゆる可能性に開かれているにもかかわらず、二人は同じ意見にたどりついている。いくらなんでも偶然が過ぎやしないか。

　ここでオリジナル版を見てみると、歌詞はこうなってます。

ハンス：I mean it's crazy.
アナ　：What?
ハンス：We finish each other's …
アナ　：Sandwiches!
ハンス：That's what I was gonna say!
ハンス：どうかしてるってこと。
アナ　：なにが?
ハンス：二人でやりとげちゃうのが…
アナ　：サンドイッチだなんて!
ハンス：ぼくもそう言おうと思ってた!

なんだこりゃ?
なるほど日本語版と同じく**「サンドイッチ SANDWICHES」**は出てくるのですが、**「お互いにやりとげる we finish each other's」**とは何のことか。ただ訳しただけではさっぱりわかりません。

実は二人はかなり凝ったやりとりをしているのですが、ここで何が起こっているかを知るにはまずハンスの「We finish each other's…」というフレーズについて考えなくてはなりません。

＊＊＊

よく、長く一緒に暮らしているカップルが、お互いのことばのオチを接ぎ穂しながら話していることがあります。こんな具合に。

A：それでバックしたら後ろの車のバンパーに
B：ちょっと当たって
A：それがベンツで
B：もう真っ青んなって
A：「逃げろー」って。

いわば二人で一つの文を語っているのですが、これは何も魔法を使っているわけではなく、お互いが次に言うであろうことばを次々と予測しているのです。もちろんそれには、多くの体験を共有し、相手の次のことばを予測できるほどに相手のことを知っている必要がある。つまり、お互いの文のオチが言えるということは、それだけ仲むつまじい、ということになります。

そんなわけで、お互いにオチを補いあう能力を会得したカップルは、自分たちのことを**「わたしたちはお互いのセ**

ンテンスを終わらせてしまう（くらい通じ合っている仲だ）。We finish each other's sentence.」なんて言います。ちなみにこれは慣用句なので、誰かが英語で**「わたしたちが二人でやり遂げるのは We finish each other's…」**と言えば、次にくる単語は**「センテンス sentence」**と予測できるわけです。

さて、一昔前のアメリカのシチュエーション・コメディ**「アレステッド・ディベロプメント」**に、この慣用句をもじったやりとりがありました。

A：It's like we finish each other's…
B：Sandwiches?
A：Sentences. Why would I say…
B：Sandwiches?
A：なんていうか、ぼくたちが二人でやり遂げるのは…
B：サンドイッチ？
A：センテンス。なんで言うに事欠いて…
B：サンドイッチ？

（コメディ「アレステッド・デヴェロップメント」のひとこま）

ちょっと意訳しちゃいましたが、要は「自分たちはお互いのセンテンスを終わらせるほど通じ合っている」と言おうとしている男Aの台詞の途中で、女Bが「サンドイッチ」と割り込んでいるのです。つまり、「一つのセンテンスを終える」というセンテンスすら満足に終わらせることができないほど、この二人はちぐはぐな関係にある。しかも、Bはパンをパクつきながら「サンドイッチ?」と気がなさそうにもぐもぐ言うので、彼女の意識が、男の考えるロマンスとはほど遠い「パン→サンドイッチ」という即物的な「食べ物」に向いているのが、よくわかります。

さて、ここまで予備知識をつけた上でもう一度「とびらを開けて」のやりとりを見てみましょう。

ハンス:We finish each other's…
アナ　:Sandwiches!
ハンス:That's what I was gonna say!

二行目までは、まさに「アレステッド・デヴェロップメント」と同じやりとりです。とはいえ、現代のシチュエーション・コメディを王女アナが知るはずもない。元ネタを知っている人はにやりとするでしょうけれども、これを登場人物がシチュエーション・コメディを気取っている場面と考えるのは無理でしょう。むしろ、「センテンス」というべきところを「サンドイッチ」などと食べ物に言い間違えてしまうところに、「食欲」に関心を向けるアナの奔放な稚気を感じればいいのかもしれません。

そして、ハンスは「センテンス!」とたしなめるかわりに「ぼくもそう言おうと思ってた!」と応じることで、直前のアナの台詞を、単なるとんちんかんなものとしてではなく、同じ稚気を持つ者どうしの符丁として捉え直している。彼らにとって、**「We finish each other's sandwiches」**は、「センテンス」の言い間違いであるどころか、まさに二人で成し遂げられるべき「センテンス」だったというわけです。

＊＊＊

それにしても、ただ相手の言うであろう内容を予測するだけで、「お互いのセンテンスを終わらせる」ことができるものでしょうか。いや、そう簡単にはいかない。ちょっとでもずれるとこうなるのです。

A：それでバックしたら後ろの車のバンパーに当たっ…

B：当たって、

A：ちょっと当たってそれがベン…

B：ベン、あ、ごめん、ベンツでもう真っ青んなって逃げ…

A：逃げ、逃げろーって

このように、相手のことばの中途からその続きをうまく引き取るには、単に内容を予測するだけでは足りない。相手がどこでことばに隙間を作り、どこで息をつぐかを体感しながら、相手と声が重なるか重ならないかのぎりぎりのところで、縄跳びの縄に飛び込むがごとく、さっと割って入るすばやさが必要となる。

つまり、内容だけでなく、いや内容以上に、タイミングが重要なのです。

もし相手がまとまったことばを言ったあとなら、比較的簡単です。たとえば「なにが好きか」と相手が言った直後に「サンドイッチ」と割って入るのはさほど難しくない。「なにが好きか」は、まとまった一つの質問だし、ここで発話はいったん終わっているからです。多少タイミングをはずしたからといって、相手と声が重なる恐れはない。

それに対して「ぼくたち二人でやりとげちゃうのが… WE FINISH EACH OTHER'S-」の直後に割って入るのは難しい。相手はまだフレーズを言っている真っ最中で、ちょっとでも遅れたら相手はその続きを言ってしまうだろうし、それでは、こちらの声と相手の声とが重なってしまう。それにわたしたちはうっかり相手のことばと出だしが重なってしまったときに、「サンドイ…あ、お先にどうぞ」なんてぐあいに、相手にことばを譲ってしまったりする。一つのセンテンスを作るどころか、会話は折れ曲がってぐだぐだになってしまう。

つまり、切りのいいところでフレーズを終えながら話者が交替していくよりも、文の中途で交替して「二人で一つのセンテンスを終わらせる」方が、よほど難易度が高いのです。

アナとハンスが成し遂げているのは、まさにこのことです。そしてそれは、サンドイッチに続く次の一節にもよく表れています。

アナ：I've never met someone...
二人：Who thinks so much like me.
二人：Jinx... jinx again.
アナ：初めて会ったわこんなに…
二人：自分と考えがそっくりな人。
二人：ジンクス、またジンクス。

アナのことばに続けて二人は偶然「自分と考えがそっくりの人」と声を揃えて言うのですが、ただ同じ内容を言っているだけではなく、同じ**「タイミングで」**、しかも文の途中から声が**「同時に」**合う。さらに、この一文は複数形の**「わたしたち We」**ではなく**「わたし I」**から始まり**「わたし me」**で終わっているので、まるで、二人がそれぞれ独り言を言いながら偶然にも同じことばにたどりついたようにきこえます。いわば難易度Cの「センテンス」を二人で達成してしまったのですから、**「ジンクス、またジンクス！ Jinx… .jinx again」**と叫ぶのも無理はない。ちなみに、「ジンクス」は、誰かと偶然同じことばを同じタイミングで言ったときに急いで唱えるおまじない。「自分と考えがそっくりの人」ということばが重なったので「ジンクス！」とあわてて言ったら、そのおまじないまでぴったり重なったので「またジンクス！」と言う。するとこの2度目の「ジンクス」までが二人同時に発せられているのですから、もう息が合い過ぎちゃってどうしようという状態なのです。

　ちなみにこの部分、日本語版では、アナが「わたしたちは」と言ったあと、二人で「よく似てるね」と歌うのですが、「わたしたち」と複数形で始まっている点、そして「わたしたち」に続くことばの可能性が（「なにが好きか」同様）あまりに広すぎる点で、英語の歌詞に比べると、いささかあらかじめ用意されていた台詞を歌っているような印象を与えます。

　とはいえ、意味内容、タイミング、一人称単数／複数の対比…これほど複雑な構造が埋め込まれていると、「サンドイッチ」前後を訳すのは至難の業です。たとえば「I've never met someone」と同じ密度で日本語の歌詞を当てはめようとするとものすごい早口で歌わなくてはならない。それに、英語は主語をいちいちはっきり明示する一方で、一人称の性別がないので、「I」と「We」との対比がはっきりしますが、日本語は主語を省略しがちで、あえて使ったとしても一人称に「ぼく」「あたし」のように性別が埋め込まれていることが多いため、単数／複数以外の要素がまぎれこんでしまう。いたずらに細部にこだわる訳よりは、思い切ってシンプルな日本語にした方が愛唱しやすい。おそらくそのような配慮が働いているのでしょう、「とびら開けて」の日本語訳は、ことば数を短くして、すっきりした歌詞になっています。

＊＊＊

英語の歌を訳すには、もう一つ、クリアしなければならない重要な問題があります。それは、アニメーションの唇の動きと声とを合わせるということ、すなわちリップシンクです。

アメリカのアニメーションでは、日本のアニメに比べてリップシンクへのこだわりが高く、録音も多くの場合、作画より先に行われ、声に合わせて作画で唇の動きを調節します（リップシンクの歴史的経緯については、拙著「ミッキーはなぜ口笛を吹くのか」をお読み下さい）。そのため、日本語訳で歌う場合も、歌い手は原曲の発声とタイミングをぴったり一致させる必要がある。これは通常の洋楽を邦訳で歌う場合には要求されない、難しい問題です。

この原稿を書くにあたって、「とびら開けて」の原曲版と日本語版の音声ファイルを同時に鳴らしてきき比べてみたのですが、（当然のこととは言え）実に細かいところまで発声のタイミングが一致していました。訳者も歌い手も、映像と歌との同期に神経を行き届かせていることがわかります。

にもかかわらず、翻訳の宿命として、どうしても達成し難いことがある。その一つは、**音韻と声をシンクロさせること**です。

アニメーションでは、単に口は単調に開閉しているのではなく、子音や母音の動きに合わせてその形を変えていきます。そしてアメリカのお金のかかったアニメーションでは、これをかなり細かくやります。たとえば、『**ファンタジア**』の**「カバのバレリーナ」**やテックス・エイヴリーの**「赤ずきんちゃん」**などを産み出した名アニメーター、**プレストン・**

ブレアは、アニメーションの教科書にリップ・シンク用のチャートを掲載していますが、そこには実に細々とした指示が描きこまれています。

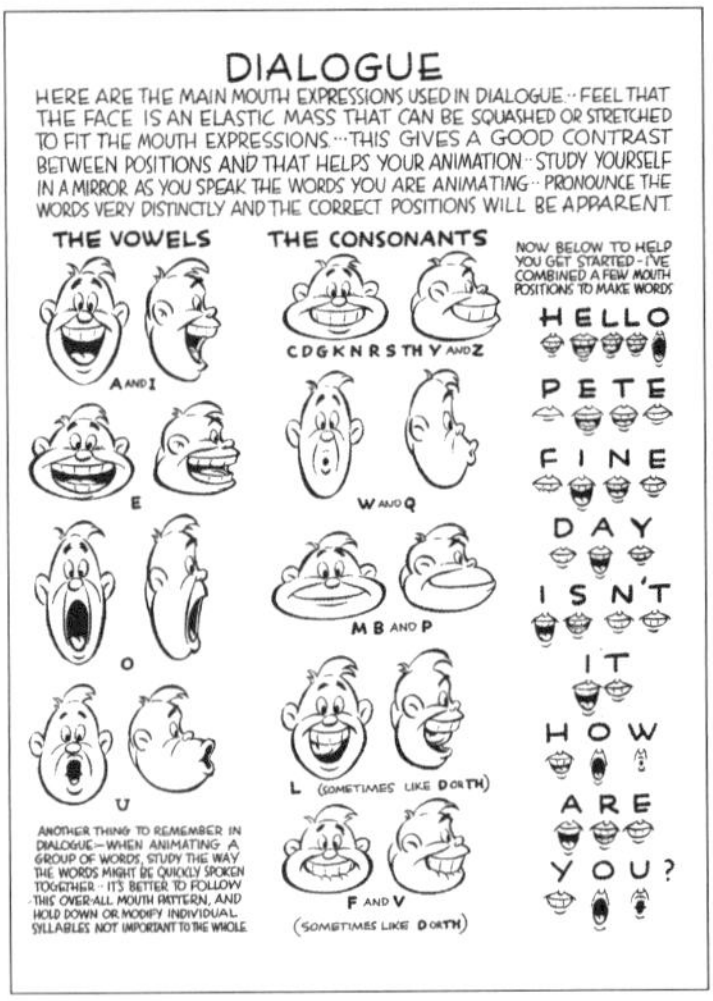

■図１：ディズニーや MGM のアニメーターとして活躍したプレストン・ブレアによるアニメーションにおける発音と口の形の関係。
Preston Blair (1947) "Advanced Animation" p. 35 より

こうした正確なリップシンクは、オリジナル版では優れた威力を発揮する一方、外国語に翻訳されると、**「音韻のひとつひとつが一致しない」**という問題を引き起こします。この問題を部分的に解決するためにしばしば用いられるのが、強調される母音の一部を合わせるというものです。たとえば、「とびら開けて」で、アナはBメロに入るところで**「but with you―」**と、この曲で初めて語尾をぐんと伸ばして歌います。ここは唇の形がかなり目立つ部分で、ブレアのチャートで言えば**「U」**の形が割り当てられている。そこに日本語訳では**「変わる―」**という訳語を当てています。意味は全く異なった語ですが、**音韻は英語と同じ「U」の音で終わるので、唇がぴったり合って見える。**このように日本語訳には、意味よりも音韻の一致を優先させるテクニックがところどころに埋め込まれていて、そのおかげで、わたしたちは一瞬、声と唇が合っているかのような感覚を体験することができます。

もう一つの隠れた問題は、**身体とことばとをシンクロさせることです。**特に歌の場面では、キャラクターは歌詞の音や意味に合わせて細かく表情や身振りを変化させています。しかし、英語と日本語では語順も密度も違うので、吹替版ではどうしてもことばの意味と動作との間にタイミングのずれができてしまう。

たとえば『アナと雪の女王』のテーマ曲でもある**「ありのままで」**を思い出してみましょう。雪の女王は**「Let it go」**と唱えるたびに手を差し出し、自ら封印してきた禍々しい氷の魔法を**「解き放つ let it go」**のですが、英語だと、まさに「go」ということばとともに差し出された手から氷がさあっと伸びていく。一方これが**「ありのままの」**だと、手を差し出す必然性はどうしても薄くなる。実は「ありのままの」ということばは、巧みにも「go」と同じ「O」の形で終わるよう「の」という語尾で訳されています。つまり、音韻レベルでは実にうまく工夫されている。にもかかわらず、身体動作と意味をシンクロさせることはかなわない。

実際のところ、この作品に限らず、吹替において音韻と動作の両方をあらゆる箇所にわたってぴたりと合わせるのは、ほぼ不可能に近い。この問題に対する解決策は、日本では数十年ずっと変わっていません。それは、**「音声のタイミン**

グや音韻の一部をある程度合わせて、細かい不一致はよしとする」というものです。そしてわたしたちは、こうした細かい不一致を小さいときからずっと体験し続けているので、通常の会話の場面では、ほとんどこの問題を気にしていません。

しかし、キャラクターの口の動きや動作が強調される歌の場面では、どうしてもそのずれが意識される。完璧にリップシンクが達成され、歌詞の音や意味と見事にシンクロして体がいきいきと動いているオリジナル版を見ると、もはや声をあてている歌手の存在は忘れられ、絵に描かれたキャラクターこそが歌っているのだという体感が立ち上がってくるのですが、この体感の生々しさにおいて、吹替版は残念ながら一歩譲るというところでしょう。

＊＊＊

ところが、この問題をひっくり返してしまったのが、他ならぬ「口パク」の流行です。

生身の人間が「とびら開けて」の日本語詞に合わせて口パクをすることによって、なんと**日本語版によるリップシンクと身体動作が実現してしまった。**

そして、「教えてよ」「え?」「なにが好きか」「サンドイッチ」「ぼくと同じじゃないか!」という、いっけん唐突に過ぎるやりとりは、見事にシンクロした身体を伴われることによって、かえって、唐突な会話にもかかわらずこの人たちは確かにその会話を交わしている、という奇妙な実在感を呼び覚まします。その結果、**笑っちゃうようなリアリティが生じる。**これは、オリジナル版では起こりえない、吹替版なればこそ生まれた、大逆転の現象と言えるでしょう。

わたしたちは、口パクを見ながら、ただ歌に合わせてパクパク口を動かしている人々を楽しんでいるのではない。

アニメーションよりも完璧なリップシンクと身体動作が達成されたときに、歌がいかに生々しく響くかを目撃しているのです。

2 ─ にじむデュエット ─ 石原裕次郎・牧村旬子「銀座の恋の物語」

わたしたちはもはや、デュエットという文化をカラオケなしに考えることはできません。いささか酒の入った時間帯に、歌っちゃいなよー、えー、やだよー、とかなんとか言いながら、結局引き受けさせられてしまうひとときの共同作業。担うべき役割は、ピンクと青で塗り分けられた歌詞となって文字列で現れ、メロディーとは裏腹の思いがけなくトリッキーな割り振りに、え、ここわたしの番なの？ と驚かされつつも、歌い慣れない風情も愛敬のうち、座によっては誰もきいちゃいなかったりしますが、デュエットの相手をにくからず思っているのであれば雰囲気を楽しめばいいのだし、もし相手がまったくどうでもいい人間なら、義理と割り切ってさっさと片付ければよろしい。

さて、そんな数あるカラオケ・デュエット・ソングの中でも、**「銀座の恋の物語」**（1961年／石原裕次郎&牧村旬子／作詞：大高ひさを、作曲：鏑木創）は、特異な位置を占めています。カラオケ経験者なら、老若男女を問わずきき覚えがある、かかった途端にその場にあやしいもやをかけ、いかにもスナック然とした雰囲気を醸し出す独特の曲調。

しかし、この曲をしみじみよい曲だとき入った経験があるかと言われると、さてどうか。むしろ、あいまいな、とらえどころのない曲という印象が強いのではないでしょうか。あ、また部長が歌うの？ 誰と？ もう誰とでもいいよ、間延びした歌詞にカラオケ特有のリヴァーブが存分にかかって、ほぼ何を言っているのかわからない、にもかかわらずリクエストしたご本人はどうやら、そのもやもやと何を言っているのかわからない感じを相手と楽しんでいる…

というわけで今回は、何度となくきいているにもかかわらず、なぜかもやもやとした印象を残すこの「銀座の恋の物語」を考えてみようと思うのです。

「銀座の恋の物語」のもやもや度合いを検証するために、ここでこの曲をカラオケで歌ったことがあるという山本さん（仮名）に質問してみましょう。山本さんは70年代後半生まれ。もちろんこの曲をリアルタイムできいたことはありません。石原裕次郎にもさほどの思い入れはないけれど、職場の上司につきあって歌わされるので、なんとなく覚えている、とのことです。じゃ、山本さん、その覚えている範囲でいいので、ちょっと最初のところを、そらで歌ってみて下さい。

「ここーろの、そこーまで、しびれるようなー」

うーん。いや、歌詞はあってます。あってますが、メロディーが違いますね。出だしの二つの音は、**「ここー」**と同じ音で歌っちゃいけないんです。**「こ↓こー」**ほら、半音高いところから始めてちょっと下げる。**「そこーまで」**もそうです。**「そこー」**ほら、同じ音じゃなくて、**「そ↓こー」**と、半音うわずったところから下げて歌う。**ファミードラー、ファミードラー**。これ、すごく歌いにくいんですよね。歌の出だしから、いきなり半音上がったところから始まって、それを下げるんですから。

なんだか、カラオケ教室みたいになってきましたが、実は、オリジナルを歌っている牧村旬子も、そんなにはっきりと半音上から下へと歌っているわけじゃない。彼女は、半音上とも下ともつかない微妙なところから声を出して、それをいったんうわずらせてからもう一度下げている。**「↑こ↓こーろの」**と、正確な音程をあいまいに揺らせているのです。これにカラオケのリヴァーブをかけると、自分の直前に出した声と今の声とが重なって、音程がもやーーーっとにじんでくる。うーん、ジャジー。じゃ山本さん、次はきかせどころ**「東京でひーとーつー」**から歌ってみて下さい。

「とうきょーでひーとつー、ぎんざーでーひーとつー、わーかーいふたーりーが、はじめーてあーったー、銀座の恋の物語」

カーン。残念。いろいろな意味で鐘一つです。ショックでしょう？　だって山本さん歌うまいもん。うまいのになぜ鐘一つかと言えば、まず最後の歌詞が違ってます。**「銀座の」**じゃなくて**「真実の（ほんとの）」**が正解。でも、これはいわゆる「銀座の恋の物語」あるあるで、たいした箇所じゃない。問題はメロディです。**「わーかーい」**からもう一度どうぞ。

「わーかーいふたーりーが、はじめーてあーあったー」

そうですよね。普通、そう歌いたくなる。山本さん、音程をとるのがうまいからよけいわかるのですが、ほんとのメロディはそうじゃない。まず**「ふたーりーが」**の**「が」**は、そんなに下がらない。**ララーソ#ラーファ**、じゃなくて、**ララーソ#ラーソ#**。下がるのは半音だけです。なんだかおしりが宙ぶらりんでヘンですよね。でもその宙ぶらりんの方が、正解なんです。

それから**「はじめてあーあった」**のところ。**「あーあった」**の**「あーあ」**も、そんなに下がらない。**ミーレ#シ**。ここも半音だけです。アラビア音階のような、変わった旋律ですが、こっちが正しい。

そしてこの半音のあいまいさがもっとも際立っているのが、最初の裕次郎のパート**「吐息がせつない囁きだから」**の部分です。この**「ささやきだから」**を裕次郎は、一番では**ラララソミーレ#ミー**と歌っているのですが、同じメロディーを二番では**ラララソ#ミーレ#ミー**と歌っています。あれ？　二番だけに#がついている。どっちが正しいのか？　たぶん、どちらも正しいのでしょう。この部分の**ソ**は、ときには素直に下がり、ときには半音だけ下げてすとんと次におりるらしい。よく年配の人が「あれはけっこう難しい曲なんだ」って言ってますが、それはつまりこういうことだったんですね。

このように「銀座の恋の物語」のメロディーは、冒頭のみならず、あちこちあいまいな半音進行だらけで、しかもカラオケではそこにリヴァーブがききまくるので、前の音の残響と半音下がった次の音とが重なって、曲全体に独特のにじんだ音響が生まれる。「銀座の恋の物語」という歌がまことにもやもやしてきこえるのは、もやもやした響きになるようなメロディーのしくみを持っているからなのです。

＊＊＊

さて、「銀座の恋の物語」のもやもやは、実はメロディーだけではありません。次は歌詞に注目してみましょう。通常、デュエット曲というのは、男と女が交互に各々の台詞を歌って始まるものです。たとえば、やはりカラオケで人気の高い**「東京ナイト・クラブ」**（フランク永井&松尾和子／作詞：佐伯孝夫、作曲：吉田正）はこうです。

（男）なぜ泣くの　睫毛がぬれてる
（女）好きになったの　もっと抱いて
（男）泣かずに踊ろよ　もう夜もおそい
（女）わたしが好きだと　好きだといって

はい、男が歌って女が歌ってますね。曲によっては途中から一文を二人で歌う場合もありますが（前回の「とびらを開けて」を思い出して下さい）、最初はたいてい、おとなしくそれぞれのセリフを歌うものです。デュエットなんだからそんなの当たり前だと思われるかもしれませんが、「銀座の恋の物語」は、そうではありません。

（女）心の底まで　しびれる様な
（男）吐息が切ない　囁きだから
（女）泪が思わず　湧いてきて
（男）泣きたくなるのさ　この俺も

あれ？　これって、一行目から四行目まで一つの文のように読めるのは気のせいでしょうか。いや、気のせいではなく、実際そうだ。映画「銀座の恋の物語」を見ると、冒頭場面で石原裕次郎は一人で歌の一番を歌いきっています。ということはつまり、この歌詞は、男が一人で歌っても自然にきこえるように作られている。

一人の**「俺」**が発するようなことばをわざわざ男女に振り分けると、何が起こるか。心の底までしびれているのは女のようにきこえる。しかしその吐息の切なさに参っているのは男のようにきこえる。泪が湧いてくるのは女のようにきこえる。しかしその泪で泣きたくなっているのは男のようにきこえる。相手の情動と自分の情動が区別がつかなくなって、ああ泣いているのはわたしなのか俺なのか。

つまり、「銀座の恋の物語」では、一つの文の主体を入れ替えることによって、それが誰の話なのかをにじませているのです。

二番になると、このにじみはさらに大胆なものになります。

(女)誰にも内緒で　しまっておいた

(男)大事な女の　真ごころだけど

なんと男の側が「大事な女の真ごころ」を勝手に歌い上げている。そしてさらにトリッキーなのは次の二行です。

(女)貴男のためなら　何もかも

(男)くれると言う娘の　いじらしさ

ここ、日本語がちょっとおかしくなっています。「貴方のためなら何もかも」と言っているのは女なのですから、普通なら「何もかも**『あげる』**」と続くはずです。なのに、突然「何もかも**『くれる』**」と立場がちゃかり裏返って、いつのまにかもらう側、男の側の目線になっている。相手のことばを誠実に引用していると見せながら、実は自分の側にくるっとひっくり返している。そのことで、どこからどこまでがどの語り手なのかをあいまいにする。

この、直接話法と間接話法を途中ですり替えてしまうしくみは、日本語の歌にときどき見られるもので、たとえば大滝詠一の**「1969年のドラッグレース」**(詞:松本隆　曲:大滝詠一)には**「意味ない事を喋ってる時の/ぼくが一番好きだわって言ったね」**というフレーズがあります。この場合は、**「意味ない事を喋ってる時のあなたが一番好きだわ」**という台詞になるべきところを、**「あなた」**と**「ぼく」**を入れ替えることで、この台詞が女のものなのか、それとも男のものなのかを曖昧にしている。いわば、「銀座の恋メソッド」です。

さて、話を戻してもう一度「銀座の恋の物語」の二番冒頭の四行を通して読むと、**「誰にも内緒でしまっておいた、**

大事な女の真ごころだけど、貴男のためなら何もかも」まで、全部が女の台詞だということに気づきます。そこまで女に言わせておいて、**「…くれると言う娘のいじらしさ」**といきなり男目線に裏返される。しかも、男が台詞の一部を歌っているおかげで、前半の台詞が女のものだという事実は攪乱される。

このような話法のすり替えによって、歌の語り手の立場はさらに複雑ににじんでいきます。これは女の台詞なのか、それとも男の記憶の中にある女の台詞を男が手前勝手に再生しているのか。人目を忍んで逢うことを「忍び会い」とはよく言ったものですが、ここでは、男と女がお互いに声を交替させるというよりは、お互いの声に忍んでいくことで、きき手からみるとどちらがどちらのことを歌っているのか、その実体をやや向こうに隠していく忍法が用いられているのです。

＊＊＊

かくして、男女は東京で一つ、銀座で一つの姿となって霧隠れていくのですが、この曲のもう一つ大胆なところは、歌い手たちが自らの姿を**「真実の恋」**と呼びながら、一方でそれを**「物語り」**であると歌い上げているところでしょう。「真実の恋」に陥っているような人たちは、自分たちの会話に対して「物語り」なんて距離をとれるはずがない。好きだと言い放ってあとはことばもなく抱き合うことだってできるはずなのに、「銀座の恋の物語」は、まるでそれまで交わされたことばが、どこかで漏れきいた他人の話であるかのように、「物語り」と締めくくられる。「物語り」と歌った途端に、歌い手は登場人物からナレーターへと成り代わり、物語の外へ出る。と同時に、それまでの自分たちの姿を、絵空事の絵のような、フィクションにしてしまう。

この歌のオチは、カラオケにおいても独特の効果を与えます。**「真実の」**と**「物語り」**という、相反する二つのことばが連なることによって、歌い手は真実の気分から物語の外へと抜け出します。どんなに親密な雰囲気を出して歌っても、あるいはどんなにお仕着せの関係に身もだえしながら歌っても、最後に「ものが〜た〜り〜」と歌った瞬間、それまでの歌をかりそめにして、もやの中から逃れ、席に戻ることができる。この点で「銀座の恋の物語」は、二人の関係にかかわらず、歌いやすい歌だと言えるでしょう。

＊＊＊

1962年、この歌の発表後に制作された映画版「銀座の恋の物語」は、この曲が全編にわたってさまざまな形で用いられています。

映画「銀座の恋の物語」は将来を夢見る「若い二人」の物語です。主人公は、石原裕次郎演じる画家志望の青年次郎と、浅丘ルリ子演じる服飾会社のお針子の久子（チャコ）。さらに、ジェリー藤尾演じるジャズ・ピアニスト宮本が友人として登場します。映画の中では、「銀座の恋の物語」は宮本が作曲し、それに次郎とチャコが遊び半分で歌詞をつけたという設定になっていて、三人は劇中で何度もこの歌を演奏したり歌ったりするのですが、おもしろいことに、いくつかの場面で、**冒頭のメロディの半音進行を強調する**形が表れます。

たとえば宮本が最初の部分をピアノ演奏する場面があるのですが、これは、左手も右手も冒頭の半音の上げ下げを繰り返すというアレンジで、ジャズというよりは、不安な場面につける劇伴のようです。

もう一つ印象的な場面が、チャコが戯れにトイピアノを弾く場面です。一本指で「銀座の恋の物語」のメロディだけを弾くその姿は、まるで観客に、曲の出だしは正しくはこうですよ、と教育するかのようです。もちろん、おもちゃのピアノには、牧村旬子の歌声のような微妙に上下するニュアンスはない。つっけんどんに、ファミドラ、ファミドラと乾いた音で鳴らされると、半音進行の奇妙さは際だって、不穏なほどです。

さらに奇妙なのは、例の**「囁きだから」**の部分です。チャコは、ささやき、という音の跳躍を弾こうとして、指がもつれてしまう。次の音を探しそこねて指を彷徨わせるチャコは、まるで、複雑な音程を取り損ねて迷ってしまう歌い手のようです。どうしたことか。実は、チャコのせいではなく、トイピアノの高い方の「ラ」の音が壊れていて鳴らないせいなのです。

この一見些細に見えるシーンは、のちの物語にとって重要な意味を持っています。

＊＊＊

1962年、高度成長期の東京ではオリンピックに向けてあちこちで建設が進んでいました。映画にも、新しいビルの建設を歩道橋から見るしがない芸術家次郎の姿がうつしこまれています（ちなみに「読売アンデパンダン展」が開かれるのはこの翌年です）。しかし一方で、時代はまだ「戦後」でした。チャコはある演劇のリハーサルを見学するのですが、そこで、突如当てられた強い照明にはっとしゃがみこんでしまいます。一瞬の閃光に、彼女はかつての空襲体験を思い出したのでした。

それからしばらくして、次郎のプロポーズに応じたチャコは、彼の実家を訪れるべく新宿駅に急ぐ途中、近づいてきたトラックのヘッドライトの閃光にまたも驚かされます。幸い身体は無事だったものの、チャコはその後失踪し、過去の記憶を喪失した女性として次郎たちの前に姿を現します。あたかもトイピアノが「ラ」の音を失ったごとく。

記憶を失ったチャコは、次郎が恋人であったことも思い出せぬまま、彼のアパートを訪れ、そこにあったトイピアノを戯れに弾き始めます。はたして彼女は、もやの向こうにある自身の記憶、かつて恋人と愛唱した旋律の行き先を思い出すことができるのでしょうか。その結末は、映画を観てからのお楽しみということにしておきますが、もし、あなたが「銀座の恋の物語」のメロディを幾度も彷徨ったことがあるならば、次にこの曲を歌うとき、今までよりもずっと深い奥行きを感じるであろうことを、請け合っておきましょう。

3　二つの声の物語 ── キリンジ「悪玉」

前の二章では男女のデュエットについて話したのですが、男女に限らず、複数で歌うということには、必ず「いつ、どちらが（あるいは両方が）歌うのか?」という問題がつきまといます。今回は、この問題を別の角度から考えるべく、あるバンドを取り上げようと思います。それは、キリンジです。

キリンジは1996年から、堀込高樹・堀込泰行兄弟によるバンドとして活躍し、2013年からは堀込高樹が新生KIRINJIを引き継ぎ、堀込泰行がソロで活動を始めました。

二人の歌声は似ていますが、ごく主観的にその特徴を書くと、堀込泰行の声はより芯があって広いところで響く一方、堀込高樹の声にはくぐもった粘りがあって、より密室的な感じがします。

兄弟時代のキリンジでは、多くの曲で堀込泰行がリード・ボーカルをとっていることもあって、キリンジが「デュエット」あるいは「デュオ」と呼ばれることはほとんどありませんでした。しかし、例外的に、二人がともにリードをとる曲があります。その一つが、今回取り上げる**「悪玉」**（2000年／作詞・作曲：堀込高樹）です。アルバム「3」に収められたこの曲は、シングル・カットされていないにもかかわらず、ファンの間で人気が高い曲で、わたしの周囲でもこの曲をベストにあげる人が何人かいます。

ところで、奇妙なことに「悪玉」という歌は、数少ないキリンジのデュエット曲であるにもかかわらず、およそデュエットにふさわしくない体裁をとっているように見えます。というのも、一見したところ歌に登場する人物は一人しかいないからです。小さな息子を持つプロレスラーが最後の試合に向かうという、ポップス史上類を見ない状況を歌っているものの、そこには、対戦相手の声も息子の声も含まれていない。

もう一つ奇妙なことは、これが最初から最後までプロレスのことしか歌っていないにもかかわらず、わたしのようなプロレスに詳しくないきき手にも、なぜかぐっときてしまうことです。

プロレスとキリンジに詳しい私の知人は、この曲がマンガ「プロレス・スーパースター列伝」のアブドーラ・ザ・ブッチャーの回から着想されたらしいと教えてくれました。わたしは、そのマンガを偶然にも読んだことがありましたが、「悪玉」をきくときにブッチャーのイメージが役立っているかと言うと、答えはノーです。「血のしたたるステーキ!」とぶつぶつつぶやきながら相手に貪欲に立ち向かっていくマンガのブッチャーのイメージは、この歌とはどうにも重ならないというのが正直なところです。かといって、別のヒールを思い浮かべることができるかと言われると、プロレスの知識に乏しいわたしの頭にはふさわしいモデルが思い浮かびません。では、コアなプロレス・ファンとしての感情移入でも、ブッチャーに対するシンパシーでもないとしたら、いったいいかなる物語が、わたしをかき立て、血湧き肉躍らせるのでしょうか。

というわけで、今回はこの「悪玉」のうたのしくみを考えながら、この曲のもたらす興奮のありように少しでも近づけるといいなと思ってます。

＊＊＊

先ほども書いたように、全体を大雑把に考えると、「悪玉」は、とあるヒール(悪役)レスラーの物語です。しかし、歌をきくときに、わたしたちはあらすじを一気に把握するのではなく、歌のことばによって物語が更新されてゆく過程を楽しんでいるはずであり、物語の興奮もまたそうした過程から醸し出されていくはずです。そこで、ここでは結論を急がずに、最初から順を追って歌を検討していきましょう。

まず最初にボーカルをとっているのは堀込泰行の方です。

足に科せられたチェーン　白く光るコロシアム
異教徒のごとく礫《つぶて》を投げられて
勝つことを許されない二流で無名の悪玉《ヒール》
反則負けこそが最高の名誉

あたかも舞台装置を配置するような体言止めの多用。「二流」「無名」「悪玉」というネガティヴ・ワードの三本立て。だめ押しに「反則負け」を「名誉」に貼り付ける念の入れよう。「ごとくつ（ぶてを）」「（負）けこそが」と深刻さをあざ笑うかのように軽々しく半音で下降するメロディ。これは明らかに、主人公である悪玉のことばではなく、そこから距離をとった物語のナレーターのことばでしょう。堀込泰行の声は、叙述的なことばを歌うときに、その明快さによって乾いた皮肉を響かせることがありますが、この四行ではまさにそういう感じが出ています。

コード進行もまた、奇妙なものです。冒頭こそ素直なCのコードで始まるものの、一行目と三行目の終わりでは、不穏なディミニッシュ・コードの礫が投げられて、さらに二行目と四行目では、スケールにないB♭の基音が、ことばを不安定な宙吊りにして次の語りへと受け渡します。

さて、何ともさえないレスラーの姿が語られたところで、ここからボーカルは堀込高樹へと交替します。

打ちのめされたこの背中を
息子のお前もさげすむのかい

歌い手が交替するだけではない。ことばづかいが明らかに変化しています。体言止めはもはやなくなり、「かい」と語りかけるような終助詞が使われている。しかもことばのテンポは急に間延びして、裏拍を漂うように進んでいきます。これらの変化は、ストックフレーズを用いてぽんぽんしゃべるナレーターの口調から、主人公の屈折した口調へと、歌が移行したことを示しています。

主人公の思考は、ナレーターのネガティヴな描写をそのまま引き継いで、哀しい家庭の事情を明かすのですが、彼の語りをさらに暗くしているのが、「さげすむのかい」に設えられたコードです。「さげすむのか」には、シンプルなマイナーコード（Em）が当てられているものの、メロディはこのコードのまわりをたゆたうように揺れています。そして、語尾の「い」に至ると、マイナーコードにはさらに複雑な陰影をほどこすように、マイナーメジャー7が付け加わり、さらにくぐもったベースが加わります（EmM7 on A）。

ちなみにこのマイナーメジャー7 on 4とマイナー7-5の多用は、キリンジの楽曲の大きな特徴ですが、重要なことは、これらの「陰鬱なコード」が単に彼らの曲を不必要に彩っているのではなく、むしろここで見たように、歌詞に暗い予感を投げるべく必然的に用いられているということです。コード展開だけを追うのではなく、そこに乗せられた歌詞とメロディを見ることで、彼らの歌にはさらなる奥行きが感じられるようになるのですが、その話はまたの機会にするとして、再び「悪玉」へと戻りましょう。

主人公の独白は、ここから急にリベンジへと裏返ります。

今宵こそ、見てろよ

ということばとともに、曲はアクロバティックな返し技のようなコード進行によって、いきなり華やかなライトの下に出るかのようにG調へと転調する。そして見よ、この瞬間、これまで別々に歌っていた二人の声が、さっと重なるではありませんか。これは意外な展開だ。いよいよ物語は、試合の本番へと突入するのでありましょうか。

いや、その語り口はまだまだ油断なりません。主人公とナレーターのことばは重なっているものの、一致団結して物語をすすめるというよりは、お互いに微妙な押し引きを繰り返しているからです。その過程を見ていきましょう。

高らかに鳴るテーマと決めぜりふ
"破壊の神シヴァよ、血の雨を降らせ給うれ!"

「高らかに」テーマの開始を告げるこのフレーズの冒頭ではコーラスのハーモニーを伴いながら、堀込泰行の声がより前に出ていかにも明るいトーンになっています。そして、言い回しのほうは、体言止めによって前半部の言い回しを復活させている。ナレーター的な語りです。一方、続く「破壊の神シヴァよ」という決めぜりふの本体部分は、すっとユニゾンになり、堀込高樹の声が前に出ます(彼の声は、こういう禍々しいフレーズを歌うときに粘りつくような独特の味を出します)。ここには主人公の声が召喚されていると言えるでしょう。

ところが、高らかに鳴らされたテーマには、過去の暗い影が兆します。

熱い汗をまとい凍える魂

引き際を鮮やかにする哀しい知恵

せっかく決めぜりふで見得を切ったのに、あとに続くのはまたしても体言止めの連続。語られているのは悪玉の哀しい性。そしてここで再び前に出てくるのは堀込泰行のナレーター的な声です。「引き際を鮮やかにする」「哀しい知恵」と続くネガティブなフレーズは実に鮮やかかつ伸びやかに歌われるため、悪玉の立場はますます哀しくなっていく。メロディとコードもいけません。せっかく高らかに鳴るテーマと同じメロディを繰り返そうと「熱い汗」を歌い始めたのに、いつのまにかあの「陰鬱なコード」が再び忍び込んできて、引き際を「鮮やかにする」というフレーズにアンダーラインを引く。この悲観は何のざまか。あやうし悪玉。

こんなとき、いつものキリンジならば、堀込泰行が地声とファルセットの間をなめらかに行き来し、ハイトーンのスウィートソウルをきかせてサビを切り抜けるはずです。ところがどうしたことか、歌はいまや高音のきかせどころにさしかかろうとしているのに、声の比重は堀込高樹へと移り、かぼそくなっていくではありませんか。

吹っ切れたならば

ああ、なんとも心許ないファルセット、そして心許ない仮定法。こんな声では、悪玉の命運は尽きたも同然だ。そう思った瞬間、思わぬことばがひっそりとつぶやかれます。

俺は自由

突然、一人称の必殺技「俺」です。これまで、主人公が悪玉なら当然用いられるであろう「俺」は、意外やここまで一度も発せられることはありませんでした。しかし今、悪玉は、まるで自信満々でトップロープから飛び降りてきた相手に、すっと地獄突きを差し出すように、一人称の「俺」を静かに差し出している。あたかも、ここまでナレーターによって好き放題に言われ続けてきた自身への形容を、まるごと「俺」のネガティヴな思考にすり替え、そのネガティヴな「俺」ごと葬らんとするかのように。今や、新しく生まれ変わったこの「俺」はいよいよその不穏な力を発揮すべく、「自由」ということばを、兄弟の暗く静かなハーモニーによってつぶやいている。

そして、人を小馬鹿にするようなキーボードの軽い音色を経て曲が再びイントロに戻るとき、きき手はこの静かで禍々しいつぶやきが一番の終わりであったことに気づいて愕然とします。

こうしてきいていくと、「悪玉」は、単にプロレスラーの物語であるだけでなく、堀込泰行、堀込高樹によって演じ分けられる声の物語でもあることがわかってくる。すなわち、悪玉のことを高みから語ろうとするナレーターと、その高みからの決めつけを跳ね返そうとする悪玉自身との相克の物語です。

***

これは因縁のカード　リベンジを狙う悪玉《ヒール》

さて、物語は二番へと続くのですが、意外にも、先にボーカルをとるのは、一番とは逆に、堀込高樹の方です。彼の声は、まるでいままでのナレーターの態度を皮肉るように、くぐもった声でその口調を真似、体言止めと半音下降を使ってきます。

そして、いったんは真似たその高慢ちきなスタイルを、投げ捨てるようにこう言い放ちます。

花束も凶器も　もやは要らないぜ

「花束」「凶器」とともに、体言止めのスタイルまでマットに叩きつける返し技です。しかし、いかんせんその声はレスラーとは思えないほど頼りなく、内容に比べていささかパフォーマンスが弱々しい。なんとも不安を感じさせる立ち上がりだ。こんな悪玉で果たして大試合を乗り切れるのか…

ところが、なんということでありましょう、ここで堀込泰行がそれまでのナレーターの地位をかなぐり捨て、加勢に回るではありませんか。

捨て身の奴に負けはしない
守るべきものが俺にはあるんだ
このラストスタンドに

これは掟破りの振る舞いだ。そしてなんと雄々しい、なんと意外な声だ。これまで立場の違いから結託することのなかった堀込泰行が、いまやタッグを組んで、退路を自ら断った悪玉の堂々たる決意表明を力強く歌い上げる。予想だにしなかった展開です。

「このラストスタンドに」と大見得をきった堀込泰行は、次の展開に対して身構えるように、**「ん」**と裂帛の気合いを入れてから**「高らかに鳴るテーマ」**を歌い出します。そして再び始まるコーラスでは、体言止めもナレーションももはやいらないぜとばかりに、二人の声はともに主人公の啖呵となって、**「冷酷なこの世から目をそらすな」**と警告し、**「未だかつてない悪意」**を予告する。ここに至って、悪玉は圧倒的な強さを発揮しています。**振り切れ、いまこそ俺は自由。**

＊＊＊

しかし、この歌の真の驚きは、二番が堂々と歌われ、もはや試合の行方がおおよそ決したと思われたその直後にやってきます。コーラスの終わった直後、堀込高樹の小さな、だがしたたかな声が、ぽつりと言い添えるのは、

「マイクよこせ、早く！」

何というどんでん返し、これはただのマイクパフォーマンスを求める声ではない。ここまで散々きき手にマイクを通してこの物語を語ってきた声が、あろうことかそのマイクを使いながら、「マイクよこせ、早く！」と訴える声です。これはさながら、散々パイプを見せつけておきながら「これはパイプではない」と題名をつける画家の手口だ。

いやしかし、両者にはいくばくかの隔たりがある。美術が空間芸術であるのに対し、音楽は時間芸術です。『これはパイプではない』が、パイプを描きながら「パイプではない」とタイトルを入れることで、観る者に「パイプ」の絵と「パイプではない」というタイトルとの間を往復させ、その意味を宙吊る技であるとすれば、「悪玉」は、マイクで語りながら「マイクよこせ、早く！」と歌うことで、歌全体が実は「（本当の）マイクを用いずに語られてきたことば」であったことをきく者に気づかせ、その意味をまるごとうっちゃる時間差技と言えるでしょう。ともあれ、これまでマイク

によって語られてきた物語は、この「マイクよこせ、早く!」という決めぜりふによって、オフマイクの心象へと退けられるのです。
後半に夢のように淡く歌われるフォールのシーン(そこにまたもきこえる「陰鬱なコード」!)も、席を立つプロモーターたちの姿も、観客席に渦巻く罵声も、主人公の頭の中にだけある、不安の入り交じった未来に過ぎない。この長い歌の「あと」にこそ、悪玉はいよいよ本物のマイクを握り、現実という闘いに挑み、息子の無垢なる笑顔を見いだすのだ。かくしてきき手は、これから繰り広げられるであろう戦いの予感に震えながら、歌をきき終えることになるのです。

「悪玉」を、なぜわたしは何度もきき直すのか。それはおそらく、この歌が、声の旅であり、声の帰還だからです。時間の海を伸びやかに泳ぐ堀込泰行の声と、甘くすがりつくような堀込高樹の声、二つの声は歌の各所に待ち構える旋律の荒波を、それぞれのやり方で乗り越えながら、6分5秒にわたる旅を続けている。声たちは、幾たびも襲う陰鬱な予感を振り切り、旅の終わりに据えられた、歌声のためのものではないもう一つの「マイク」にたどりつこうとしている。「マイクよこせ早く!」という掛け声は、歌からこの世へと生還するための呪文であり、「悪玉」をきくという体験は、危うい旅を複数の声の力によってくぐりぬけ、旅から帰還する方法を思い出させてくれるのです。

***

2013年に行われた兄弟時代のキリンジのラスト・コンサートは、意外にも数あるシングル曲ではなく、この「悪玉」によって締めくくられました。派手な演出を排し、曲がりくねったコードとメロディを乗り越えていくそのタフな生演奏ぶりは、これがバンドのラストナンバーなのかと思えるほど着実なもので、不遜なナレーターの声も、震えるような主人公の声も、二人による決めぜりふもみるみる過ぎていく。

そしていよいよ最後のフレーズにさしかかったそのとき、堀込泰行は「みなさんご一緒に」と言ってからマイクを客席に、というよりは虚空に向けました。観客は一斉に、あたかも見えないマイクを求めるように「マイクよこせ早く!」と唱和する。ああ、いままさに歌は終わる。

着実なビートで終奏を刻みながらメンバー紹介を済ませたあと、最後の最後に、キリンジはフォールを夢見る「陰鬱なコード」をテンカウントゴングのように長く引き延ばしたのでした。

4―ABBAは何人いるのか?――「ダンシング・クイーン」

こんにちは。細馬です。ここまで第二部では、歌における複数の声のあり方を考えているのですが、今回とりあげるのは**ABBAの「ダンシング・クイーン」**(1976年/作詞・作曲:ベニー・アンダーソン、スティグ・アンダーソン、ビョルン・ウルヴァース)です。

この曲については、2013年の8月、安田謙一さんとNHK FM番組『しりすぎてるうた』で50分かけて話したのですが、この「うたのしくみ」では番組では触れなかったことも含めて、改めて考えてみようと思います。

その前に、三つほどクイズを。

- **ABBAは何人組でしょう?**
- **メンバーの名前を知っているだけあげて下さい。**
- **「ダンシング・クイーン」の歌い出しは何でしょう?**

…最初の問題はジャケットを見れば明らかですよね。ABBAは女性二人、男性二人、二つのカップルによる**四人組**です。ではメンバーの名前は? 一応書きますと、**アグネッタ・フォルツコグ**と**アンニ=フリード・リングスタッド**が女性、**ベニー・アンダーソン**と**ビョルン・ウルヴァース**が男性です。さらにアグネッタとベニー、アンニ=フリードとビョルンが元夫婦で…

あー、もう覚えられん! 実際、ABBAは当初、**ビョルン・ベニー・アグネッタ&アンニ=フリード**というグループ名だったのですが、これでは長すぎてとても覚えられないというので、頭文字をとってABBAと名付けたんだそうです。なるほどこの方が圧倒的に覚えやすい。

覚えやすいのですが、これだとAとA、BとBの区別がつきません。ABBAの声に関する話をするにあたっては、せめてAA、すなわち二人の女性ボーカルの区別はしておきたい。というわけで、ラジオでも紹介したのですが、覚え方を考案しました。

ブロンドを探しあぐねた（アグネッタ）庵に古井戸（アンニ＝フリード）

これで、二人の名前とともに、容姿と声の特徴を覚えることができます。アグネッタはブロンドで高い声（あぐね「た」で高い、と覚えましょう）、一方、アンニ＝フリードは栗色の髪で、声が深い（古井戸のように深い、と覚えます）。二人の名前は、このあとたびたび出てきますんでよろしくお願いします。

さて、残った問題は歌い出しです。**「ユー・アー・ザ・ダンシーング・クイーン」**と答えた方、残念でした、そこではありません。頭の中で最初から再生できる人はお気づきでしょうが、歌詞で言うと**「ユー・キャン・ダーンス」**のところから歌は始まります。

では、「ユー・キャン・ダーンス」が唯一の正解かというと、実はそれもちょっと違います。歌詞の入ってくる前をよくきくと、二人のボーカルはその5拍前から**「うー、ううう――――」**と歌い始めています。だから、もう一つの正解は「うー、ううう――――」です。

しかし、実はこの答えもちょっと正確ではない。よくきくと「ユー・キャン・ダーンス」の一拍前、ここで、突然、輝く声が歌を奪い取るようにさっとフェイドインしてきて、**「うーユー・キャン・ダーンス」**と歌い出しているのです。

だから正解その3は「うーユー・キャン・ダーンス」。歌詞の前に**「うー」**と入るのがそれほど大事なのかと疑問に思われる人もいるでしょうが、この短い「うー」のおかげで、それまで後ろを向いていた二人がさっとこちらに向き直る、あのプロモーション・ビデオのときめく感じが出るのです。

クイズ形式でさらりと書きましたが、これ、よくよく考えると奇妙なことじゃないですか？　歌詞が始まる前にボーカルが入れ替わるだなんて。

冒頭で「ABBAは何人組でしょう?」と間抜けな質問を書きましたが、実はこれ、わたしが初めて「ダンシング・クイーン」をきいたときに最初に持った疑問でした。本当に、何人組かわからなかったのです。そして、その最大の原因は、今にして思えばこの歌い出しに見られるような声の多重録音でした。本来二人であるはずのボーカルが、「ダンシング・クイーン」のコーラスでは、何パートあるのかわからないくらい重ねられている。とても二人にはきこえない。

同じ多重録音でも、「何人?」という問いが起こらない場合もあります。たとえば、**カーペンターズ**は、カレンとリチャードの声を幾重にも重ねる録音をおこなっていますが、わたしは、カーペンターズを初めてきいたときに「何人?」とは思わなかった。彼らとABBAとの違いは、声の重なりの連鎖をどう扱うかにあります。たとえばカーペンターズの**「恋にさようなら（I'll never falling love again）」**という曲では、**「Here to remind you」**という部分に恐ろしい回数の多重録音がなされていることで有名ですが、声はフレーズが一つ増えるごとにそれとわかるようにはっきりと増えているので、きいた瞬間に、あ、同じ人の声をだんだん増やして重ねているのだなと判ります。彼らの場合、カレン・カーペンターが一曲を一人で歌いきっているように感じさせるのが魅力なので、途中でカレン1とカレン2が交代しているようにきこえるようでは、よろしくない。だから、原則として声はある時点からはっきりと増え、そしてはっきりと減る。

ＡＢＢＡの「ダンシング・クイーン」はそうではない。二人しかボーカルをとっていないのだと知らされても、にわかに納得できません。その秘密をさらに詳しくきいてみましょうか。

さきほどは歌い出しのところを考えましたが、さらに遡って、曲のいちばん最初、ピアノがギャッとグリッサンドを弾いた直後を思い出してみましょう。わたしは十代の頃、このグリッサンドに続く「あーーあーーあああーあー」という高い声をラジオできいて、なんて美しいコーラスだろうと心動かされた記憶があります。

ところが、いま、その「高い声」と思った冒頭8小節をよくきくと、メロディを鳴らしているのは声だけではない。むしろ、その多くの成分は、どうやら何かの楽器なのです。オーボエに似た音色ですが、正直わたしの拙い耳では楽器名を特定できません。もしかしたら当時ビョルンが用いていたミニムーグが重ねられているかもしれません。

では、人の声は鳴っていないのかと言えば、うっすら鳴っています。それもオクターブ低く。「ダンシング・クイーン」の歌の本体は、全体的にかなり声を張って歌われていますが、このオクターブのコーラスは、むしろボリュームを落として、余裕をもって録音されている。そして、何度もきき直すと、この「あーーあーーあああーあー」を人の声らしくしているのは、どうやらオクターブ低く歌われている声に含まれている微かなビブラートであることがわかってきます（おそらくこのビブラートは、アンニ＝フリードのものです）。しかし、それは、あえて音を分解するようにきいてようやくわかることで、素直にきくなら、このオクターブ低い歌声は、オクターブ高い音声と分かちがたく結びついている。エレクトーンやオルガンの音色をいじったことのある方はご存じでしょうが、一つの音にオクターブ上の音を足していくと、理屈の上では複数の音になるはずなのに、むしろ音が複数になるのではなく一つの音の音色の変化として感じられることがあります。「ダンシング・クイーン」のイントロは、それに近い。楽器音とリラックスした人声によるコーラスとがオクターブで絶妙にブレンドされることによって、アグネッタともアンニ＝フリードとも違う、新しいコーラスグループの声色が産み出されているのです。

この冒頭8小節のたゆたうようなコーラスを「ABBA1」とするなら、先に書いた、歌詞の五拍前から「うー、うううーーー」と少し輪郭を強めてオーバーラップしてくる歌声は「ABBA2」、さらに歌詞の一拍前から歌声を乗っ取るように「うーユー・キャン・ダーンス」と歌い出すのが「ABBA3」。

驚くべきことに、「ダンシング・クイーン」の最初の歌詞が歌われるとき、ABBAはすでに三度目の転生を成し遂げているのです。

＊＊＊

曲の冒頭で示されるような声の転生は、曲の他の部分でもきき取ることができます。手がかりとなるのは、歌い方の変化です。たとえば要となる**「You are the Dancing Queen」**というフレーズの直前。ここで「チャンス」という単語が歌われるのですが、二人は、**「ちゃー、ああんす」**と、一つの単語の中に小さなひっかかりを設えるかのように、微細な音程の変化を埋め込みながら丁寧に歌います。ここはアンニ＝フリード成分の機知がきいている。一方、直後の「You are the…」というコーラスでは、アグネッタが本気を出し、アンニ＝フリードも声域の限界で声を張るので、歌声は急にミラーボールが回り出したかのように輝きを帯びます。

あるいは、一番の途中、**「You can dance」**の直前で、**「おーいえー」**と声が上がるところ。おそらくアグネッタでしょう、きゃーっと高い声で絶叫しているのがきこえます。こんなに叫んでしまっては次のフォルテシモを歌うことはできない。しかし、「You can dance」というフレーズに入ったとたん、彼女の声はまるで水からあがったばかりのような艶やかさで歌っています。明らかにアグネッタ1とアグネッタ2がいる。さらにその次の**「You can jive」**のところも、アグネッタのうちの一人（妙な言い方ですが、声が重ねられているのでそうきこえます）が勢い余って啖呵でも切るように声をはみ出させているのですが、その次の**「Having the time of your life」**で声は全く衰えを見せません。

このように「ダンシング・クイーン」では、（おそらくは複数のテイクを用いて）歌声の声色を劇的に変化させたり人間離れしたフォルテシモを息継ぎなしで連続させているため、きいている方は、いったい何人で歌っているのかわからなくなってくるのです。

＊＊＊

声色は、ただ交替するだけでなく、メロディの中でさえ変化していきます。実際のところ、ABBAの声が影分身のごとく何人にもきこえるもう一つの理由は、アグネッタの高い声とアンニ＝フリードの深い声のブレンド加減にある（※1）。

この声色の変化は、二人がユニゾンで歌うところで特に顕著です。メロディの高い部分はアグネッタの声が優っているので、きらきらと輝くような声質になるのですが、そこからメロディがくぐもって**「you come to look for king」**のあたりにくると、もうアンニ＝フリードの領分で、ちょっとドスがきいた感じになります。あるいは、**「Night is young and music, high」**のところ。この**「はーーーい」**には、独特のお色気があって、クラブで踊っていれば必ず誰かと目線を合わせて笑い合う部分ですが、それはアンニ＝フリード成分がぐっと引き上げられて、声の深みが増しているからでしょう。コーラスのハーモニーにもこうした微細な変化が感じられます。**「Dancing Queen /Young and sweet only seventeen」**のところはアグネッタが高い声で主導権を握っているように見えますが、実は低い音でハーモニーを重ねているアンニ＝フリードの方が、声の伸びが長く、音程を変化させている。だから、フレーズの終わり、**「セブンティーン」**というところでは、最初はアグネッタの声が目立ってきこえるのですが、セブン「ティーン」と声が伸びていくところで、いつのまにかアンニ＝フリード成分がぐっと上がっている。

さらにおもしろい効果が、カウンターメロディにほどこされています。サビの途中、**「Having your fun of your life」**のところをよくきいてみましょう。歌と同じ旋律を、オクターブ低い声が歌詞なしで歌っていることに気づきます。この低い声には、かすかに柔らかいふくらみがあって、アンニ＝フリードの声質がよく表れています。ところがおもしろいことに、最後の**「life」**のところから、このオクターブ低い声は主旋律をはずれてどんどん上昇し、カウンターメロディへと変身していきます。しかも上昇するだけでなく、そこにオクターブ高い声が重ねられてその割合を増していくため、気がつくとそれは冒頭のコーラスに似た夢見るような声色となって、歌の旋律よりはるか高みに達しています。

音の錯覚のひとつに**「無限音階」**というものがあります。これは、オクターブ上の成分に徐々にオクターブ下の成分を混ぜていくことで、メロディが上昇しているはずなのになぜか音が同じ高さの音階を繰り返しているように錯覚させるというものなのですが、「ダンシング・クイーン」のサビで歌われるカウンターメロディは、この無限音階と全く逆の現象です。オクターブ下の成分に徐々にオクターブ上の成分が混ざる。そのことで、きき手は全く予想しなかったメロディの高みへと一気に引き上げられるのです。

この引き上げられたカウンターメロディは、**「See that girl, watch that scene」**というフレーズと合流します。巧妙にもこのフレーズは**「that」**ということばによってばっさり声が断ち切られて、その切れのよさがビートとぴったり合っているのですが、合流してきたカウンターの方は断ち切られることなくずっと背景で持続音を歌っている。その結果、まるでビートに合わせて踊り狂う宇宙人の足もとで、宇宙船が静かに運行しているかのような浮遊感を生んで、冒頭の不思議なコーラスへと戻っていく。

以上のように、「ダンシング・クイーン」は、異なるテイクからなるコーラスの交替、アグネッタとアンニ＝フリードによる万華鏡のような声質の変化によって、何通りものABBAがいるかのようなドラマチックな音響を実現しているのです。

「Having your fun of your life」の部分で流れるこの不思議なカウンターメロディの低い部分がはっきりきこえる貴重な録音が、サウンド・エンジニアの**マイケル・B・トレトウ**の証言とともに残っています（※2）。インタビューの中でマイケルは、アグネッタとアンニ＝フリードの声質の違いについて**「二人はぴったり合う声質。アグネッタはすごくパンチがきいていて、アンニ＝フリードはハイファイ。二人が合わさると、きらきらしていて、しかも柔らかく深い。お互いが補いあうような声なんだ」**とコメントしています。その声をどうやってミックスしたかという肝心なことについてマイケルは詳らかにしていませんが、彼のかけたマジックがこの曲に大きく貢献していることは間違いのないところでしょう。

＊＊＊

幾通りもの声がきこえてくることは、「ダンシング・クイーン」の歌詞の意味さえ変化させます。そもそもことば通りに捉えるなら、この歌は、**「You are the dancing queen」**と、単数形のクイーンについて歌っているに過ぎません。しかし、複数の声が歌うことによって、歌の対象であるクイーンもまた複数化される。その結果、この歌は、おひとりさまのダンシング・クイーンではなく、ダンシング・クイーンたちの歌となる。幾通りものABBAの声が表れることによって、ダンス・フロアにはダンシング・クイーンが増殖していく。

そのクライマックスが、先にあげた**「See that girl, Watch that scene」**の部分です。「that」という歯切れのいい単語によって、アグネタとアンニ＝フリードの声は、まるでカメラのシャッターを切るようにくっきりと、ダンスフロアの瞬間を切り取ります。フロアで踊ればわかりますが、このフレーズでは、どんなに熱を込めて踊っている人も、自分ではない別の誰か that girl を指さし、周りのシーン that scene に目を向けることになる。では、このフレーズのせいでわたしはダンシング・クイーンではなくなり、踊りに興じていたシーンから引き剥がされてしまうのでしょうか。いや、そうではない。なぜなら、わたしは誰かを指さすだけでなく、誰かから指さされ、そのことでシーンに居る人になるからです。

ダンス・フロアにいるクイーンたちは、複数で踊ることによって、お互いを指さし、お互いをシーンの中に見つける。この決定的瞬間に、アグネッタたちやアンニ＝フリードたちは「that」でシャッターを切り、girl を見つけ出し、scene を記念する。ダンスフロア全体は巨大な宇宙船のごとく浮上する。

かくして「ダンシング・クイーン」は、複数の声によってお互いがクイーンであることを見いだしていく **(digging the Dancing Queen)** 歌になるのです。

＊＊＊

ＡＢＢＡのボーカルは二人だけれど、「ダンシング・クイーン」をきいているわたしたちの頭にとっては、けして二人ではない。では、もしわたしたちが自分の頭の中にある「ダンシング・クイーン」を再現したいと思ったら、何人の人が必要でしょうか。その答えは、YouTube で「dancing queen chorus」で検索してみればわかります。そこには、ダンシング・クイーンを多人数で歌うことに憑かれた人がたくさん見つかることでしょう。

「ダンシング・クイーン」の持つ声の複数性の魅力は、１９９９年に発表され今も世界各地で上演されているミュージカル**『マンマ・ミーア!』**にも受け継がれています。

このミュージカルは全編がＡＢＢＡのヒットナンバーによって進行するいわゆる「ジューク・ボックス・ミュージカル」です。そのハイライトの一つはもちろん「ダンシング・クイーン」。曲は登場人物全員によって高らかに歌われるのですが、おもしろいことに、**二人ではなく大人数で歌う**ことによって俳優たちの異なる声質が混じり合い、かえってＡＢＢＡらしく響きます。

フィナーレでもう一度歌われる「ダンシング・クイーン」では、観客席も大合唱し、老若男女の区別なく、それぞれが自分の内なるクイーンを立ち上げる。『マンマ・ミーア!』はいわば、「ダンシング・クイーン」における二人の多重録音を多数の声へと変換し、声のクイーンを複数化するミュージカルなのです。

［参考文献］

※1 アグネッタとアンニ＝フリードのユニゾンの魅力は「第三の声」と言われることもあります。Carl Magnus Palm (1994/2017) "ABBA - The Complete Recording Sessions, revised and extended version" Stockholm, CMP TEXT, p. 175

※2 "ABBA - The mixing of Dancing Queen (Michael B Tretow)" URL: https://www.youtube.com/watch?v=YXIgq4dQ6ks (2021.1.15 閲覧)

5 — コーラスの夜 — ドナルド・フェイゲン「ナイトフライ」

ああ、夏もあっという間に終わる。細馬です。こんにちは。

この夏もたくさん本を読みました。その中でもいっとうおもしろく、また考えさせられたのが、冨田恵一**「ナイトフライ 録音芸術の作法と鑑賞法」**(DU BOOKS)です。

この本で冨田さんは、ドナルド・フェイゲンが1982年に出したソロ・アルバム『ナイトフライ』一枚のみを取り上げ、その録音と編集がいかに行われたかについて、緻密に論考を重ねていき、いままでひとつながりのプレイだと思っていたものがいかに徹底的に考え抜かれ編集された産物だったかを次々と明らかにしていく。分析の解像度はとんでもなく高く、わたしは、かつて毎日のようにきいて、もうすっかり知っているつもりでいたアルバムを、この本を片手に、まるで初めてきくように体験し直すことになりました。

優れた分析を読むと、読んだこちらの認知のスピードまで上がり、見える風景が変わってしまう。一音一音アレンジが浮き立ってくるような感覚を味わいながら、その歌詞の意味を追っていくうちに、アルバム『ナイトフライ』は、かつてきいたのとはまるで違う響きを帯びるようになってきました。アレンジの細部が歌詞の進行を一歩一歩支え、その意味を照らし出しているのが手に取るようにわかってくる。

中でも表題曲「ナイトフライ」に対する感覚は、がらりと変わりました。

歌詞の意味は、うっすら知っているつもりではいました。この歌はあるDJの語りをなぞっている。それは、今は失われた古きよき50年代のアメリカのスタイルで、ちょうどアルバムのジャケットのように、主人公はタバコ片手に、ソニー・ロリンズなどをかけながら、明け方、スタイリッシュに皮肉まじりの文句を語っている、うんぬん。でも、わたしには、このアルバムに見られるような、アメリカの50年代末から60年代はじめに対する（ケネディ暗殺前の世界への）ノスタルジーが切実にあるわけではない。だから、歌詞を掘り下げたところで、わたしには縁のない憧憬にたどりつくだけではないか、とタカをくくっていたのです。

しかし、わたしはこの歌を甘く見ていたようです。いまや、ぼんやりとした印象ではなく、これまでリアルタイムで立ち上がってこなかった歌詞の細かな意味が、曲の進行と絡みながら有機的にきこえてくるようになりました。

そして実際のところ、この歌の詞と曲には、緻密に結びついている必然性があります。なぜなら「ナイトフライ」を作るにあたって、「フェイゲンはドラム・マシーンとキーボードだけのシンプルな「ナイトフライ」のデモを作っていた。しかし、その段階では歌詞はかたまっておらず、スタジオに入ってから修正に修正を重ねてやっと仕上げていった」からです（ブライアン・スイート「スティーリー・ダン　リーリング・イン・ジ・イヤーズ」藤井美保訳／リットーミュージック）。歌詞を練り上げる作業と、作曲やアレンジ、編集を完成させていく作業とがお互いに相互作用を及ぼすように進行したのであれば、わたしたちは、この曲から、その相互作用の跡をたどることができるということになります。

そこで今回は、この表題曲「ナイトフライ」を取り上げ、歌詞が曲の構造とどのような関係を持っているかについて考えてみたいと思います。幸い、音作りに関してはすでに冨田さんによる綿密な論考がなされている。その論考をあちこちで借りながら、以下では、いわば巨人の肩に乗るような形で考えを進めていくことにします。

■二つの問い

歌を検討する前に、考えを進めていくための足がかりとして、二つほど問いを立てておきましょう。

一つめの問いは、ずばりタイトルにまつわるものです。**なぜこの曲の題名は「ナイトフライ the Nightfly」**なのか。夜間飛行？ 夜の蠅？ 英語の辞書を引いても、該当する単語は出てこない。ではなぜこんな造語を使うのか。

二つめの問いは、この連載のテーマでもある、複数の声の問題です。「ナイトフライ」は基本的にドナルド・フェイゲンのソロ・ボーカルで歌われますが、曲のごく限られた部分でコーラスが用いられます。それは「インデペンデント・ステーション、WJAZ」の部分、スウィート「ミュージック」の部分、そして最後の「太陽がさしこむまで」というフレーズの三カ所です。では、**なぜこれらのコーラスは特定の場所につけられているのでしょう？** 和声を強調するため？ もちろんそれもあるでしょう。でも、コーラスは、ただのスキャットを口ずさんでいるのではなく、歌詞の一部を歌っている。ということは、その歌詞には、コーラスがつけられるべき必然性があるということになります。それはどんな必然性なのか。

とりあえずの答えは、あります。この曲はラジオ番組をなぞっている。だから「インデペンデント・ステーション、WJAZ」というところは、おそらく放送局のサウンド・ロゴを真似ているのです。「ミュージック」のところもそうかもしれません。では最後の「太陽がさしこむまで」は？

いやいや、急いで答えを出す前に、まず、これがどんな歌なのか、ゆっくり見ていきましょう。おそらく、歌をたどるうちに他にもいくつもの問いが立ち上がってくるはずです。そして、問うことの楽しみは、答えを得ることそのものではなく、太陽がさしこむまでの道のりにある。

■リスナーを抑圧するＤＪ

「ナイトフライ」の歌詞は、まずＤＪの名乗りから始まります。

こちらレスター・ザ・ナイトフライ
どうも「バトン・ルージュ」さん
ラジオの音量を下げてくれますか
ご了承下さい、音声を7秒ほど遅らせて放送しております

（訳：細馬　以下同）

曲のタイトルがなぜ「ナイトフライ」なのかは、この部分で明らかにされています。「ナイトフライ the Nightfly」は、語り手であるＤＪレスターの別名なのですね。ということは、おそらくは彼、ＤＪレスターが自身で考えた造語ということなのでしょう。ならば、辞書に載っていなくてもしかたない。夜の飛翔をイメージさせる、深夜放送にふさわしい名前です。

ＤＪレスター、またの名をザ・ナイトフライ。彼の饒舌は、みるみる曲を覆っていくのですが、ここでいくつか注釈を。「バトン・ルージュ」は実際にアメリカ南部にある地名ですが、ここではラジオ・ネームとして訳してみました。たとえば「気仙沼」という地名を「気仙沼夫」とラジオ・ネームにする感覚です。「バトン・ルージュのみなさん、こんにちは（Hello, Baton Rouge）」と放送エリア全体に呼びかけているとも解釈できますが、誰か特定のリスナーに呼びかけていると解釈したほうが、次のお願いにうまくつながる。

そのお願い、「ラジオの音量を下げてくれますか」は、リスナーからの電話を受け付けるラジオ番組でよく使われるフレーズです。これは、電話をかけているリスナーのそばのラジオの音が放送に回り込むのを避けるための注意で、DJやアナウンサーがしばしば口にします。ラジオ好きの人なら、このフレーズ一つで、ははん、歌の主人公は、「リスナーによる電話参加型のラジオ番組」をやっているのだなとわかる。この辺、フェイゲンのストーリーテリングはコンパクトかつ巧みです。

「音声を7秒ほど遅らせる」というのは、1950年代に編み出された方法で、生の会話を放送で流すことを禁じる法律に対してとられた苦肉の策です。いったん電話をテープに録音して、それを何秒か遅らせて放送する。何か放送できないようなまずい台詞やアクシデントがあった場合は、遅れの間にテープを止めてカットしてしまう。これをブロードキャスト・ディレイといったり、セブン・セカンド・ディレイと呼びます。アメリカのラジオ放送でテープレコーダーによる録音編集が導入されたのはちょうど1950年代ですから、セブン・セカンド・ディレイは、テープ録音時代の産物とも言えるでしょう。興味のある方は次の英語版Wikipediaをどうぞ。

http://en.wikipedia.org/wiki/Broadcast_delay

さてこの四行でおもしろいのは、DJレスターの、いささか高飛車な態度です。電話をかけてきた相手に、さあどうぞとおしゃべりを勧めるような調子がまるで感じられない。相手が口を開く前に「ラジオの音量を下げてくれますか」「音声を7秒遅らせております」と、ラジオ局からのお達しを続け様に言う。しかも、7秒ディレイというのは、いざというときに相手のしゃべりたいことを編集するしくみ。ここでDJは、あなたの言いたいことは場合によっては電波にのりませんよ、と言論統制の存在をほのめかしてもいるわけです。電話しているリスナーにとっては、なんとも抑圧的で気詰まりな会話の始まりではないでしょうか。

歌い方とアレンジもまた、この高飛車な感じを強調しています。「下げてくれますか」「7秒遅らせております」という部分を、ドナルド・フェイゲンの歌い方はタイトなリズムから離れるように三連符まじりの、冨田さん書くところの**「語りを交えたメロディ」**（P166）で歌って、ことさらに嫌味に響かせている。さらには、この部分に入ったとたん、まるで自由なはずのおしゃべりの時間に規律を持ち込むように、カウベルが時を刻み始める。このカウベル、かつてわたしが初めてきいた頃は、タイトなリズムに対する気の利いた味付けだと思っていたのですが、歌詞と合わせてきくと、まるで残り時間をカウントするような、切迫する感覚を産んでいることに気づきます。この効果についてはあとで繰り返し触れることになるでしょう。

さて、歌はようやくリスナーとの会話へと進むのですが、リスナーの発話そのものが歌われるわけではなく、DJレスターによるなんとも気のない要約がなされます。

なるほど、けしからん輩のおかげで、きがへんになりそ　うだと
法規制すべきだと
お電話ありがとう
今夜ずっと、こんなお電話お待ちしてます

電話の主はどうやら近所の「輩《rase》」に対する不満をまくしたてているようです。それが強い調子であることは**「法規制 legislation」**というおだやかならぬ単語を使っているところからもわかる。レスターは、ほほう、とアンダーラインを引くように、「語りを交えたメロディ」を用いてこの単語を引用するのですが、ここでまたしてもカウベルがコツ

コツと時間を刻み始める。するとレスターの歌は急に急ぎ始めます。リスナーの意見に対して、感想どころかあいづちすら述べず、「お電話ありがとう」と前ノリで話を切り上げると、もう相手を放ったらかして「今夜ずっと、こんなお電話お待ちしてます」とリスナー全員にごく形式的に語りかけて終わり。ことばこそ丁寧ですが、明らかに、電話の相手を体よくあしらっています。

もし人気番組のことを歌うなら、もっとリスナーとの楽しげな会話を紹介すればよさそうなものなのに、歌われているのは、ごく表面的な、なんとも居心地の悪いやりとり。どうも様子がおかしい。

■ブルースは抑圧される

さて、この前半部、とくに**「語りを交えたメロディ」**について冨田恵一さんは**「伸縮、変形したブルース」**（P167）と、はっとさせられる指摘をしています。そこでこの指摘を手がかりに、ここで見られる伸縮と変形が、歌詞とどのように関わっているのかを検討してみましょう。

その前に補助線を一つ。第一部第16章でブルースを取り上げたときに書いたように、古いブルースの12小節には、単にコード進行や小節数だけでは表せない時間感覚が埋め込まれています。それは、会話性、もしくはコール＆レスポンス性です。

12小節のブルースは、三回の掛け合いでできています。たとえば「セントルイス・ブルース」でベッシー・スミスが2小節歌うとルイ・アームストロングが2小節合いの手を入れる。このやりとりを2回やってから、最後にちょっとメロディを変えて結論となるやりとりを1回やる。

明日も今日と同じ気分なら（ルイのトランペット）：2×2小節
明日も今日と同じ気分なら（ルイのトランペット）：2×2小節
荷物まとめて出て行くわ（ルイのトランペット）：2×2小節

これで4×3の12小節になります。もちろん、12小節を全部一人で歌ったり奏でてもいいのですが、その場合も、2小節はメロディアスにうなって、2小節はややアドリブのきいた合いの手、というやり方をなぞる。すると、ブルース独特の掛け合い感が出るわけです。このことを頭において、最初の四行を今一度見てみてみましょう。

こちらレスター・ザ・ナイトフライ
どうも「バトン・ルージュ」さん

これで2小節です。通常のブルース感覚からすれば、このあとの2小節では合いの手風のフレーズを期待するところです。そして確かにフェイゲンの歌は、ここでメロディから逸脱するような、ちょっとアドリブのきいた「語りを交えた」口調になります。しかし、それは長くは続かない。4小節目から、規則正しいカウベルのカウントが鳴り始めるや、フェイゲンの歌はすっとターン・ダウンされます。まるで融通無碍なブルースの時間が剥奪されたかのように。
そして続く5小節目、「ご了承下さい、音声を7秒ほど遅らせて放送しております」の部分も、そそくさと歌われてわずか1小節で早じまい、6小節目からは、まるで掛け合いを封じるように、非情なカウベルのカウントとキーボードのリフには、後半4小節に8小節分のコード進行が畳み込まれているので、この部分のブルースは半分の時間に圧縮されています。ちなみにこのキーボードのリフが曲を覆います。

こうして8小節が終わると、もはやブルースは残っていません。キーボードのリフは、まるで場に拡げられた掛け金をすばやくまきあげる勝者の如く、わずか1小節でフレーズをまとめあげて、次の節へと音楽を明け渡してしまう。

こうして「ナイトフライ」の最初の部分には、9小節という半端な小節数が誕生します。この半端さは、ブルースの掛け合いが中断され、途中から時間が圧縮された産物というわけです。

掛け合いの中断と抑圧は、次の4行でも繰り返されます。最初の2小節で相手の訴えをまとめあげておきながら、次の2小節ではあいづちは打たない。代わりに**「お電話ありがとう」**と、会話をいきなり終了させるようなフレーズが4小節めに割り込んでくる。そして**「今夜ずっと、こんなお電話お待ちしています」**とおためごかしの台詞で、DJは会話を急ぎ足で終結させてしまいます。そしてここでも、6小節目の後半から8小節目にかけて歌はなく、かわりにアドリブを欠いたカウベルのカウントとキーボードのリフが、掛け合いを抑圧するように覆っています。

このように、冒頭部分での掛け合いの中断とブルースの圧縮は、二度繰り返されており、ただの気まぐれではないことがわかります。そして、このブルースの掛け合いに対する抑圧から、きき手はＤＪレスターのスタイルを感じ取ることができる。もっとはっきり言えば、リスナーに対するＤＪレスターの高慢でタフな態度を強調すべく、ブルース的な掛け合いが遮られているのです。

どうやら、この何とも表面的で居心地の悪いリスナーとのやりとりは、歌詞のみならず音楽的にも、はっきりとした意図をもって、抑圧的に響くよう仕組まれている。この歌はどこに行こうとしているのか。もう少し先を見てみましょう。

■ＤＪの感情：「Ｉ」と「through」

さて、次はいよいよ、問題のコーラスです。

インデペンデント・ステーション
WJAZ
ジャズと、あなたとのおしゃべりを
お送りしているのはここベルゾーニ山麓

ここは素直に、最初の二行がラジオ局のコールサイン「WJAZ」を告げるサウンド・ロゴ、そして次の二行がＤＪの決まり文句と見ることができそうです。それにしても、ここまで見たようないかにも表面的なレスターとリスナーとの会話を、「ジャズと、あなたとのおしゃべり Jazz and conversation」と喧伝しているのだから、なんとも人を食った話です。

さて、リスナーあしらいも軽やかに飛ばしてきたＤＪレスターですが、次の二行から、いささかその調子が変わってきます。

スイート・ミュージック
今宵こそ我が世の夜
深夜放送

まず、「スイート・ミュージック」というフレーズ、先の「インデペンデント・ステーション」のようなコーラスまかせではありません。フェイゲンはフェイゲンで、(冨田さん言うところの)「崩し気味」に歌っており、コーラスは「ミュージック」の部分だけを裏打ちする。いわばDJの台詞入りジングルといった体裁ですが、さきほどのとりつくしまのないサウンド・ロゴに比べると、ややDJの感情が入った感じがします。

問題は次の**「今宵こそ我が世の夜 Tonight the night is mine」**です。大胆不敵なフレーズですが、これはDJの台詞としては不似合いです。だって、「ジャズと、あなたとのおしゃべり」とコミュニケーションを誘いかけている人が、「我が世の夜」などと今宵を独占するようなことを言っちゃまずいじゃないですか。どうやらこれはオフレコの、DJの本音がぽろりと出た部分ではないか。

そのことを裏書きするように、この部分には、歌い手の感情変化を示すいくつもの兆候が現れています。F#7→B7という、これまでにないメランコリックなコード進行が用いられている。ギターがメロディに寄り添っている。「mine」という言葉尻が、やけに無造作に放り出されている。

そして何よりも際立っているのは「I」の音です。**Tonight the night is mine.** 表題にも含まれている「night」ということばが二回も登場し、しかもそれが「mine」と韻を踏んでいる。短いフレーズの中に「I」という音が三度も繰り返されている。

「I」の音は、ここから夢見るような変容を遂げていきます。

「mine」と大胆に言い放ったあと、不思議なことにこれまで滑らかだったDJの口調は、少し言い淀み始め、コードは不思議な下降を始めます。そこでフェイゲンが歌うひとことは、**「深夜放送 late line」**。また「I」の音。

すると、**「太陽が見えるまで ’til the sun comes through」** というDJのことばに対して、まるで差し込もうとする光を媒介するエーテルのようにコーラスがフレーズをおいかけてきます。thr で始まる持続音 u: は、交替するコードに支えられながら確かな声でのびていく（あくまで私の印象ですが、この「through」の長い持続には、「thr」で始まるさまざまな語の持つ象徴性、たとえば（キャント・バイ・ア・）スリル thrill、喉 throat 投げた threw 閾 threshold といった、危うい領域を通過 through していくイメージの連鎖 thread を感じます）。

そしてたどりついた先にあるのは、もう一つの「ー」のありかである天窓 skylight。ここからやってくるはずの太陽を、英語の語順は ’til the sun comes through と先取りして、そのあとに天窓を置いています。

かくして、「ー」の音は、ドリーミーな through の持続音の変容に乗って夜 late line を越え、語り手をここではない天窓 skylight へと上昇させていく。さっきまでサウンド・ロゴやジングルを飾っていたコーラス隊も、この夢のような光景を飾るために持続音に加わっている。

しかしこの時点ではまだ、コーラスは、唐突な印象を残して終わります。第一、あれだけ出だしは高飛車でタフだったDJレスターは、なぜ「今宵こそ我が世の夜」と急に感情を露わにしたかと思うと、その感情を慰撫するように朝の光を夢見るのでしょうか。そしてそこにはなぜコーラスが伴うのでしょうか。その理由を考えるためには、曲の続きをきかねばなりません。

■ブルースの逆襲

1番、2番と繰り返しのある歌のおもしろさは、1番でインストールされた曲の構造によって2番の歌詞の意味が重層的になる点にあります。「ナイトフライ」の場合も例外ではない。

コーヒーはたんまりある
タバコならチェスターフィールド・キングズ

と、最初の2小節こそコーヒーとタバコでしっかり武装しているレスターですが、突然、感情を吐露し始めます。

なのに泣きたい気分だ
氷の心ならよかった
氷の心

単なるDJ稼業への愚痴ではありません。ここでは明らかに、彼は変調をきたしている。その証拠が、末尾のフレーズの繰り返しです。1番でブルースを遮るように語っていたレスターは、この2番では、「氷の心」と歌ったあと、「氷の心」ともう一度繰り返す。一度歌ったフレーズに対して再びねじ曲げるように繰り返すこの歌い方は、一人による掛け合いであり、ブルースの作法です。しかもこの繰り返しは、1番ではカウベルのリズムとキーボードのリフによって守られていた7小節目の領域に、規律を破るようにはみ出している。

この変調が一過性のものではない証拠に、次にも同じことが起こっています。

もし大切な彼女に

とびきりの格好をさせたいなら
ぜひ手に入れたいあの青い小瓶
パットンのキス&テル
キス&テル

この一節は、おそらく、ラジオの合間にDJ自らがお知らせする化粧品のCMなのでしょう。ならば、最後の「キス&テル」は、明るい商品名の連呼であるべきところです。ところが、レスターときたら、まるで絞り出すような声で、「キス&テル」を繰り返しています。恨み節でも唸るようなその歌声は、またしても7‐8小節目までブルージーにはみだしている。もしかすると、彼はこの商品に何か忌まわしい思い出でもあるのかもしれません。あるいは、「キス&テル」というフレーズが示す別の意味、つまり「セレブとの過去の情事をばらす」という含意に、何か突き刺さる連想を感じているのかもしれない（自分と別れて有名になった女への愛憎は、スティーリー・ダンの「Peg」や「What a Shame About Me」でも歌われています）。ともあれ、2番での彼は、明らかに自身のコントロールを失っています。**1番でブルースの力を遮ってきたカウベルとキーボードの防御は破れ、歌い手はブルースに囚われている。**2番の前半は、いわばブルースの逆襲であり、主人公の感情がいよいよ噴出しようとしていることを示しています。

もはや、1番では快調にきこえていた**「お送りしているのはここベルゾーニ山麓」**という決めぜりふまで、いまや心なしかやけくそに響いてきこえる。彼はどうしてしまったのでしょうか。

■ＤＪの告白

２番で、どうやらこのＤＪレスターは、自身を動揺させるような、ある衝動に囚われているらしいことがわかってきました。それが何かは次のブリッジで明らかにされます。

みなさんには信じられないでしょうが
かつてわたしの人生にも
恋がありました

レスターはリスナーにさりげなくプライヴェートを明かすように、告白を始めます。しかしこの告白は、リスナーみなさんyouをほったらかして、レスター自身の考えへと沈潜していきます。

ときどき考えてしまう
あの情熱がなんだったのか
答えはいまでも同じ
君のこと、君、君のこと
今宵、君のことを想っている

ここで、フェイゲンは「you」という代名詞を巧みに異化しています。これまで「you」ということばは、もっぱらリスナーを指し示してきました。ところが、このブリッジでは、**「それは君 It was you」**と、「you」を彼にとって特別な誰かへと定義し直している。この「you」こそ、彼のかつての恋人であり、彼の感情を吹き出させている源泉なのでしょう。「you」の意味の決定的変化は、一度目の「それは君 It was you」におけるほとんどブレイクに近い音数の切り詰め、それと対照させるかのように三度目の「それは君 It was you」にほどこされる劇的なコード進行によって、印づけられています。（もちろん、ラジオ放送やラブソングのお約束として、リスナーは、「それは君」と言われて、「わたしのことだ！」と勝手にときめくことができますが、それは各自で。）

そして、高らかに歌われる**「今宵、君のことを想っている」**。過去における想い it was you を現在の想い you're へと転換する時制の変化もさることながら、その音韻が実にドラマティックです。

Tonight you're still on my mind

ご覧のようにこのフレーズは、「—」音を含む「Tonight」で始まり、「my」「mind」と、「—」音を三度繰り返している。その点で、先の**「今宵こそ我が世の夜 Tonight the night is mine」**と兄弟です。一点違うのは、「—」音の繰り返しの中に**「you」**が含まれていること。つまり、**「今宵こそ我が世の夜 Tonight the night is mine」という「I」音の繰り返しは、「you」というかけがえのない存在を思い出すことによって、「今宵、君のことを想っている Tonight you're still on my mind」という you を含む形式へと変容している。**

ＤＪレスターはここで、ことばの内容のみならず、その音韻によって、「you」こそが今宵の彼を襲っている衝動であることを漏らしているのです。

■音楽のスペースへ

リスナー参加型番組を装って始まったこの歌は、もはやリスナー you ではなく、君 you に呼びかける歌となってきました。特別な君「you」の登場によって、曲の印象はがらりと変わる。間奏でカウベルの音とともに自由さを増すラリー・カールトンの華麗なプレイも、まるでDJレスターの感情の陰画にきこえるほどです。もしかすると、この歌全体が、あのセブン・セカンド・ディレイによってカットされた、君 you に対するDJの告白なのかもしれない。そして、スムーズなサウンド・ロゴも決めぜりふも、番組の形を借りたレスターの夢想なのかもしれません。

こうなってくると、スイート「ミュージック」というコーラスまでも、新たな感情を伴って耳に響き出します。なぜなら、**「music」は「you」の音を含んでいる**からです。なぜコーラスが「スイート・ミュージック」ではなく「ミュージック」という一単語のみを歌っているのかも、これではっきりしました。コーラスは、you の音を含む「ミュージック」の部分だけを、あたかもコールサインを告げるようにくっきりと浮き立たせているのです。

レスターはこの、「music」に埋め込まれた「you」の響きに応えるように再びあのフレーズを繰り返します。**「今宵こそ我が世の夜 Tonight the night is mine」**。you なき3つの「I」音からなるフレーズ。そしてこの深夜放送 late line を貫く音は、「through」。そこでコーラスによって引き延ばされている音も、いまや別の響きを帯びて感じられる。**夢見るように伸びていく音は、you と同じ持続音 u: だからです。**

どうやら「ナイトフライ」のコーラスの意味が明らかになってきたようです。ここまで見てきたように、この曲のコーラスは、ただのサウンド・ロゴを歌う声ではない。彼らの声は、DJレスターに「you」のありかを告げるミュージックの守護天使であり、you の残滓である持続音 **u:** に浸るための薬なのです（Are you with me, Dr. **Wu?**）。

ＤＪは、深夜 late line と天窓 skylight との間で、コーラスの歌う「君 you」の埋み火 u: をきいている。その持続音は、歌が終わったあとも続いている。まるでそれが、天窓を貫いてくる幻想であるかのように。いまやコーラスに召喚され、冒頭でオンエア感を醸していたシンセも感情の陰画を奏でていたギターも静かに加わり出して、ラジオ番組にまつわるすべての「音楽」が、まるでレスターの夢想を包み込むように集まっている。

これで、冒頭のリスナーとのやりとりがどのような効果を持っているかもわかってきました。空の帽子をいわくありげに見せた手品師が同じ帽子から鳩を取り出してみせるように、この歌は、まずリスナー you との味気ない会話に続けてサウンドロゴやコーラスをいわくありげにきかせておき、あとに表れる特別な君 you 、かつての恋人である you によって、同じコーラスを全く異なるものに変容させているのです。

そして、「you」の変容を経て、曲を最後まできき終えてみると、この歌全体の印象もがらりと変わります。ここでもう一度、冒頭のフレーズを思い出してみましょう。**「こちらレスター・ザ・ナイトフライ I'm Lester the Nightfly」**。実は、このフレーズもまた、I, night, fly という3つの「I」音の繰り返しです。この曲は最初から、「I」音の繰り返しを埋め込むように作られていたのでした。最後まできいた者は、やはり3つの「I」を埋め込んだあの告白、**「今宵、君のことを想っている Tonight you're still on my mind」**を思い出して、はっとすることになります。**「I'm Lester the Nightfly」**には**「you」**がない。そして、「ナイトフライ」というタイトルこそは、「you」の不在を最もシンプルに表していると言えるかもしれません。なぜならそれは単純に、２つの「I」音を並べた名前だからです。

ようやく、わたしたちは、この歌のタイトルの持つ、もう一つの意味にたどりついたようです。ＤＪレスターは、自らを「ナイトフライ the Nightfly」と名付けた。それは、夜の飛翔というロマンティックな意味を連想させる一方で、音韻の上では**「you」なき「I」音でできた、皮肉な記号でもある。**

二つの「l」音がスペースをはさむことなく門を閉ざしている造語、Nightfly。それは（「ディーコン・ブルース」がそうであるように）負け犬の名前 a name when I lose と言えるかもしれません。

＊＊＊

二つの「l」音を持つ男、「ナイトフライ the Nightfly」。曲のタイトルはそのＤＪ名を冠したシンプルな2つの「l」音から成り、歌は、そのタイトルを押し広げるように、3つの「l」音からなるフレーズで始まります。リスナーを軽々とあしらっているかに見えるＤＪは、3つの「l」音のバリエーションを幾度も唱えるうちに、いつしかコントロールできないブルースの衝動にかられる。リスナー you は君 you へと変容し、ＤＪの唱える「l」音の間に埋め込まれる。コーラスは「音楽 music」と唱えながら、ＤＪの衝動のありかである you を示す。そしてＤＪが君 you への未練を滑り込ませるように深夜放送 late line に u: の音を放つと、コーラスは彼に和し、夜を貫いていく。その声はもう一つの「l」音のありか、天窓 skylight との間で漂いながら、朝陽を待っている。

あたかも、「Nightfly」の持つ二つの「l」音の間にスペースを入れ、夜 night と上昇 fly の隙間に、幻想の「you」を招き入れるように。

6　9月の星と雲 ― アース・ウィンド&ファイヤー「セプテンバー」

芥子色のシャツを追いかけているうちに、9月も深まってまいりました。9月といえばセプテンバー。セプテンバーといえばバーディヤー！　というわけで、今回は、アース・ウィンド&ファイヤー（EW&F）の「セプテンバー」（1978年／作詞・作曲：モーリス・ホワイト、アル・マッケイ、アリー・ウィリス）を取り上げます。もう何百回きいたかわからない、「セプテンバー」大好きなんですよ。いやう！

などと悦に入っていたわたしは、どれ、書く前に下調べでも、とネットを検索して一気に沸騰したのです。**「あの歌は本当は12月の歌だから、9月にかけるのはまちがい」**。なんだとう！ ちぇっ、せっかくいい気分で9月だったのに、なんでえなんでえ、何が12月でい。この歌は誰が何と言おうと断固、9月の歌なんだぜ！

…と、ムカついてはみたものの、なるほどセプテンバーの歌詞には、確かにこんな一節があるのです。

いまは12月 愛を分かち合ったね 9月に

（訳：細馬　以下同）

なるほど、12月に9月を思い出してるってわけだね。だから語り手はいま12月にいるのだし、ほんとは12月にかけた方が正しい。…なんだとう！　だからどうだってんだ？「セプテンバー」ってタイトルの曲をセプテンバーに流して何が悪い？

というわけで、以下、この歌がいかに9月であるかをとうとうと述べさせていただきたいと思います。いやう！

ちなみに「いやう!」って耳障りな文字がさきほどから躍っていますが、これは、「セプテンバー」でモーリス・ホワイトが発する奇声です。

■いくつかの問い

さて、少し冷静になって、改めて曲をきいてみましょうか。ごく短い曲ですが、しかし、全く単純明快かと言われると、ちょっとわからないところもあります。

まず、この曲はなぜボーカルが二手に分かれているのか? そりゃEW&Fは、ソウルフルときどきカエル声のモーリス・ホワイト、驚異的なハイトーンを得意とするフィリップ・ベイリーのツイン・ボーカルを擁しているのだから当然だろう、と言われれば、そうです。でも、日本ですごく流行った「宇宙のファンタジー」では、フィリップ・ベイリーがほぼ全編にわたってボーカルをとっていたりするので、必ずしも二人のボーカルが一曲の中で交替すると決まっているわけではありません。それに問題は、なぜ二人か、だけではなく、どの部分をどちらが歌っているのか、です。これまで、複数のボーカルが交替する名曲をいくつも取り上げてきましたが、その交替の仕方にはたいてい、その曲にふさわしい理由がありました。この「セプテンバー」には、はたしてそのような理由が見つかるでしょうか。

そして、もうひとつわからないのが、いやというほど繰り返される「バーディヤー!」です。このかけ声、どういう意味なんでしょう。もちろん、辞書を引いても出てこない。ただのかけ声だ、という答えでもいいのですが、それにしてはあまりに頻繁に叫ばれ過ぎではないか。

というわけで、例によって、これらの問いを気にしながら、まずはシンプルな「セプテンバー」の全体像をつかんでみましょうか。

■「続く」感

「セプテンバー」は基本的には、16小節をモーリスが、16小節をフィリップ率いるコーラスが交替で歌う、32小節が一つの単位になっています。でも、この曲をきいた人はたいてい、「え？ 32小節なんて長い構造があったっけ？」という印象を持つのではないでしょうか。

この曲は32小節よりもずっと小さな単位でひとまとまりになっているようにきこえます。その最大の理由は、基本的に2小節からなる短いコード進行を繰り返しているからでしょう。昨今のＪ－ＰＯＰの複雑さに比べると、驚異的な単純さです。

この単純な構造を魅力的にしているのはもちろん、ＥＷ＆Ｆの強力なリズム隊です。とりわけベースのヴァーダイン・ホワイトは、彼独特のツーフィンガーの太い音を用い、アタックのみならず音の切れるタイミングをきかせることで、グルーヴの要となっています。

「セプテンバー」の構造がもう一つ印象的なのは、８小節の終盤に必ず入る印象的なコードです。通常ならここはＡのコードを用いて、ひとつのフレーズが終わったなという感じを出すところですが、この曲では、Gmaj7 on Ａという微妙なコードがあてられている。この和音はＡよりもひねりがきいていて、「ひとまず終わりなんだけどまだ続きが…」という感じを与えます。これが８小節ごとに必ず入る。いわば全編にわたって、「まだ言いたいことがあるんだよね」という「続く」感が埋め込まれているわけです。

ちなみに「セプテンバー」の始まりは、まさにこの、微妙なコードを印象づけるしくみになっています。リズミックなリフで始まったイントロに、突然ブラスが唐突かつ性急に入ってくる。そして、坂を転がり落ちるように６つの音がけたたましく鳴らされると、ホーンセクションは次々と微妙なコードに加わってロングトーンで上積みしていき、のっけから、この曲を「続く」感でてんこ盛りにします。ブラスの最初の一音はブルージーなミ♭ですが、意外にもこの音が「セプテンバー」の中で用いられるのは、この一カ所のみ。それゆえに、この冒頭で華々しく奏でられるブラスのメロディと和音は、曲全体の中で突出した記憶を残します。

以上、ざっと「セプテンバー」を概観してみましたが、ものすごくざっくり言ってしまうと、これは、モーリスとコーラスが2小節単位でなんだかんだ歌っては「続く」という歌なのです。では、この歌がそこまでして「続けて」いきたいこととは、いったいなんでしょうか？

■バーディヤーそしてバードゥダ

洋楽好きはともかく、ラジオから流れてくる音楽を漫然ときいているタイプの人間にとって、1970年代後半のEW&Fといえば、日本で大ヒットした「宇宙のファンタジー」であり、ピラミッドどーん、宇宙船どーん、衣装きらーん、長岡秀星のイラスト見開きずばーん、そしてハイトーンとホーンセクションで押せ押せのサウンドで、なんともスケールのでかい曲を歌うバンドという印象でした。

でも、続いてリリースされたこの「セプテンバー」の歌詞はごくパーソナルなものです。ここからはその内容を追っていきましょうか。

まずモーリス・ホワイトがこんな風に歌います。

覚えてる？　21日の夜、9月

愛が見せかけの心を変えてしまった
雲を追い払っている間に

ハートが鳴っていた
ぼくたちの心が歌うのと同じキーで
夜に踊ったね
思い出して、星たちで夜を乗っ取ったこと

語り手が9月21日のことを「覚えてる?」と愛する相手に語っているのですが、その思い出は驚くほどポジティヴです。9月といえば連想されるのは、人生の秋。従来、9月の代表曲といえば、クルト・ワイルの「セプテンバー・ソング」(1938年)でした。これは、春に出会った恋がみるみる色あせたあとの、5月から12月までのうんざりする日々への嘆き節です。9月も半ばを過ぎるともう人生の日は短くなるばかり、けれどどこの残り少ない人生を君と過ごそう、という屈折した人生謳歌をフランク・シナトラが朗々と歌い上げる。それが、従来のポップス史における9月のイメージだったわけです。ところが、「セプテンバー」は、そんな暗い9月を払拭して、真新しい9月のイメージをぶちこもうとしている。いいね!

ここからボーカルはフィリップ率いるコーラスに移るのですが、その内容は、拍子抜けするほど簡単なものです。

ハ、ハ、ハ
バーディヤー、ねえ覚えてる?

バーディヤー、9月に踊ったこと
バーディヤー、もう曇りじゃなかった

「バーディヤー」とは何か？　この部分をきく限り、フィリップのハイトーンを印象的にきかせるための合いの手もしくは掛け声といった印象で、さほどの意味があるとは思えません。それに続くことばの内容にも、新しい要素はほとんどない。「覚えてる？」も「9月に踊った」も「もう曇りじゃなかった」も、モーリスの歌ったことの要約に過ぎません。

ただ気になるのは、ここでモーリス・ホワイトからコーラスへ交替するときの入り方です。なぜ、コーラスは、まだモーリスが歌声を響かせている最中に、「ハ、ハ、ハ」と、前ノリで割って入ってくるのでしょうか。その答えは少し先送りして、もう一つのコーラスのことを考えましょう。

■ **8小節のバードゥダ**

二人は一番を歌ったあと、通常なら間奏が入りそうな場所で「ハッ」と気合いを一発入れてから（そういえばこの曲には間奏がないのです）、こんな風にオクターブで歌います。

バードゥダバードゥダ…

バで始まるところといい三つの音符を基本単位とするところといい、この「バードゥダ」は「バーディヤー」と兄弟のようです。
さて、ここで問題。二人は、この「バードゥダバードゥダ…」を、何カ所で歌うでしょうか?

…正解は、意外や意外、たった一カ所です。一番の終わったあと、わずか8小節だけ、この「バードゥダバードゥダ…」は歌われます。それにしては、もっときこえている気がしますが、それもそのはず、同じメロディは、ホーン・セクションによってあちこちで奏でられているのです。それも、二人が歌う前から。

一番をもう一度よくきいてみましょう。コーラスが「バーディヤー」を歌ったあと、ホーン・セクションはコーラスの後ろで「バードゥダ」のメロディを奏でています(図)。ちょうど、「バーディヤー」のあとを補うように「バードゥダ」が演奏されていることが判ります。つまり、この二つのメロディはことばの音といいメロディの長さといい位置関係といい、一つの歌を構成する二つの要素であるかのように扱われているのです。

でも、この、半ばスキャットのような「バーディヤー」と「バードゥダ」の本当の正体が明らかになるのは、もう少しあとのことです。

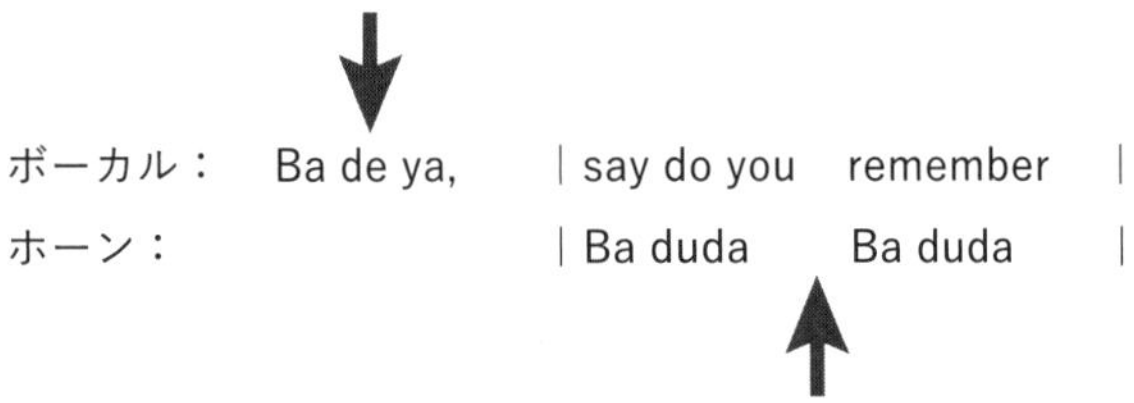

ボーカル： Ba de ya, | say do you remember |
ホーン： | Ba duda Ba duda |

■ 12月に思い出す9月

さて、いよいよ2番の後半、問題の箇所を検討してみましょう。モーリス・ホワイトは語り手の今の時間が「12月」であることを明かします。

いまは12月、9月の愛を見つけた
いつまでも語り合い、愛した
覚えておこう、今日愛を分かち合うことを

歌詞だけ読むならば、なるほど、12月に9月を思い出しているように読めるし、「今日愛を分かち合う」のも12月に行われる誓いのようです。この曲で繰り返される「remember」ということばは「December」ときれいに韻を踏んでいる。もしかするとこの曲のテーマは「12月に思い出すこと Remember in December」なのかもしれません。そういえば、ここまでモーリスのパートでは鳴りをひそめていたホーン・セクションが、彼が「12月」と歌い始めたとたんに、それを祝うように「バードゥダバードゥダ」のメロディを奏で始める。

ということは、この曲はここで、完全に12月に舞台を移したのでしょうか。

語り手の居場所が12月であることが明かされたあと、コーラスは例によって「バーディヤー」を繰り返します。しかしここで、その繰り返しに、うっかりきき逃しそうな、しかし重要なひとことが加えられています。フィリップ・ベイリーが付け加えているのは、こんなフレーズです。

そこにあったのは（There was a）
バーディヤー

「そこにあったのは」。このひとことで、きき手は突然気づきます。「バーディヤー」がただの掛け声ではなく、9月に流れていた音楽そのものであり、ことばにできない9月の思い出そのものであることを。そして、コーラスの声は、はじめから「バーディヤー」によって9月の音楽を召喚していたことを。

この「そこにあったのは」を合図に、コーラスは一気に分裂して、「バーディヤー」を波のように重ねて、曲をみるみる9月に塗り替えていきます。「9月に踊ったこと」というコーラスの声と、追いかけてきた「バーディヤー」とが重なって、まさに「バーディヤー」とともに9月は踊っている。いまや同じ歌詞が、こんな意味に響きだしています。

そこにあったのは
バーディヤーだよ、覚えてる？
バーディヤーは9月のダンス
バーディヤーで、金色の夢は輝く日々になった

そこにもう一つのフレーズであるホーン・セクションの「バードゥダ」の波が重なっている。ああそうか、「バードゥダ」もまた、9月だったんだな。二つのフレーズは、あたかも交替する9月の日々のように曲を埋め尽くしていく。

つまり、「バーディヤー」と「バードゥダ」は、「セプテンバー」という歌の中に含まれる、いわば劇中歌だったのです。いや、もはや劇中歌などという生やさしいものではなくなりつつある。9月の歌「バーディヤー」と「バードゥ

ダ」が繰り返し歌われ奏でられることで、現在から過去を思い出そうとする歌だったはずの「セプテンバー」は、いまや思い出そのものへと変貌しようとしているではありませんか。

これで、コーラスが最初に歌い出したとき「ハ、ハ、ハ」と前のめりになっていた理由もわかってきました。あれは、モーリスの居場所である12月から、思い出されている9月へと世界を塗り替えるための、小さなブリッジだったのです。ちょうど「そこにあったのは」という思い出しのフレーズが、きき手を思い出そのものへと誘うように。

■星と雲

波のような「バーディヤー」によって曲が9月に覆われたあと、3番ではモーリスのパートが劇的に変化します。モーリスの歌っている後ろで、トロンボーンが9月のメロディである「バーディヤー」を奏で続けている。一方、モーリスはアドリブ気味にメロディを高め、アハ、と自ら軽やかに合いの手を入れる。ringing。singing。be+ing の過去進行形のing側がぐいっと引き延ばされて、過去よりも進行が強められる。これはもう昔のことじゃない。いま、いま起こっていることなんだ。そこには一点の曇りもない。

ここで、モーリスはカエルのようなあの、奇妙な声をひねり出します。

「いやう!」

この一声で、曲は最高潮に達します。すかさずコーラスが「そこにあったのは」と続けると、もうすべての9月の日に「バーディヤー」が流し込まれる。コーラスの歌うバーディヤーとホーン・セクションのバードゥダが混ざり合い、色彩をいよいよ豊かに、かつ、鮮やかさにしていく。もうコーラスは「そこにあったのは」も「ハ、ハ、ハ」も言わない。「覚えてる?」も「踊ったね」もない。決然と「バーディヤー」から歌い始め、「バーディヤー」を波打たせます。これは思い出ではない。いままさに、世界は「バーディヤー」と化している。こうして、きき手は9月の大団円の中で「セプテンバー」のフェイドアウトをきき終えます。

***

いや、ちっともきき終えた気がしない。胸の中で鳴り続ける8小節はいつもGmaj7 on Aで「続く」。そして、またききたくなってこの曲をかけてしまう。すでにこの曲のしくみを知っている耳は、コーラスの「ハ、ハ、ハ」という声だけでもう、そこに9月の始まりをきくのです。「バーディヤー」のひとことで、思い出すという行為が、思い出そのものに覆われていく。思い出す場所はこの場所となり、12月は9月となり、過去は現在になる。軽やかに歌われる8小節の「バードゥダ」のように、この9月はずっと続いていく。たとえそこが何月であっても。いやう!

7 — ロボットをうたう — 坂本慎太郎「あなたもロボットになれる」

唐突ですが、**ロボットの歌**、というと何を思い出しますか?

私の場合は、いささか古くて恐縮ですが、**「ロボット・マーチ」**です。これはTVアニメ「鉄腕アトム」が放映された当時、1964年に発売されたソノシートに入っていた曲で、たぶんアニメの中でもたまに流れてたんじゃないかな(うろ覚えですが)。歌っていたのは上高田少年合唱団。幼稚園にあがる前の私は、彼らの声を、子ども、というより、ちょっと年上のお兄さんという感じできいていました。ところが、そのお兄さんたちが歌っていた未来は、「科学の子」を褒め称える明るい主題歌とは違って、なんともぎくしゃくしたものでした。

ロボットまえへ ドンドコドンドンドン
ロボットあとへ ペッペケペッペッペ
ロボットすすめ ランラランランラン
気はやさしくて 力もちさ
のまず くわず はたらく
あつさ さむさ へいきさ
ロボットすすめ スッタカタッタッタ
火のなか 水のなかも

（『ロボット・マーチ』作詞：谷川俊太郎　作曲：高井達雄）

オノマトペを多用して親しみやすいふりをしているものの、理不尽な号令の繰り返しといい、**「のまずくわずはたらく」**というフレーズといい、どうにも不気味な歌詞です。両親はドンドコドンドンとかスッタカタッタッタをさも楽しそうに歌ってうながしてくれたのですが、わたしはこの曲がなんとなく苦手で、何度きいても気分がすっきりしませんでした。

二番には**「こわれるまでの　いのち」**三番には**「にんげんまもる　さだめなのさ」**なんてフレーズもあって、歌い進むほどにロボットの哀れさと人間の身勝手さはつのり、歌の不穏さはいやが上にも増していく。今なら、作詞家である谷川俊太郎が、人間と機械文明の申し子であるロボットとの関係をアイロニカルに描いたものである、といった説明を述べることができますが、当時はそんなことを言える年齢でもない。**「どんどこどんどんどん」**なんて明るく歌っているつもりなのに、気持ちにはなぜか確実に影がさしてくる。そんなわけで「ロボット・マーチ」はちょっとした「トラウマ・ソング」でした。

この曲のことは、大人になって長いこと忘れていたのですが、ある一枚のアルバムをきいていたときに、突然思い出しました。そのアルバムとは、**山本精一 & Phew『幸福のすみか』**（1998年）です。名曲だらけのこのアルバムの中に、そのタイトルもずばり**「ロボット」**（作詞：Phew／作曲：山本精一）という曲があるのですが、その中で、Phewが、あの独特の声でこう歌うのです。

ロボットどんどこどん
ロボットどんどこどん

昔は音楽が好きだった
今は髪の毛が大好き

「どんどこどん」という突き放すようなオノマトペをきいて、私が「ロボット・マーチ」を思い出したのは言うまでもありません。私と同世代のPhewは、もしかしたら「ロボット・マーチ」をきいたことがあったのでしょう。ともあれ、わたしには、幼いときにうっすら感じていたあの曲の不穏さが、時を経て、はっきりした形で目の前に現れたような衝撃でした。

以来、**「ロボットどんどこどん」**というフレーズは、Phewの歌声を伴って、ことあるごとに頭の中で鳴るようになりました。わたしはなぜこのフレーズから離れられないのだろう。これという確かな理由はわからないけれど、一つだけはっきりしていることがあります。それは「ロボットどんどこどん」ということばそのものの中に埋め込まれている、「オ」の響きです。このフレーズでは、ずっと「オ」の口の形が繰り返される。全部オ段でできている。まるで、ロボットとは「オ」から離れられない存在である、とでも言うように。そういえば、山本精一が**「ROVO」**というオ段の音でできた名でバンドを組んでいるのも、どうも偶然とは思えない。

なぜ「ロボット」は「オ」でできているのか？　そしてなぜ**「どんどこどん」**と歩くのか？

＊＊＊

このように「ロボット」の歌についていろいろ思うところのあるわたしにとって、さらに気になる歌が２０１４年に現れました。それが今回取り上げる**坂本慎太郎「あなたもロボットになれる feat. かもめ児童合唱団」**（作詞・作曲：

坂本慎太郎）です。

坂本慎太郎は、**ゆらゆら帝国時代に「ロボットでした」**という歌を作っており、しかもそこには**「こころここにはない」**というリフレインが現れます。**「こころここ」**。わあ、全部オ段だ。おそらく彼にとっても、「ロボット」ということばとそれを構成するオ段の響きは、何かのっぴきならない存在なのでしょう。その彼が、ソロになってまたしても「ロボット」について歌っている。

歌は、意外なほどの明るさに満ちています。バンジョーの軽快なリズムとスチールギターのドリーミーな響きに乗せて、児童合唱団が集い歌う。この、いまだかつてない取り合わせでできた不思議な曲については、以前、CDジャーナルという雑誌で坂本さんと対談してあれこれお話したのですが、今回は、そのときには取り上げなかった点も含めて、一つまとまったことを考えてみようと思います。

まずは出だしをきいてみましょう。

眉間に小さなチップを埋めるだけ
決して痛くはないですよ
ロボット
新しいロボットになろう

フレーズの頭を見てみましょう。**「み」**けんに**「ちい」**さな**「ち」**っぷをうめるだけ、と、もうしつこいほどにイ段。さらに追い打ちをかけるように、けして**「い」**たくはないですよ、とまたイ段がくる。もう一つおもしろいのは、この二行のフレーズの中には、助詞の「を」を除くと、まったくオ段が含まれていません。

この、イ段過多オ段過少のフレーズのあとに、「ロボット」というひとことが歌われます。純粋混じりっけなしのオ段でできたことば。あたかもチップ埋め込み前：非オ段／埋め込み後：オ段を対比するかのように。

続く四行はどうでしょう。

不安や虚無から解放されるなら
決して高くはないですよ
ロボット
素晴らしいロボットになろうよ！

同じようにフレーズの頭を見てみましょう。**「ふ」**あんや**「きょ」**むから**「か」**いほうされるなら。今度は、ウ段→オ段→ア段と、徐々に口が開いていきます。そしてもう一度口を大きくあけて、けして「た」かくはないですよ。歌詞内容のみならず、口の形もまた解放に向かっている。しかし、開放されたかに見えるその口は、「ロボット」とオ段の型にはめられる運命にあるのです。

ここで、**かもめ児童合唱団**の歌声について触れておきましょうか。

「ロボット」というフレーズの酷薄さをさらに高めているのが、あまりにもイノセントな彼らの合唱の声です。

通常の合唱団では、ことばの音をきれいにそろえる傾向があり、その特徴は促音において顕著に表れます。なぜなら、促音とは一種の無音であり、無音の始まりと終わりをそろえることは、合唱団の技術の現れでもあるからです。おそらく、この曲をどこかの合唱団で何度も練習してもらったなら、「ロボット」のところは、「ロボ」でぴったりと声が切られて、「ト」の発音がきれいにそろえられることでしょう。

ところが、かもめ児童合唱団の場合は、少し違います。この合唱団では、発声法や声のタイミングや音程がぴったりと揃うことよりも、一人一人の個性や自発性を重んじており、そのため、歌のあちこちで、微妙なタイミングのずれが生じています。「ロボット」のところも、「ロボ」というフレーズの終わりは歌い手によってわずかにずれており、そのおかげで、「ッ」の部分に少しく母音の「オ」がはみ出している。そのせいでしょうか、「ロボット」はちょっぴり規格からはずれているような、その分、まだ人間味を残しているようなけなげさを醸し出しています。醸し出してはいますが、オの形なのです。うー。

かもめ児童合唱団独特の歌い方は、職名を次々と唱えるところにも表れています。ここで、それぞれの歌い手は、いわゆる快活な子供らしいハキハキとした歌い方ではなく、なんだかよりどころのない頼りない声で歌っている。しかしそのおかげで、それぞれのロボットはかえって弱々しい存在として響き、この歌の軽さと不気味さを余計に強調しています。

実はこの歌は、坂本慎太郎のソロアルバム**『ナマで踊ろう』**にも入っており、そこでは彼のソロとして歌われているのですが、そのバージョンと比べると、さらに興味深い違いが浮かび上がってきます。それは、文末に現れる「う」です。

「あなたもロボットになれる」に限らず坂本慎太郎は**「なろう」「しよう」「踊ろう」**といった文末の**「う」**を、はっきりと発音します。文末で口がすいっと閉じる独特の歌い回しは、彼の歌の大きな特徴になっています。ところが、合唱団の子どもたちには、おそらくこの文末の「う」を強調するような言い方や歌い方は日常にない。だから「ロボットになろう」というとき、坂本慎太郎バージョンでは「なろ『う』」と語尾に余韻が残るのに対して、かもめ児童合唱団バージョンでは「なろ」と語尾がオ段のままはかなく消えていきます。ロボットになった子どもは、もうオ段の時空に囚われたまま戻らない。怖いですね。

そしてこの曲中、最も唐突なフレーズが次にやってきます。

日本の二割が賛成している
不安や虚無から解放されるという……

「に」ほんの**「に」**わりが**「さん」**せいしている。ひらがなで書けばわかりますが、ここには一二三という数の名前が調子よく含まれている。そして、「に」というイ段から「さん」というア段へと「解放」されている。

ちょっと話は横道にそれますが、そもそも日本語で数を数えるとき、わたしたちの口は、この**「イ」**段から**「ア」**段への開放を繰り返しています。**「いち」「にー」「さん」**ほらね。もちろん、「さん」の次は「し」とまたイ段に戻るわけですが、何かを始めるときの号令ではこの「し」はしばしば省略されて、かわりに「はい！」が挿入されます。「いち、にー、さん、はい！」。これなら、イからアの解放感は、イに戻ることなく保存されます。

日本語の数詞を発明した人々がいったいどんな理由で「いちにーさん」という音を選んだのかは定かではありませんが、少なくとも現代のわたしたちは幼い頃からその音に親しみ、誰かと何かをするたびに、その音を繰り返しています。そしてそのたびに、イからアへの解放を感じている。さらに踏み込んで言うなら、わたしたちは「いちにーさん」に埋め込まれているイからアへの解放感を、ものごとを始めるときの力として利用している。その、わたしたちが子どもの頃から叩き込まれている数の数え方をなぞるように、この歌では「に」ほんの「に」わりが「さん」せいしており、子どもがそれを歌っているというわけです。

そしてだめ押しに、子どもたちの声は、この世のさまざまな職名を唱えていきます。弁護士、魚屋、歯科助手、お米屋、税理士、おもちゃ屋、アイドル、警察…。**「さかなや」**のようにア段に満ちた職業名も、**「ぜいりし」**のようにイ段過多の職業名も、結局のところ「ロボ」という二つのオ段に落とし込まれる。どうやら、この歌は、歌う人の口にさまざまな母音の冒険をさせておきながら、結局はオ段の牢獄に歌うものを誘い込むという、油断ならない構造を持っているらしい。

各職業が唱えられるごとに合いの手のごとくつけられる擬音も、簡単な楽器音一発だったり、ときには無音だったり(お米屋なのに!)、無音かと思ったら暴発する銃の如く的外れなタイミングで鳴らされたり(警官なのに!)、とても職業の描写とは思えない。まるで、それぞれの職業から職能が奪われてただの記号となってしまったかのように、職名がオ段化し、合いの手が簡略化している。

人の社会がロボットによって支配される、あるいは人がロボット扱いされるというフィクションはこれまでいやというほど作られてきました。だから「あなたもロボットになれる」の扱っている内容じたいは、とりたてて新しいものではない。にもかかわらず、この歌がそうした従来の話にはない奇妙な感触をもたらすのは、話の内容のみならず、その音韻の形式において、「ロボット」にこめられているオ段を志向しているからなのかもしれません。

＊＊＊

考えてみると、英語圏の**「robot」**に比べて、日本語の**「ロボット」**は、オ段に憑かれた人にとってはお得です。なぜなら、日本語では語尾のtの音に母音のオがくっついて「ト」となるため、英語圏の「robot」という音よりもさらにオ段過多だからです。

そんなものが何の得になるのか、と思う方は、MTV華やかなりし頃のスティクスのヒット曲**「ミスター・ロボット」**（1983年）をきくといいでしょう。スティクスは母国語の英語ではなく、わざわざカタコトで、まるで日本語のオ段に取り憑かれたかのように、こんな風に歌っています。**「ドモアリガットミスターロボット、ドモ（ドモ）、ドモ（ドモ）」**。彼らの耳には、「ロボット」の「ト」も「アリガット」の「ト」も、そして「ドモ」ということばも、たっぷり「オ」を含んだぜいたくな響きとして感じられたのでしょう。


「ロボット」という語が初めて登場したのは**カレル・チャペック**の**「R.U.R.」**（1920年）の劇中だという話は有名ですが、「R.U.R.」に登場するロボットは実は機械然とした外見ではなく、むしろ人間に近い、いまでいうアンドロイド風のもので、舞台でも人間によって演じられました。のちにこのことばが広まる過程で、「ロボット」というもごもごした響きと「機械仕掛け」のイメージとが結びつくようになったのです。

ところでカレル・チャペックがのちにチェコの新聞に書いた記事（※1）によれば、実際にこの語を思いついたのは兄で画家のヨゼフ・

ヨゼフが描いたカレルの「ロボット風」似顔絵

チャペックだったようです。R.U.R. の原案を練っていたカレルはヨゼフにこんな風に相談しました。

「ねえ、劇のアイディアを思いついたんだけど」。ヨゼフはキャンバスに向かって、絵筆を口にくわえたままそっけなく応じました。「じゃ書けば?」「劇に出てくる人造労働者をなんて呼んだらいいかわからないんだ。ラボリ(労働)だとちょっと硬すぎるし」。ヨゼフはあいかわらず絵筆をくわえたまま、もごもご答えました。「じゃロボットはどう?」

わたしたちは「ロボット」ということばを口にしながら、もう百年近くも前にこのことばを発したヨゼフの、絵筆をくわえた口の形を知らぬ間に繰り返しているのかもしれません。

[参考文献]

※1 Dominik Zunt "Who did actually invent the word "robot" and what does it mean?" URL: capek.misto.cz/english/robot.html (2021.1.15 閲覧)

8 WとMの悲劇 ― ジョージ・ミラー監督『マッドマックス怒りのデス・ロード』

こんにちは。ずいぶんご無沙汰してました。

ご無沙汰している間に何をしていたかというと、今をときめく**『マッドマックス　怒りのデス・ロード』**（2015年）を見てきたのです。またすぐに見たくなって、翌日も観に行きました。いやあ、すばらしい。映像も音もすばらしい。しかし、何といっても、ことばがすばらしい。とにかく台詞のあちこちが立っている。まるで2時間にわたる音楽付きのリリックをきいているみたいだ。なんて日だ。なんてラブリーな日だ。

そんなわけで、今回取り上げるのは**「マッドマックス　怒りのデス・ロード」**という**「うた」**です。

「マッドマックス　怒りのデス・ロード」は、いきなり名乗りから始まります。**「名前はマックス。世界は火と血」**。ここで、「マックス」という名前は「マッド・マックス」という威勢のよいタイトルからは切り離されて、まるでタロウやヒロシのような、ごくありふれた名前として響いています。英語ではこうです。

My name is Max. My world is fire and blood.

ぐっとくるフレーズです。My と is という音のサンドイッチが繰り返されることよって、二つの文は音楽のように対になります。サンドイッチの中身である、name という音のシンプルさと、world というぐにゃぐにゃと前後に動く舌の動きとが対比される。どこにでもいる平凡な**「名前 name」**が、火と血の**「世界 world」**に放り込まれた。その感覚が、音にも表れている。そして、サンドイッチからはみ出た末尾には、Max というキリのいいことばと、fire

and bloodという長いことばとが置かれて、マックスのとるにたらなさと、火と血のむごたらしさが対比される。
このマックスのことばに続けて、すばやく物語の背景を述べるかのように、男女の声があちこちから響きます。女の声は、こう言います。

「世界は水不足に陥っている」「いまや水戦争（水戦争）」

これらのことばは、英語で声にすると、ある明快な響きを持っていることがわかります。

"The world is actually running out of water." "Now there's the water wars (water wars)"

前の文は「**the world**」で始まり「**water**」で終わっている。次の文は「**water wars**」を繰り返している。ワールド、ウォーター、ウォーズ。Worldが、Waterを求めるWarsによって引き裂かれている。「**Water Wars**」は映画のメインテーマであると同時に、きく者にWの音を印象づけるしくみです。

映画がWという音を基調としていることは、続きをきけばいっそうはっきりします。マックスのことばはこう続くからです。「かつて、わたしは警官だった。ロード・ウォーリアーとして正義を追い求めていた」。現在のマックスがかつての「警官」という職業からも（「マッドマックス2」のタイトルでもある）「ロード・ウォーリアー」の地位からも切り離された、丸裸の存在であることを示すナレーションですが、英語はこうです。

Once, I was a cop. A road warrior searching for a righteous cause.

綴りこそ「**Once**」ですが、音はWで始まっている。そこから要所要所に「**was**」「**warrior**」とW音が入る。マックスという過去の名に替わって繰り返されるWの音。この構造が決定的となるのは、彼が映画の間中悩まされるフラッシュバックです。この映画の中で、彼のことを「**マックス**」と呼ぶことができるのは、この、フラッシュバックの中で放たれる娘と妻の声だけです。

子供：どこなの、マックス？
女　：マックス・ロカタンスキー…

「頭の中を這い回る」これらの声を、彼はこう表します。

Worming their way into the black matter of my brain.

Worming their way. 頭の中を移動する芋虫 **worm** のごときむずむずした触感とその軌跡が、二つのWの音で表されている。このとき映像は、これらの子供や女の声に、トカゲの這い回る動きを重ね、そのことで声が worming their way するさまを表しています。さらに、次の場面では、これらの小さな動きはそのまま、砂漠を疾走する彼の車と、彼を追いかけるウォー・ボーイたちの動きへと拡大されます。まるでこの荒野 **Wasteland** が彼の頭の中であり、そこを這い回るウォー・ボーイ **War Boys** の雄叫びによって、彼の思考が掻き乱されているかのように。

そういえば、映画の中で、頭に付けられた鉄製の覆いを取り去ろうと、マックスが後頭部をずっとヤスリで擦っている場面がありますが、あの執拗な動きは、まるで触れることのできない頭の中を掻き続けているかのようでした。

Wの禍々しい響きは、イモータン・ジョーの最初のことばにも満ちています。**「いまふたたび Once again、われら we は戦闘車 War Rig を駆ってガスタウンからガソリンを、弾薬畑から弾薬を取り戻す。」**そして彼はウォー・ボーイたちにWの音で調子を取りながらこう告げます。**「わが半身たるウォー・ボーイはわたしとともに駆る my half-life War Boys who will ride with me」**。彼は砦から滝のように放たれる水 **Water** の支配者でもありますが、そのもったいぶった、しかも吝嗇な滝流しのおかげで、民は水に狂乱し、半ば水に中毒しています。

Wで始まるもう一つ重要なことばが、ニュークスを始めウォー・ボーイたちが繰り返す**「見届けろ！ Witness me!」**です。単に「見ろ！ Look at me」ではなく、「Witness me!」ということによって、W音は荒野 **Wasteland** を這い回る **Worming** ウォー・ボーイたちの運命を目撃者 **Witness** たる観客にみつけます。

狂信的なニュークスのふるまいは、やがて赤毛の女、ケイパブルによって少しずつ変化していきます。ケイパブルがニュークスをどのように見届けるか、そのときケイパブルがどんな身振りをするかに注意すれば、witness のWの響きが、物語の中でどのように変化しているかを知ることができるのですが、それは観てのお楽しみです。

このように、「マッドマックス 怒りのデス・ロード」は、全編、Wの響きによって這うように綴られる戦いの物語であり、**「われら荒野をさまよえるものたち we who wander this wastland」**が Water を Wars から救済せんとする物語と見ることができるでしょう。

＊＊＊

さて、この映画がいかに音韻を意識的に扱っているかを考えるために、W以外の音もいくつか見ておきましょう。まず耳につくのは、**V**の音です。ウォー・ボーイたちは、Vの音で始まる3つの単語に魅せられています。それは「**ヴァルハラ Valhalla**」であり、「**V8**」であり、「**車 vehicle**」です。ヴァルハラはイモータン・ジョーがウォー・ボーイを駆り立てるときの殺し文句であり、ニュークスはヴァルハラへのあこがれを繰り返し口にして車を駆ります。そしてウォー・ボーイたちは、イモータン・ジョーへの忠誠とV8への熱狂を示すべく、腕を高く掲げて組み、自らの身体によって「V」の逆さ文字を示しながら「**V8！ V8！**」と連呼します。このシーンで、Vは視覚としても聴覚としても、見る者に深く刻まれます。

一方、フュリオサや東の女たちにとって、Vの音は全く別の意味を帯びています。フュリオサは東の地で名乗りをあげるときに、自分を「**ヴヴァリニ Vuvalini の一族**」だと叫びます。彼女を含む東の女たちにとって、Vは一族に刻まれた属性であり、それはウォー・ボーイがあこがれや欲望の対象にVを見いだすのとは、対照的です。

Bもまた、重要な音です。上下の唇を破裂させて放たれるBは、人をモノ扱いする情け容赦ないイメージと関わっています。その象徴が、マックスの別の呼び名、「**輸血袋 Blood Bag**」です。ニュークスを始めウォー・ボーイたちによって繰り返されるこの二つのBを持つことばによって、見る者はBの無慈悲さを頭に叩き込まれます。マックスだけではない。イモータン・ジョーに囲われていた女たちは「**産む家畜 Breeding stock**」、すなわちブリーダー **Breeder** として扱われ、男たちは「**戦闘消耗品 Battle fodder**」と呼ばれます。生まれ来るはずだったスプレンディッドの赤ん坊は、パーフェクトな「**a baby brother**」だったと語られるのですが、「**生命機械屋**」という奇妙な名前の取り上げ屋が口にすることによって、babyということばまで、非人間的な響きを帯びます。

生命機械屋の口にする禍々しいBの響きは、女たちがイモータン・ジョーにあてた、babyをwarから切り離す次の書き置きと対比的です。
「わたしたちの赤ちゃんBABIES は戦闘指導者WARLORDS にはならない」
「わたしたちはモノthings じゃない」

この世界では、破裂するBの力を借りるように、弾薬商人**Bullet Farmer** のまき散らす弾丸**Bullet** が銃**Big Boy** によって放たれる。Bは生き物をモノ**things** 扱いする響きであり、生き物に植え付けられる**「悪の種 antiseeds」**の響きです。ウォー・ボーイのBもまた、命短い彼らに植え込まれた悪の種と言えるかもしれません。

この、禍々しいBからの**「救済」**を目指して、フュリオサは**「東へ East」**と命令を下します。「B」から破裂音を除いた音は**「E」**。長く引き延ばされるその音は、彼女が密かに育んできた救済のしるしであり、それは**「緑 Green」**や**「種 seed」**の響きとつながっています。

映画中、このEの音を印象的に想起させる場面があります。それは、ニュークスがウィンチを木にくくりつけて泥から車を引き揚げようとするときのやりとりです。

ニュークス：あ、あそこに高いのがあるだろう、あいつの向こうにくくる。
ケイパブル：「木 the tree」って言いたいのよ
ニュークス：そう、「木 Tree」だ。

このやりとりから、ニュークスは**「木 Tree」**ということばを知らなかったことが分かります。それが証拠に彼はあとで、この木を**「木っていうやつ the tree thing」**と呼びます。ニュークスにとって、E音は、ハンドル**wheel**であり、ヴィー・エイト**V8**であり、車**vehicle**という機械の世界でしかなく、**「木 Tree」**という、**Green**や**Seeds**につながる植物的Eの響きは、彼にとって未知の領域でした。そして、ケイパブルはおそらく、このEの交換を経ることによって、ニュークスにとって特別な存在になったのです。

もう一つEの音で印象的な場面が、東の女たちとフュリオサたちとの出会いの場面です。東の女の一人が、ダグの顔に触れて、**「まあ、こいつは歯 teeth が全部あるよ!」**と言います。彼女のことばは、**teeth**と**east**というEの邂逅によって、ダグと東の世界との結びつきを示しているのです。

ちなみにこの「歯 teeth」を検分する女は、あとでダグにこっそり鞄を見せながら、こう言います。

女　：来なさい。ちょっと見てごらん(Take a peek)。

ダグ：種だわ(Seeds)。

ここでもまた、Eを交換する会話がなされています。そしてこの小さなやりとりによって、女は二つのEを持つ人、すなわち**「種持つ人 the Keeper of the Seeds」**であることが明らかにされるのです。

＊＊＊

最後にもう一つ、重要な音を指摘しておきましょう。それは、**M**です。上下の唇を柔らかく開くMの音は、母なるものと関わっています。それが証拠に、生命の液体である母乳は**「Mother's Milk」**と二つのMで呼ばれます。さらにフュリオサたちの出自であり目的地でもある「緑の地」は「The Green Place of Many Mothers」と、やはり二つのMで呼ばれます。Mは映画の中で、女性的な響き、母的な響きを構成しているのです。しかし、この世界において、母性は一人の男に支配されており、男は、自分の名前に二つのMを独占して「不死Immortan」と名乗っています。

ここで、マックスのMが、この世界の住人によってずっと発音されないこと、それとは対照的に、妻と娘のフラッシュバックが呪いとも誘いともつかぬ方法でマックスのMを呼ぶことを改めて思い出しておきましょう。

彼はフラッシュバックと向かい合い、再び、自分の名前に埋め込まれた柔らかいMの響きを、この世界で取り戻すことができるのか。冒頭でつぶやかれる「My name is Max」という、二つのMを持つことばは、この狂おしい物語「Mad Max」の、隠れた鍵と言えるでしょう。

9 世界を揺する ― クイーン「ウィー・ウィル・ロック・ユー」

この連載では、複数の人々がうたう歌を中心に取り上げてきたのですが、今回は、ある意味でひときわ規模の大きい大合唱曲を取り上げたいと思います。それは、**クイーン**の**「ウィー・ウィル・ロック・ユー」**（1977年／作詞・作曲：ブライアン・メイ）です。

わたしが最初にこの曲をきいた10代の頃は、洋楽のことばにあまり耳を傾けてはいませんでした。細かい意味などわからなくとも、曲の雰囲気さえきけば真意はつかめる、そう思っていたのです。**「伝説のチャンピオン」**とともにリリースされたこの曲の印象はといえば、とにかくフレディ・マーキュリーがなにやら威勢のいいことをいろいろ言って、最後に**「We will, we will rock you!」**とメンバー全員が声を合わせて歌う、というものでした。フレディの歌う内容はよくわかりませんでしたが、最後のフレーズから想像するに、それは**「おれたちのロックンロールといかしたギターでお前らの魂を震わせてやる！」**とかなんとか言ってるのではないかと想像していました。

そのうち、クイーンはあちこちのスタジアムで大きなコンサートを開くようになり、この曲を観客が大合唱している映像がテレビで流れたりもしました。さらにのちには、クイーンのいないスポーツ・スタジアムでも、この曲が流れるようになり、サッカーやアメフトの試合前に、集まったファンたちがお互いの敵を倒さんばかりの勢いで大合唱するようになりました。おそらくはこうした光景にヒントを得たのでしょう、2004年に放映されたテレビCMでは、古代のスタジアムを模したフィールドでブリトニー、ビヨンセ、ピンクがこの曲を歌い、その地響きでペプシのボトルを揺らしています。

そうしたあれこれの光景を見るたびに、わたしはなんとなくこの曲の本当の意味は**「おれらはお前らをぶちのめしてやる」**ということだったのかなと、漠然と思うようになりました。もちろん、**「rock」**ということばの意味はもう少し多義的で、そこには**「お前らにロックをぶちかましてやる」**とか**「お前らを感動させてやる」**といった意味もあるのでしょうが、いずれにしても、スポーツの場にふさわしい、敵に対して味方の力を鼓舞するような歌だと思っていたのです。

ところが、ある日、さすがにフレディの言っているフレーズが気になって、よくよく調べてみると、その内容は意外なものでした。**ブライアン・メイ**の書いた歌詞は、早い話が負け犬人生の歌でした。

お前は小僧で（Buddy you're a boy）大騒ぎ
通りではしゃいで大物気取り
顔は泥だらけ
とんだ面汚し
あちこち缶を蹴飛ばして
歌っているのは（Singin'）
We will, we will rock you

注意したいのは**「singin'」**という掛け声です。このひとことによって、続く**「We will, we will rock you」**は、**「小僧」**と呼ばれている面汚しが歌う内容であるとわかります。このあと二番では、小僧は若者になり天下をとると豪語しますが、相変わらず**「顔は血だらけ、とんだ面汚し」**で**「自分の旗を振り回して大騒ぎ」**。三番では金のない老人となりはてて、なんとか平穏な暮らしをと懇願するものの、やはり**「顔は泥だらけ、とんだ面汚し」**。誰かにとっとと連れて帰ってもらったほうがいいんじゃないか、と語り手は促します。二番、三番では、**「Singin'」**という掛け声はなく、かわりにフレディは**「歌えSing it!」**と、あたかも合唱を煽るように叫びます。ということは**「ウィー・ウィル・ロック・ユー」**というフレーズは、負け犬人生を憐れんでいることばなのでしょうか。いずれにせよ、原曲の歌詞の内容はすこぶる暗く、スポーツイベントで歌う曲とはとても思えないのです。

この意外な歌詞の内容は、英語ネイティヴをも混乱させるようです。歌詞の意味について議論するサイト「SongMeanings」には、クイーンと同世代らしき人のこんな質問が載っています。

「わたしは『伝説のチャンピオン』についでこの曲が好きですが、実は歌詞の意味がまるでわからないのです。いったい誰が誰を踏みつけているのか？」

さらに興味深いのは、作者であるブライアン・メイ自身のこの歌に関する発言です。「ESPN Magazine」でセス・ウィッカーシャムが２０１０年に行ったインタビュー（※１）によれば、ブライアン・メイはこの曲を、劇場で黙ってきく曲として構想していたというのです。実際のところ、少なくとも70年代のロック・ショウでは、観客は歌手の歌を黙ってきくものであり、一緒に歌うなどと言うことは考えられませんでした。

さらに驚くべきことに、サビの「We will, we will rock you」は、チェコの子守歌の最後で、眠りにつこうとする子供をあやすように歌う**「ゆすってあげるよ、ゆすってあげる」**というフレーズから着想されたというのです。つまり、この歌の**「rock」**は元々、ロックンロールでも感動でもなく、ゆりかごを揺する手の動きのことだったのです。

もしこの曲がブライアン・メイの思惑通り、沈黙する観客に向けて歌われ続けていたならば、「We will, we will

「rock you」は、もしかしたら、ボヘミアンの語りに静かに風を吹き入れる**「ボヘミアン・ラプソディ」**のように、負け犬の人生を鎮魂する厳かな歌として歌われ続けたかもしれません。しかし、観客が大声で唱和することによって、この曲はブライアン・メイも思いもよらぬ強さを持つことになったのです。

＊＊＊

作者がどのような意図で作ったにせよ、うたはきき手の前で歌われたとたん、きき手にそのことばを差し出し、きき手にその意味を委ねることになります。では、この曲がスポーツ・スタジアムで流れるとき、きき手である観客はどのように歌っているでしょうか。このことを考えるために、YouTube で公開されているサッカーの応援風景をいくつか比較してみましょう。

一つは、サッカー場で撮影されたビデオで、オランダのアーセナルのファンが試合前に歌っているところです。おもしろいことに、フレディのまくしたてる部分では、ほとんどの観客は呆然と立ちすくんでおり、「We will…」のところでようやく調子が上がってみんなが唱和します。これは非英語圏の反応として典型的なものでしょう。

もう一つはアメリカン・フットボールのスタジアムで撮影されたものです。やはり「ウィー・ウィル・ロック・ユー」が流れるのですが、少し様子が違います。フレディの語りのうち**「顔は泥だらけ、とんだ面汚し、You got mud on yo' face. You big disgrace」**のところで多くの人が唱和しているのです。つまり、敵を**「地べたに這いつくばった泥／血だらけの面汚し」**と見立て、**「お前らをぶちのめしてやる We will rock you」**と歌っているかのようにきこえるのです。

同じような光景は、2012年のユーロ2012でイングランドがスウェーデンに勝ったあと、スタジオに残ったサポーターたちが歌っている「ウィー・ウィル・ロック・ユー」にも見られます。彼らの場合は、「顔は泥だらけ、とんだ面汚し」からさらに続けて「あちこち缶を蹴飛ばして」「旗振りまくってごくろうさま」「誰かに連れて帰ってもらったほうがいいぜ」のところまで歌っていて、敗者に対する「ざまあみやがれ」感にあふれています。最後に、日本航空の応援風景も見ておきましょうか。音符の割り方が民謡や音頭調になってノリもよく、すばらしいアレンジです。しかも、どうやら「We will, we will rock you」の部分は、別の歌詞に入れ替わっているようです。

こうしてみると、スポーツ・イベントにおいて、きき手は「ウィー・ウィル・ロック・ユー」からそれぞれの場面に合う部分を取り出し、そこを唱和したり改変することによって、その場に適した歌として読み替えていることがわかります。歌の意味は、作り手だけに閉じているわけではない。きき手の側もまた、唱和という編集を歌に加えることで、その意味を変容させるのです。

＊＊＊

コンサートがスポーツ・イベントと決定的に異なるのは、そこには歌いかけるべき明確な敵 you がいない、ということです。では、スポーツ・イベントではなく、クイーンのコンサート会場で、この歌の歌詞を感じ取りながら大合唱するとき、それはどんな風に響くでしょうか。わたしは残念ながらフレディが生きていた頃のクイーンのライブに行ったことはありませんでしたが、その映像を見ながら、こんなふうに風に考えています。

フレディはまず、**「お前は小僧で Buddy you're a boy」**と歌い始めます。舞台からフレディに歌いかけられるとき、それはもちろん物語の中の「you」だとわかっていながら、観客はあたかも、フレディが自分に向けて「you」と呼びかけているかのように感じます。物語られる負け犬の話は、どこか遠い世界の誰かのことでなく、虚勢を張り、うだつのあがらない観客自身のことです。

そして、その負け犬**「you」**たる自分たちが、**「We will, we will rock you」**と叫ぶとき、それはもはや**「you」**への子守歌ではない。大合唱する「We」の声によって、**「We」**は合唱している**「私たち」**として響き出す。この大合唱は、負け犬人生をあやすような響きでもないし、かといって馬鹿にする響きでもない。むしろ地べたに這いつくばったその泥だらけの面汚しの顔を上げさせるような、地面を揺るがし会場を揺るがす響きです。この曲は、もはや負け犬の遠吠えではない。この会場を大声で揺らしている私たちの歌なのだ。観客はまず、そんな風に感じるでしょう。

かくして**「we」**たるわたしたちは、**「you」**たるわたしたちに向けて大合唱し、負け犬の虚勢を肉声へと転じ、負け犬の遠吠えを魂の叫びへと転じるのです。歌は、泥だらけで面汚しの負け犬を眠らせるどころか、その顔を上げさせ、揺さぶる力を得る。歌いかけられた観客が大合唱で答えることによって、**「ウィー・ウィル・ロック・ユー」**は、負け犬の人生を引き受け、それを負け犬として揺り動かし、大逆転する歌へと転じてしまうのです。

＊＊＊

ここにあげたのは、「ウィー・ウィル・ロック・ユー」の唯一の捉え方ではありません。先に挙げたサイト「SongMeanings」には別の意見も載っています。**「わたしはこの歌をきくたびに革命の歌ではないかと思うのです。フレディは統治者であり、革命者たる反抗者の群れに向かって語りかけています。彼は、反抗者たちを『面汚し』とののしることでその気をくじこうとします。一方民衆たちは『(おれたちこそ)お前を引きずり下ろしてやるぞ!』と合唱で応じるのです」**。これはこれで劇的で、ぐっときます。

どんな解釈をするにせよ、歌に耳をすませ、大声で唱和することによって、わたしたちは、もともとブライアン・

メイが着想した子守歌から離れ、この歌の「You」と「We」の双方を自分たちのこととして引き受けることになります。もしあなたが、かつてわたしがそうであったように、「We will we will rock you」だけを唱和してきたのなら、次にこの歌がスタジアムでかかったとき、**「顔は泥／血だらけ、とんだ面汚し」「You got mud / blood on yo' face. You big disgrace」**のところも唱和してみるのはどうでしょうか。そして、そのとき、泥だらけでとんだ面汚しと呼ばれているのは、敵ではなく、実は歌っている自分たちなのであり、面汚しの自分たちこそが、いまこそこの歌で世界を揺さぶってやるのだ、と考えてみるなら、その大合唱は、いままでとずいぶん違ったものに響くかもしれません。

［参考文献］

※1 Seth Wickersham (2010) "We will rock you" ESPN The Magazine. URL:https://www.espn.com/espn/print?id=4864482 (2021.1.15 閲覧)

10 私と私たちのあいだ ―― テイラー・スウィフト「私たちは絶対に絶対にヨリを戻したりしない」

2016年のグラミー賞は**テイラー・スウィフト**が3冠を達成しました。10年前の2006年にデビューした頃は、カントリー歌手として、バンジョーやスチールギターを多用する落ちついたカントリー・ロック調の曲を歌っていた彼女は、この数年、カントリーの枠にこだわらずにさまざまな曲調のポップスをヒットさせ続け、いまや全米を代表するポップス歌手となりました。

今回取り上げるのは、そのテイラー・スウィフトの少し前の曲、**「私たちは絶対に絶対にヨリを戻したりしない（We are never ever getting back together）」**（2012年／作詞・作曲：テイラー・スウィフト、マックス・マーティン、シェルバック）です。グラミー賞の対象となった**『1989』**を経過したいま改めてきくと、ずいぶんとかわいらしい曲に感じられますが、それをあえて取り上げる理由の一つは、タイトルの長さにあります。

洋楽の邦題には長いもの短いもの、いろいろありますが、**「私たちは絶対に絶対にヨリを戻したりしない」**は、まず異例といっていい長さでしょう。なんといっても、「絶対に」をわざわざ二回繰り返しているのがどうかしています。もっともこの曲は原題の方も**「We are never ever getting back together」**と長くなっているので、邦題の**「絶対に絶対に」**は**「never ever」**という語感を活かそうとした試みなのでしょう。

こういう長いタイトルの曲について誰かと話すとき、みんなどう呼んでいるのでしょうか。たとえばビートルズの**「サージェント・ペパーズ・ロンリー・ハーツクラブ・バンド」**のことは、**「サージェント・ペパーズ」**と略して話しますが、テイラー・スウィフトのこの曲については、いまだによい略し方がわかりません。以下では**「We are never**

ever」と呼んでおきましょうか。

テイラー・スウィフトの大きな特徴として、しばしば**「自身の経験を物語にした曲づくり」**が挙げられます。テイラーはアルバムに収められた曲の詞のほとんどを自分で書いていますが、その中にはなるほど、ゴシップ紙に書き立てられる彼女と数々のミュージシャンたちとの華々しい交際や別れを示しているかのようにきこえる部分があります。たとえば**「Shake it off」**(2014年)で、**「わたしはやたらとデートをしてはすぐ別れる、少なくとも世間はそう言ってるよね、うんうん」**というフレーズが歌われますが、この「世間」の言っている内容は、そのままテイラーが世間で言われている内容に当てはまるようにきこえる。「We are never ever」にも、ケンカ別れしたカレに対して**「わたしの曲よりいかしたインディーズのレコードきいてご満悦ね」**とやけに具体的に語りかけるフレーズがありますが、あたかも歌い手であるテイラー自身のことであるかのように響くこのフレーズは、おそらく多くのファンがにやりとする箇所です。彼女の元カレの中でインディーズ好きは誰だっけ、と詮索を始める人もいるでしょう。実際、テイラーの書いた歌詞について議論しているサイトをネットで検索すると、まさにこうした解釈のオンパレードで、この部分はあの元カレのことで、この部分はあの大失恋のことで、と、さまざまなリスナーがテイラーのプライヴェートと関連づける分析を行っています。

しかし、テイラーがプライヴェートを漏らしているかに見えるこうした歌詞の多くは、一見具体的なようでいて、実はどこにでもあるありふれた生活スタイルや恋愛の一コマに過ぎない。次々とデートを重ねている人なんて世の中にごまんといるし、インディーズにはまっている元カレだってそのへんにごろごろいるでしょう。血液型占いが、そのあたりさわりのない文章によってほどよく誰にでも当てはまってしまうように、テイラーの書く歌詞には、ほどよい具体性と曖昧性が兼ね備わっていて、彼女自身にもリスナーにもあちこち当てはまるように聞こえる、というのが実態ではないでしょうか。

そんなわけで、これから、彼女の**「We are never ever」**のことを考えるわけですが、すでにうんざりするほど議論されている「テイラー・スウィフトの個人的経験と詞との関係」については論じません。そのかわりに考えたいのは、もっと簡単なことです。それは、**「We are never ever」**の**「We」**とは誰のことか、**「私たちは絶対絶対にヨリを戻さない」**の**「私たち」**とは誰のことか、ということです…と、書くとさっそく、なんだ、結局テイラーと元カレのことじゃないか、と思う方もおられるかもしれませんが、まあ、もう少しおつきあい下さい。

＊＊＊

まずはこの曲の冒頭から、順を追ってきいていきましょう。
歌は、語り手による、彼についての描写で始まります。

最初に別れたとき、思ったの
最後にしよう、もううんざり
だって、ひとつきもしないうちに
突然「少し『距離』を置きたい」
はぁ？

(訳：細馬　以下同)

といった具合に、打ち解けたガールズ・トークの口調で、いい加減な彼の行状が綴られます。この最初の部分は、ずっ

とテイラー一人の声で歌われます。次はBメロで、

うー、今夜も電話が鳴ったけど
うー、いま言ってやる言ってやるわ

となるのですが、ここも「うー」のところでユニゾンのコーラスが入る以外は、テイラー一人の声です。
さて、問題はサビに入ってからです。

We are never ever ever getting back together.
私たちもう絶対ずっとずっと元には戻らない

字面だけ見るなら、ここでの**「私たち」**は当然、語り手とろくでなしの彼のことだろうと思われます。でも、歌われ方はどうでしょうか。このサビでは、突然、ボーカルがどんと増えます。しかもこの**「私たち」**を含むフレーズはユニゾンで歌われています。つまり、ハーモニーを作るための声ではなく、**複数の「私」**で歌っていることを強調するしくみになっているのです。さらにおもしろいのは、二度目の**「We」**です。ここで、メロディが**「うぃー、いー!」**とはしゃぐように跳ね上がるのですが、あまりにはしゃぎすぎて、跳ね上がったあと、重ねられた声の方がメインのボーカルから分かれてしまいます。二手に分かれるこの歌い方によって、**「We」**が**複数のばらつきのある「私」**によって歌われていることは、さらに強調されます。もし**「We」**が、**「絶対にずっとずっと元には戻らない」**私と彼のことだとしたら、このはしゃぎっぷりは、あまりにも深刻さにかけているのではないでしょうか。

歌声とは別に、リズムの刻まれ方にも注意してみましょう。直前のBメロでは**ベースドラムの4つ打ちとベースの8つ打ち**によってリズムが均等に刻まれてきたのに対し、このサビでは、ぐっと印象が変わります。その原因は、**ベースが頭の二拍だけ**を打っていること、そして**三拍目にエコーのきいたハンドクラップ風のスネア音**が加えられていま す。この組み合わせによって、バックのリズムは、**ドンドンパン、ドンドンパン**、というタメのきいたビートとして響きます。さて、このビート、なんだか聞き覚えがないでしょうか？　そう、ドンドンと来て三拍目にハンドクラップがくるこの感じ、クイーンの**「We will rock you」**です。そういえば**「We」**と歌われる点も、その声が複数である点も、「We will rock you」にそっくりです。この部分のアレンジが、クイーンの名曲を想起させるべく作り込まれていることは明らかでしょう。

「私たち」ということばが**複数の「私」**で歌われること。ハモるのではなく斉唱で歌われること。それもはしゃぐように、半ば弄ばれるように歌われること。そこにクイーンの**「We will rock you」**の響きがうっすら感じられること。これらの特徴から、きき手は、**「私と彼」**という**「私たち」とは異なる、もう一つの「私たち」**に気づくことになります。それは、「私」と同じように、彼にうんざりしている「私たち」の集まりです。ここで「私たち」と言いながらはしゃいでるのは、ろくでもない彼など放り出し、つまらない悩みから解放された「私たち」であり、この歌はそんな**「私たち」**による、彼抜きのパーティー・ソングなのです。**「We will rock you」**を想起させるこの**「We are never ever ever getting back together」**というフレーズは、**複数の「私」**に斉唱されることによって、彼に決定的な一撃を食らわす合唱となり、彼に愛想をつかせた者たちによるアンセムとなるのです。

＊＊＊

さて、これで最初に掲げた**「私たち」**問題は決着がついたかに見えますが、話はもう少し複雑です。というのは、二番以降、歌にはいくつか奇妙な現象が見られるからです。

その一つは、歌の端々に現れる、テイラーの声のはみ出し方です。たとえば、二番の**「わたしのよりずっとクールなインディーズ・レコードでご満悦ね」**というフレーズでは、バックにテイラーのものとおぼしき笑い声がきこえます。また、二番のサビの部分では、一番と違ってハモりが加えられており、しかも、合いの手としてテイラー一人の声が挿入されたり、コーラスの中から一つの声が独立して延びていったりします。さらに**「getting back together」**の部分で、メインボーカルは主旋律から離れて浮かれ出し、続く間奏では**「Yeah」**と一人合いの手に興じます。つまり、後半では、曲のあちこちにテイラー一人の声がはみ出ることによって、**複数の「私たち」とは別の、もう一つの「私」**が浮き出る格好になっているのです。

もう一つは、歌のモードの変化です。二番が終わると歌は

I used to think that we were forever, ever
and I used to say "Never say never…"

と過去の回想に入ります。この歌のキーである**「never」「ever」**ということばが、ここでは**「forever, ever」**（ずっと一緒に）**「never say never」**（無理だなんてけして言わないで）と逆の意味に用いられており、歌詞の上でもおもしろい部分です。しかしもう一つ重要なことは、ここでテイラーが自分の過去の行為を表すことばを、一人で、ぐっとスイートに歌っていることです。この回想に出てくる**「私たち we」**は、明らかに語り手と彼とを指しているように

響きます。

回想に続いて、アパートの一室を思わせる狭い空間のリバーブとともに、テイラーのやや低い声で電話口調が挟まれます。これらの回想、電話口調はともに、複数の「私」から切り離された、テイラーの個人的な語りを演出しています。電話口調の語りの中でも**「we are never getting back together」**というフレーズがすらすらと述べられているのですが、それは単に歌と同じフレーズを繰り返す行為ではなく、複数の「私」によって歌われた**「we」**を、「私と彼」として個人的に語り直す行為と見ることができるでしょう
つまり、この曲全体は、**彼に別れのことばを叩きつけてせいせいしている「私たち」**と、**「私と彼」としての「私たち」**という二つのモードの間で揺れ動く構造になっているわけです。

この二重性をはっきりと表しているのが、タイトルを繰り返すサビの一番最後に置かれた**「We are never ever ever ever getting back together」**というフレーズの歌われ方です。この部分では、タイトルよりも**「ever」**がさらに一つ増えており、歌詞だけを見ると前よりももっと否定が強くなっているように見えます。でも、実際にきくとその印象は違います。

注意したいのは、この部分、日本語では**「絶対にずっとずっとずっと戻ら『ない』」**と否定語が最後にくるのですが、英語では先に否定語の**「never ever ever」**が来ていることです。そして、否定語を含む前半部分**「We are never ever ever ever」**は複数の「私」で歌われるのに対し、後半の**「getting back together」**は一人の「私」で歌われているのです。さらには、例の「We will rock you」を思わせるリズムも後半ではブレイクされ、ボーカルを一人置き去りにしています。

これら周到なアレンジによって、最後の**「getting back together」**は、前半の否定語から切り離されます。そのため、最初はひと続きにきこえる**「We are never ever ever ever getting back together」**が、何度もきくうちに、**「私たち」**

による「**We are never ever ever 絶対ずっとずっとずっと（戻らない）**」という声と、「**私**」による「**getting back together 元に戻りたい**」という声との綱引きにきこえてくるのです。

このしくみのおかげで、「**We are never ever**」は、単なる能天気なパーティーソングからもただの失恋ソングからもまぬがれ、微かな陰影を伴った佳曲となっています。

そしてこうした陰影をしるしづけるように、曲の最後の最後に、もう一つのききどころが埋め込まれています。それは「**together**」のあとに吐き出される、ため息ともはしゃぎ声ともつかぬ「**ンハ**」という音です。

もし、「**私たち絶対ずっとずっとずっと元には戻らない**」ということばを全力で言い切ったなら、このような音を吐くだけの息は残っていないはずです。「getting back together」ということばを短く切り上げたあとに放たれるこの不思議な息は、まだ語り手には言うべきなにものかが残されていること、「We」をめぐる葛藤の果てにまだことばにできない思いが隠されていることを、示していると言えるでしょう。歌はことばだけなく、ことばにならない声や息によってその感情をもらすのです。

11――インストラクションの行方 ―― ジョン・レノン「イマジン」

イマジン。それは想像するということ。未来を仮定法で考えるとき、わたしたちは想像力を駆使する。だから、わたしたちはあらゆるif文をイマジンで言い換えることができる。「明日家を出たら」は「イマジン、明日家を出る」。「もしも願いがかなうなら」は「イマジン、願いはかなう」。プログラミング言語だってイマジンだ。「イマジン、この条件は真。次のコマンドを実行しよう」。ほら、ジョン・レノンが歌っているみたいじゃないか。君はわたしを夢想家だと思うかい？

ジョン・レノンの代表曲「イマジン」（1971年）で繰り返されるイマジンということばは、ジョン自身が語っているように、オノ・ヨーコの「グレープフルーツ」（1964年）から来ています。『グレープフルーツ』には『これをイマジンする』『あれをイマジンする』というピースがたくさん入ってる。手に取って読み通したら、ぼくが彼女の何から影響を受けたかわかるはずだよ。彼女が作詞に大いに貢献したのはわかってたんだけど、当時のぼくは、彼女のクレジットを入れるほどの器じゃなかった。ほんとうはジョン&ヨーコって書くべきだったんだ」（1980年9月、デイヴィッド・シェフによるジョン・レノンへのインタビュー録音から）。2017年には、「イマジン」の作者としてレノン＝オノがクレジットされることが決まりました。

「グレープフルーツ」の副題は「インストラクションとドローイングの本」。体裁は作品集ですが、一つ一つの作品は、あたかも取扱説明書のように、いくつかの「インストラクション（指示）」でできています。たとえば『オーケストラのための自転車』は「自転車に乗ること／コンサートホールのどこでもよい／けして音を立てないこと」。『かくれんぼ』は「隠れること、みんなが家に帰るまで／隠れること、みんながあなたのことを忘れるまで／隠れること、みんなが死んでしまうまで」。

イマジン＝想像する、ということばもまた「泣く」「切る」「送る」といったことばと同じように、インストラクションの形で用いられています。ここで大事なのは、イマジンということばが、読み手の手を動かすかわりに、想像力をフル回転させることとです。「イマジン、千の太陽が空に同時に浮かんでいる／それらを一時間輝かせる／そうしたら、それらを徐々に空に溶かし込む／ツナ・サンドイッチを一つ作って食べる」（『ツナ・サンドイッチ・ピース』）。「イマジン、自分の体がみるみる広がって、薄い膜のように世界一面を覆っている／イマジン、その膜の一部を切り取る／それと同じ大きさのラバーを切り取って、ベッドの傍らの壁に掛けておく」（『ラバー・ピース』）。

「イマジン」の冒頭はしばしば「想像してごらん」という風に訳されますが、わたしはそこにもう少しプラスチックなオノ・ヨーコの声、インストラクションの口調をききとっています。インストラクションらしさは、表現の簡潔さに表れます。たとえば「write」の短さには、「書いて下さい」「書いてごらんなさい」よりも「書くこと」のほうがふさわしい。だから、イマジンも、「想像すること」と訳するのはどうだろう。想像すること、天国はない。想像すること、一切の国はない。想像すること、あらゆる所有はない。

＊＊＊

簡潔でそれ自体で美しいオノ・ヨーコのインストラクションとは対照的に、歌の続きに添えられるジョンの語りは、とても親密です。簡単だよ、やってごらん。そんなに難しくないよ。どうだい、できるかな。これらの語りかけによって、「イマジン」は硬質なインストラクションのあとに、ジョンによる読み解きを伴っているかのように響きます。そしてやがて、ジョンの歌声はインストラクションには似つかわしくないほどエモーショナルになる。それがもっともはっきり表れているのが「今日のために生きる」と想像した後に発せられる「A, Ah Ah」という声です。

音程の跳躍自体はちょうどプラターズの「オンリー・ユー」の感極まった部分に似ています（ちなみにジョンはのちにリンゴ・スターのためにこの曲のガイド・ボーカルを吹き込んでいます）。けれど、プラターズの歌声が、高まった感情を踏み台に「君だけを」と愛を込めて歌うのに対して、ジョンはといえば、せっかく高まった感情を置いてけぼりにして、「イマジン…」と、新しいインストラクションに戻る。しかも二度目には、「A, Ah Ah」のメロディは「You」への呼びかけの鋳型となり、「君はぼくのことを夢想家だと思うかい？」と、むしろ「You」に距離を取るように語りかける。ここには、ジョン独特のユーモアをきさとることができます。夢見るように甘い愛を語りかける「オンリー・ユー」のメロディに続けて、これはただの夢でもなければただのラブソングでもないことを真顔で告げているというわけです。

「イマジン」を歌っているのはジョン一人だけれど、そこにはイマジンということばで始まる数々のインストラクションの声、インストラクションを促す親密な声、そして1950年代のラブソングの声が埋め込まれている。そのような多声の歌として、「イマジン」はきくことができるでしょう。

＊＊＊

「イマジン」ほど多くのカバーが存在する曲は珍しいですが、一方で、これほどカバーが難しい曲も珍しい。とりわけ、インストルメンタルは難しい。少なくとも打ち込みでメロディラインをなぞった「イマジン」はたいてい悲惨な結果に終わります。その理由のひとつは、この曲の歌詞に含まれる音韻とメロディが分かちがたく結びついている点にあります。たとえば「ピープル」という単語。「イマジン」を口ずさむとき、わたしは、ピーターパイパーペッパーのピクルスピックした、という早口ことばを何度も唱えようとする子どもみたいに、ピープルに含まれる二つのPを唱える瞬間を待ち望んでいる。わたしはただ「イマジン」のメロディをたどりたいのではなく、ジョンの歌い方をたどりたい。繰り返し訪れる「ピープル」ということばを、ジョンの発音の仕方で「ぴぃっ、ぽぉおお」と歌いたい。そして、ジョンのように「ピープル」を唱えることのできる人はそうはいない。まして楽器によってジョンの「ピープル」の魅力を再現することは不可能に近い。

もう一つの理由は、この曲が、おたまじゃくしで書けるような縦割りのメロディラインで出来ていない点にあります。ジョンの歌声は、あちこちでたゆたうように微妙に正確なメロディやリズムから外れており、打ち込みの音では、そのたゆたいが消えてしまうのです。

しかも、たゆたいは、単なるメロディのゆらぎではなく、語り方のゆらぎであり、意味のゆらぎでもある。たとえばこの歌の最後の部分「and the world will be as one」がそうです。いくつかのデモやライブ・バージョンをきくと、ジョン自身、この部分の歌い方にゆらぎがあることに気づきます。あるときは、「will be」を前倒しにしてくすませるように唱えてから「as」を小節の頭に置いて、「the world "will be" as one」ときこえるように歌っており、またあるときは、小節の頭に「be」を持ってきて、「The world will / be as one」と響くように歌っている。前者では「一つに as one」が強調されているようであり、後者では「一つに『なる』be as one」が強調されているように響く。こうした意味のゆらぎが、うっかり上手く歌い上げると霧消してしまうのです。

第三の理由は、この歌はただ一人で歌われているのではない、という点にあります。わたしは、初めて「イマジン」をカセットテープに録音してきいていた頃、一番最後の「The world will be as one」が何度きき直してもきき取れなくて苦労したことがあります。それもそのはず、この部分をジョンは二人で歌っているのです。いや、正確には、二番の「でもぼく一人じゃないよ but I'm not the only one」のところから、まさに一人ではないことを示すように、二人目のジョンの歌声が重ねられているのです。しかも、二番の最後に重ねられた二つの声のタイミングはわずかにずれており、「the world」のあとの「will be」が少し濁って、気がつくと「as one」という声が残ってきこえる。まるで世界 the world の混乱のあとに一つになること as one が成就されるように。この最後の、口ごもるような「will be」は、一人では再現できません。一人にもう一人が加わり二人になり、二人がずれながら最後に「一つ as one」にたどりつく。「イマジン」はそのような多声のドラマとしてもきくことができるのではないでしょうか。

＊＊＊

「イマジン」は、しばしば平和への希求の歌として語られます。もちろんそれは歌詞の内容から考えて正しい解釈の一つでしょう。しかし、ジョンの歌い方に注目するとき、「イマジン」には別の相が表れます。わたしはこの歌を、他人の声という、とても近しく、それでいてどうしてもわたしと一つにはならない声を想像するための「インストラクション」としてききます。歌の多声は、伴奏のピアノがラの音から繰り返し半音進行を試みるように、何度も想像を重ねることを誘っているのです。

12 おどけた軍歌 ― 東海林太郎「麦と兵隊」

今ではなかなか考えられませんが、わたしが小学校低学年だった1960年代末、**軍歌**を流すテレビ番組がいくつかありました。たとえば「決断」という番組（ちょうど「巨人の星」の次に放映されていました）は、第二次世界大戦のエピソードを中心に、指揮者達の「決断」を扱ったアニメーション・ドラマでしたが、その中でも軍歌は流れていました。なつかしの軍歌を特集した歌番組もいくつかありました。わたしがよく観ていたのは、朝の帯番組で5分ほど軍歌を流すというもので、毎朝その番組をきいてから学校に通ったものでした。おかげで今でも何曲か軍歌を歌えます。戦時下の広島県呉市の生活を扱った『この世界の片隅に』のアニメーション版に、**「空の神兵」**という落下傘部隊の歌が口ずさまれる場面がありますが、これなどはメロディもたいへん美しく（高木東六作曲）、子供の頃よく歌っていました。

1960年代末というと、若くして戦争に赴いた人たちがまだ40代、わたしの両親も昭和ヒト桁生まれの軍国少年少女でしたから、軍歌を歌える人が、というより、軍歌くらいしか流行歌のない時代に多感な時期を過ごした人たちが、世の中にたくさんいたのです。軍歌は1945年の敗戦後、GHQによって1952年まで禁じられていましたが、その後は再びおおっぴらに歌われるようになりました。ちなみに、軍国調の歌は作られた時期や経緯によって「戦時歌謡」「国民歌」「愛国歌」などと区別されることもありますが、わたしの周囲の大人はどれもまとめて「軍歌」と呼んでいましたので、ここでも「軍歌」と総称しておきます。

当時、たくさんの軍歌を覚えたにもかかわらず、わたしは歌詞の内容にあまり頓着することもなく、ただそのメロディがおもしろいと思っただけでした。「まーもるもせめるもくーろがーねのー」（「軍艦行進曲」）と歌いながら、何をまもって何をせめるのか、くろがねとは何かを深く考えることもなければ、「てきのかばねとともにねて」(「父よあなたは強かった」)がいったいどのようなできごとなのかを想像することもなく、小学校の高学年になる頃には、いつのまにか軍歌を口ずさむこともなくなりました。

その軍歌を、いまごろ取り上げるのは、何も戦時下の精神を改めて賛美するためではありません。一つには、その内容や形式が、戦後の日本の歌謡曲になにがしかの影響を与えており、それを知っているのと知らないのとでは歌謡曲の捉え方が違ってくるからです。そして、もう一つの理由は、たとえ軍事的な内容といえども、そこにはやはり当時大流行しただけの理由があり、その理由を考えておくことは、わたしたちが流行歌の光と影を考える上で重要な意味を持っていると思うからです。

さて、今回取り上げるのは、その「軍歌」の一つで1938年(昭和13年)のヒット曲、**「麦と兵隊」**です。いまでこそ、この曲のおもしろさを延々と述べることができますが(それをこれから読んでいただくのですが)、小学生のわたしには、「軍艦行進曲」や「月月火水木金金」のような溌剌としたところのない、暗いじめじめとした魅力に乏しい曲にきこえました。

この曲は、もともと**火野葦平**の小説「麦と兵隊」をもとにしたものです。昭和13年は、日中戦争の勃発した翌年であり、日本軍は五月に徐州を占領したのですが、火野葦平は、この徐州攻略に従軍し、その体験を小説「麦と兵隊」として出版しました。日誌の形をとったこのルポルタージュ小説は当時ミリオンセラーとなりました。

小説「麦と兵隊」のヒットに目をつけた戦時下の陸軍報道部はポリドールに依頼し、これを流行歌にしました。作詞はポリドール社の藤田まさと、作曲は大村能章《のうしょう》、歌は「赤城の子守唄」でヒットを飛ばしていた**東海林太郎**(※1)。東海林太郎といえば、なんといっても直立不動で歌う姿勢が有名で、わたしの両親や親戚の人達はよく、指の先までぴしっとのばしてマイクの前に立つ彼の姿を真似ていたものです。

徐州徐州と人馬は進む
徐州居よいか住みよいか
しゃれた文句に振り返りゃ
お国訛りのおけさ節
髭が微笑む麦畑

まず大陸を果てしなく行軍する人馬の進み方が単調な4拍子で表されます。何より東海林太郎の歌い方がいかにも固く、鈍重にきこえます。なぜか。それはハネの扱いにあります。

日本の古い歌謡曲ではしばしば、3連符の真ん中をぴょんと飛ばす節まわしが用いられます。試しに「うさぎとかめ」を歌ってみてください。「もっしもっしかっめよー」。ほら、真ん中を飛ばして「1も2っ3し」と唄われる。これは「ピョンコ節」と呼ばれています。「東京音頭」や「炭坑節」など盆踊りで唄われる歌も「ピョンコ節」に近いリズムで唄われていますし、「月月火水木金金」「愛馬行進曲」といった軍歌も、おおよそこのピョンコ節です。ところが、「麦と兵隊」の場合は、むしろ2つめをかっちり唄って、「1じょ2しゅ3ー1うー」です。跳ねて飛び越えるべき2つめを逆に強調する。このせいで、ひきずるリズムが出るのです。さらには1つ目の「じょ」を少し短くして、2つめの「しゅ」をぐっと前に引き寄せます。こうすると、規律に縛られた身体で重苦しく行軍するかのようなリズムになります。「うさぎとかめ」には**「ぴょんこ節」**という名前がついているので、この「麦と兵隊」の出だしの歌い方を**「徐州節」**と仮に読んでおきましょう（※2）。試しに、「うさぎとかめ」の「もっしもっしかっめよー」を、3連符の2つめを強調する「徐州節」に変えてうたってみてください。「もしー、もしー、かめーよー、かめーさんーよー」ほらほら、全然跳ねなくなってしまった。これはもう、問いかけるうさぎというより、問われるかめの歩みです。

じょしゅう、じんば、すすむ、いよいか、すみよいか、しゃれた、もんくに、ふりかえりゃ、おくになまりの、おけさぶし。傍線を引いたところはすべてこの「徐州節」のひきずるリズムで重々しく歌われます。ところが、そこに「ヒゲ」が突然割り込んできます。ひげが、ほほえむ、むぎばたけ。おもしろいことに「ひげ」が「ほほえむ」はピョンコ節で歌われるのです。

歌詞の内容はどうでしょう。最初は「徐州徐州と人馬は進む」と辛い行軍を表しています。そこに「徐州居よいか住みよいか」と、戯れるようなことばが来る。伴奏の拍子木がほがらかに鳴る。当時の人なら（そして現在でも、民謡を少しでも知っている人なら）、これが「佐渡は居よいか住みよいか」のもじりであること、つまり、**「佐渡おけさ」**の引用であることに容易に気づくことができたでしょう。ということは、直前の「徐州徐州と人馬は進む」もまた「佐渡へ佐渡へと草木もなびく」のもじりなのではなかったか。なかったかもなにも、そうに違いないのですが、なにしろ「徐州節」の重たいリズムで歌われているので、「居よいか住みよいか」と露骨に佐渡おけさの引用が為されるまで、もじりだと気づきにくいのです。ここがたいへんおもしろいところで重たい軍歌だと思ってきいていたら、じつはそれが最初から佐渡おけさだったというどんでん返しに「やられた」となるのです。

そして、さらなるどんでん返しが来ます。「洒落た文句に振り返りゃ」。ここまで歌われたことばが「洒落た文句」化する。つまり、「徐州徐州」という声が、実は語り手以外の誰かの声であり、この冒頭の声の発し手とは別に語り手がいたのだということが、明らかになるのです。語り手は、いままできこえていた声の正体を「お国訛りのおけさ節」だったのだと言い当てる。むろん、「おけさ節」は「佐渡おけさ」のこと。そして、この曲最大のどんでん返しは次のフレーズです。「髭が微笑む麦畠」。そのおけさ節の声の主はなんと「髭」だった。「洒落た文句」がおよそ似合わぬいかつい髭面の男が兵隊姿で、しかも「微笑んでいる」。このなんとも意外な歌い手の姿が、それまでのお堅い「徐州節」とは打って変わって剽軽なピョンコ節で歌われているというのが、「麦と兵隊」のおもしろさなのです。とどめは間奏です。見渡す限り一面の「麦畑」に、ひととき佐渡おけさのメロディが種明かしのように間奏で響き渡る。軍隊のひきずるような行進が、おけさの舞へと変化する。

こんな具合に、「麦と兵隊」は、堅苦しい徐州節の出だしとは対照的に、意外にもおどけた味のある曲なのです。二番以降は、東海林太郎の折り目正しい姿勢に似合った、ユーモアとは無縁の凄惨なる戦地のありさまと、唐突に湧き上がる「祖国愛」が粛々と綴られていくのですが、この曲の秀逸さはなんといっても一番から間奏にかけてであるとわたしは思います。

では、軍歌「麦と兵隊」の狙いは何か。それを考えるために、ここで原作の方に注目してみましょう。先に述べたように、この「麦と兵隊」には火野葦平の原作があり、実は「佐渡おけさ」のエピソードも出てくるのですが、その内容はかなり違っています。**原作と翻案に相違があるときは要注意**です。なぜなら、原作を改変することで何かを達成しようという翻案者の狙いが、そこでは顕わになるからです。

語り手である火野葦平が午前二時にようやく城壁に囲まれた目的地に到着すると、先にこの城内を占拠していた部隊の兵隊たちが、附近の家の中で飯を炊いています。「徐州」のことを歌うのは、その兵隊たちの1人です。

「狭い家の中に、暑いので裸になった兵隊が大勢入りこみ、火の赤い明《あか》りの中に、まっ黒に焼けた身体や顔をてらてらと汗で光らせ、それが赤い火に照らされて居るのは、一種悽愴な眺めである。疲れて居るので折り重なるようにして腰を下《おろ》し、或者は棒杭のように身体を投げだし、ふつふつと滾《たぎ》る飯盒《はんごう》を眺めながら、それでも、徐州へ徐州へと草木もなびく、徐州は居よいか住みよいか、などと冗談口を叩いて居る」。

状況が明らかに歌と違うことに、まず気づかされます。歌では、あたかも麦畑を行軍する最中に「佐渡おけさ」の替え歌が歌われているかのようであり、「髭が微笑む」とあるので、それは野外で相手を視認できる陽の高い時間帯をイメージさせるのですが、原作の場面は、占領したばかりの街の家の中であり、時間は午前二時、そして歌っている男は「棒杭のように」疲れた身体を投げだし、飯盒を眺めています。

戦地ではいつ歌は唄われるか。行軍の最中にまったく歌わないとは限りませんが、少なくとも誰が隠れているともわからない敵地の、昼間の麦畑の中で、人の注意を惹くほどの声で歌うことははばかられるでしょう。原作で歌を歌う場面は二箇所ありますが、いずれも徒歩による行軍中ではありません。一箇所は先に述べた飯盒を炊く男の描写、もう一箇所は、汽車で次の戦地へと移動する兵士たちが、真っ暗がりの中で歌う場面です。

「急に誰かが低い声で、勝って来るぞと勇ましく、と歌いだした。すると、待って居たように、たちまち、皆が和しはじめ、次第に声が高くなり、しまいには膝を打ったり、伝単の袋を叩いたり、足を鳴らしたりして、合唱が始まった。

ふと、窓の外を見ると、森々たる海原のようである。夜の中に幽《かす》かに水平線のみが見え、時折り過ぎた丘陵は波のうねりのように見える。何の光もない。兵隊達の歌は、「露営の歌」から「上海だより」になり、「愛国行進曲」になり、「戦友」の歌になった。私は何時か兵隊達と和している自分に気づいた時に、はっとして歌いやめ、その感傷を嗤うべきだと考えたが、然《しか》も、これらの切実なる感傷をさえ反省することこそが、嗤うべき感傷なのではないか、とふと思った」。

これらの例からわかるように、火野葦平の「麦と兵隊」の中で、歌うという「感傷」が兵士たちにふと湧き起こるのは、**戦闘に向かって身体を動かしているときというより、夜、身体や精神が戦闘の緊張からひととき離れて沈潜しているとき**です。それは、我々がつい学徒出陣の光景などから想像してしまいがちな、軍隊が音楽に合わせて行進する、というイメージとは全く異なる光景です。

もう一つ、小さいながら重要な変更は、兵隊の歌う替え歌のことばづかいです。原作では「徐州へ徐州へと草木もなびく」とある。それが歌では「徐州徐州と人馬は進む」になっている。まず注目すべきは「へ」が抜けていることです。なんだそんな細かいことか、と思われるかもしれませんが、これは大事なところです。「佐渡おけさ」を知っている人は「佐渡『へ』佐渡『へ』と草木もなびく」という歌詞をメロディとともに即座に思い浮かべます。そして、そのメロディに兵隊のことばを当てはめて読みます。すると、「じょしゅう」の「じょ」を裏拍で歌い、「しゅう」と「へ」を表拍で歌うリズムになります。先に述べた「ピョンコ節」をより緩やかにした軽みのあるリズムです。

ところが、東海林太郎版では、「じょしゅう」の「じょ」を表拍にとり、「しゅう」を先に述べたように「徐州節」で歌い、さらに「へ」を省略することで、「じょしゅう」という目的地名だけでできた、魔術のような逃れようのない行軍のリズムを実現しています。さらに「草木もなびく」を「人馬は進む」と言い換えることによって、にわかには佐渡おけさと分からぬよう演出しているところにも注意しましょう。

以上の工夫によって、歌の場面は昼の行軍の只中へと移され、きき手は、歌の正体が「佐渡おけさ」であることに気づかぬまま、歌を行軍の歩みのリズムとして感じます。そしてその重い「徐州節」のリズムが、次第に「佐渡おけさ」へと変化するおもしろさに、ついぐっときてしまう。実際の麦畑での行軍にはありえないフィクションなのですが、そのありえないおもしろさこそが、この曲をヒットさせた主たる原因でしょう。

＊＊＊

さて、この「徐州節」のひきずるようなリズムは、戦後、ある歌によって全く異なる文脈を与えられることになりました。それは、**クレイジーキャッツの「これが男の生きる道」**（1962年）です。**植木等**は、**青島幸男**作詞によるわびしいサラリーマン生活のありさまを、徐州節のリズムで切々と歌い上げます。

「かえりにかった」「ふくじんづけで」「ひとりさびしく」「ひやめしくえば」…「これがおとこのいきるみち」。**萩原哲晶**による作編曲はそこかしこに進軍ラッパを思わせるトランペットの合いの手を配して、いやが上にも行軍の歩みの重々しさを連想させます。作者が確信犯的にこのリズムを取り入れていることは、二番が終わったあとの間奏をきけばわかります。それまでの徐州節のリズムを茶化すように、伴奏がゆったりとしたピョンコ節へと変化し、民謡風のメロディが流れ出すからです。これは明らかに、「麦と兵隊」の一番のあとの間奏を意識したアレンジでしょう。

つまり、「これが男の生きる道」は、「麦と兵隊」の徐州節のリズムを借りることで、高度成長期のサラリーマンの毎日を軍隊生活になぞらえる一方、やはり「麦と兵隊」のおけさ節のユーモアを借りることで、その生真面目な生活をひととき民謡によって揺さぶっているのです。「麦と兵隊」に登場する「髭」は、その洒落た文句によって、きき手にどんでん返しの感覚を引き起こすのですが、「これが男の生きる道」に登場する植木等の方は、間奏に導入された民謡調の剽軽なリズムの中で「なんとかしなくちゃなあ…」「ばっちりいきてえなあ…」と無責任につぶやいてから、最後に「よっと」転げるのでした。

［参考文献］

※1 辻田真佐憲（2014年）『日本の軍歌 国民的音楽の歴史』（幻冬舎新書）

※2 「徐州節」のリズムはさまざまな軍歌できくことができます。細川周平は『近代日本の音楽百年』第一巻（2020）で、軍歌「戦友」（1905）について、「非専門家の録音を聴く限り、詩吟のように「ここ―は―、おく―にの―」と後ろを延ばす音の配分が好まれたようだ」としています（pp. 244）。「徐州節」のルーツが詩吟なのか、さらに昔の歌謡なのかは、これから研究されるべき問題でしょう。

13 ― 映像時代の多声 ― シンディ・ローパー「タイム・アフター・タイム」

もし、マイケル・ジャクソンと言われてゾンビがずらりと並ぶダンスを思い浮かべたり、マドンナと言われてなぜかかしずく男たちに担ぎ上げられる彼女の姿を思い出すとしたら、あなたは（たとえ21世紀生まれだとしても）1980年代の**MTV**の影響下にあります。

現在、ミュージック・ビデオ（MV）を作ることは珍しいことではありません。メジャーはもちろん、インディーズで活躍するミュージシャンにもシングルをMV化することをもう一つの重要な創作の場ととらえている人がけっこういるのではないでしょうか。

けれど、1980年代のはじめまでは、けしてそうではありませんでした。アメリカや日本では、わざわざ宣伝用の映像を作る歌手はごく限られていました。映像によって流行歌に接する機会は、主として、実際に歌手が登場して歌う歌番組か、彼らが出演する映画だったのです。

この状況が変わったきっかけは、1981年にアメリカで始まったMVの専用チャンネル、MTVでした。一日中ずっとMVを流すこの番組は、さまざまなミュージシャンにMVを作り、プロモーションをかけることを促しました。やがて、ミュージシャンがシングルの発売とともにMVを作ることは当たり前になり、MVの出来が売れ行きやその曲の認知度を左右するようになりました。一方、イギリスでは比較的早くから、シングル曲に映像をつけて売り出すことが行われていました。カルチャー・クラブ、デュラン・デュラン、ヒューマン・リーグといったUKのバンドがMTV初期の80年代前半に世界的にヒットしたのも、音楽性もさることながら、彼らのMVが何度もTVでかかったことが一因でした。

ＭＴＶをきっかけに、映像の作り手にも目が向けられるようになりました。**デレク・ジャーマン**（マリアンヌ・フェイスフル、ザ・スミスなど）や**ズビグ・リプチンスキー**（ペット・ショップ・ボーイズなど）といった作家をＭＴＶを介して知った人は多いでしょう。幾多の賞を獲得した**ピーター・ガブリエルの「スレッジハンマー」**（１９８６年）のＭＶには、**ブラザーズ・クェイ**や**ニック・パーク**と**アードマン・スタジオ**がアニメーションで協力しており、彼らの映像が広く知られるきっかけとなりました。

日本では、ＭＴＶの立ち上げと同じ年の１９８１年に始まった**「ベストヒットＵＳＡ」**で、小林克也がアメリカの最新ヒットチャートをＭＶを使って紹介し、流行の先鞭をつけました。しかし本格的にＭＶを前面に出す番組として特筆すべきは、１９８３年の末に始まった**「SONY MUSIC TV」**でしょう。毎週金曜の深夜に三時間の枠で放映されたこの番組は、ナレーション抜き、ＣＭもほとんどなしでひたすらＭＶを流すという、当時としては画期的な内容でした。放映が始まったのはちょうど**マイケル・ジャクソン**の13分に及ぶ長編ミュージック・ビデオ**「スリラー」**が公開された頃で、通常の番組枠では放映が難しいこの長尺のビデオを毎回観ることができたのも魅力でした。

ともあれ、わたしたちはこの頃から、流行歌を、単に音楽だけでなく、映像と音楽の組み合わせによっても受容するようになったのです。

ＭＴＶ時代に、華々しく登場したシンガーの１人が、**シンディ・ローパー**です。デビュー・シングル**「ハイスクールはダンステリア」**（１９８３年）のＭＶは、ニューヨークのダウンタウンをずんずん歩いて行く彼女の姿を映し出すとともに、格安の古着やアクセサリーを身につけたシンディ流の「スリフト・ショップ・ファッション」を強くアピールし、１９８４年に始まったＭＴＶアワードで、ベスト女性ビデオ賞に輝きました。ちなみにこの年の他の受賞作を並べると、カーズの「ユー・マイト・シンク」、ハービー・ハンコックの「ロックイット」、マイケル・ジャクソンの「スリラー」、ザ・ポリスの「見つめていたい」といった具合です。どんな時代かピンときますか？

でも、わたしがぐっときたのは、次に発売されたセカンド・シングル**「タイム・アフター・タイム」**（1984年／作詞・作曲：シンディー・ローパー、ロブ・ハイマン）です。曲がすばらしいのはもちろんのこと、MTVのどちらかというと押し出しの強いビデオ群の中にあって、この曲のMVの落ち着いた色合いとしみじみとした物語には、何度も見入ってしまう魅力がありました。これまでの章では、歌とMVとの関係についてはっきりと述べてきませんでしたが、この章では、せっかくなので、後半に映像と音楽との関係も加味しながら、うたのしくみについて考えてみましょう。

■時計で始まり、シャウトで終わる

歌は、時計の音で始まります。

眠れなくてきくチックタックで君思う
思いは回る　こんがらがってふりだし
そうだ、ぬくい夜　忘れてたな
スーツケースに思い出　何度目？

チックタックという時計の音から語り手はいつしか回想の世界に入るのですが、ただの回想ではありません。

君の見るわたし　歩いてるずっと先
君は呼ぶけどわたしにはきこえない
で君が「ついてゆけない」　わたし後ろ向きに倒れて

（訳：細馬　以下同）

ここで語られているのは「わたしから見た君」ではなく**「わたしから見た「君から見たわたし」」**という入れ子構造です。そして、わたしは、かつて自分にかけられたかもしれない君の呼ぶ声を、「わたしから見た君」を通して取り戻そうとする。でも語り手は「ずっと先」を歩いているので、それは「きこえない」。語り手がようやく君の声に気づくのは、もはや君があきらめるように「ついてゆけない go slow」と言うときです。このもはや別れ同然のことばに、先を歩いていた語り手は、振り向くというよりは後ろ向きに引き倒される(fall behind)。

そして、**「秒針は遡る the second hand unwind」**ということばを合図に、曲はコーラスへと進むのですが、注意したいのはその歌われ方です。cond, hand, un, wind と、このフレーズにはｎの音が４つ入っていますが、そのいずれもが裏拍で歌われるのです。しかも、時計の秒針音を表すかのように少し前から（君が「ついてゆけない」といい始めるあたりから）スネアのリムショットがカツカツと拍の頭を打っているので、この裏拍に入る歌い方は、ちょうどリムショットに逆らって時の歩みを乱すようにきこえます。それまでのなだらかな曲調とは打って変わったこのオフビート感によって、きき手はおっとっと、とたたらを踏むようにサビへと誘われていきます。

さて、この「タイム・アフター・タイム」のサビこそは、いかに歌詞のテキストだけではうたを理解することが難しいかを示す典型例です。まずはその、歌詞を見てみましょう。一見すると、もはや最初の入れ子構造はなくなり、ごくストレートな、わたし一からあなたYouへの呼びかけに見えます。

迷ったらよく見て、ここだよ
何度でも（time after time）
落ちたら抱きとめる、ずっと待ってるよ
何度でも

もし歌詞だけを分析するとしたら、このコーラスは、ここまで「君から見たわたし」をめぐる回想とも空想ともつかぬ思いにひたっていた語り手が、秒針の狂った動きによって突然、あなたへのメッセージを発し始める部分として読めるでしょう。

けれど、実際の歌では違った意味が生じています。というのも、この部分ではシンディだけでなく、歌の共作者でありバッキングも務めているロブ・ハイマンの歌声が入るからです。しかもロブは、音量こそミキシングによって抑えられているものの、美しいハーモニーをつけるためというよりは、シンディの歌と張り合うようにシャウト気味に歌っているのです。その結果、メッセージは単に語り手の一方通行のものではなく、男女がそれぞれの立場から同じことばを二重写しに歌っているかのようにきこえます。先にも書いたように、これは語り手が「ずっと先」を歩いている歌でした。ですから、このデュエットは、先に行く女性が相手への思いが途切れないことを歌っているようにもきこえるし、逆に、男性の側が先に行く相手にいつでもここに戻ってくるよう訴えているようにもきこえるわけです。

いや、もしかしたら、この歌はずっと、「君の見るわたし」について語り手が考えている歌で、「迷ったらよく見て、ここだよ。何度でも」というのは、語り手の空想している「君」が発している声なのかもしれません。だとしたら、語り手は自分の思いと自分の考える相手の思いを二つの声として重ねているのでしょう。

そして、いちばん最後の「ずっと待ってるよ」のところで、シンディは相手の声を引き剥がすようにメロディを変化させてシャウトします。シンディの声の幼さと鋭さがこの部分ではとてもうまく発揮されている。その振る舞いは、「ずっと待ってるよ」ということばとは裏腹に、相手から意を決して「先に行き」離れていくかのようです。別離を裏付けるように、曲の終わりにはロブの声は消えて、シンディが一人、「何度でもTime After Time」というリフレインを繰り返します。

■偶然から生まれた物語

シンディ・ローパーとロブ・ハイマンは、この曲がいかに作られたかについて、**マーク・マイヤーズの「一曲解剖：代表的ヒット45曲ができるまで」**で詳しく語っています。それによれば、まず決まったのはタイトルでした。シンディは雑誌のTVガイドをめくっていき、たまたま目にとまった『Time After Time』という映画のタイトルにひらめくものがあったようです。シンディはこのニコラス・メイヤー監督によるSF映画を観たとは言っていないので、おそらくタイトルを借りただけなのでしょう。

スタジオでロブはピアノに向かって弾くうちに、まずサビの部分を思いつき、同じコード進行を何度も繰り返してシンディと唄いました。この段階ではもっとアップビートのレゲエ風の曲で、シンディはピアノのそばで思うままに踊りながらメロディを歌ううちに、まずサビの歌詞を思いつきました。

おもしろいことに、サビの男声コーラスは、最初から録音用に吹き込まれたわけではなく、いわゆる「男と女のかけあい」をするためのガイドとして、ロブがデモ用に吹き込んだものでした。それをきいたシンディが「いいじゃない、取っとこうよ」と提案し、結局、本録音に使うことに決まったというのです。ということは、先に書いたような女声と男声の二重写しの歌唱は、必ずしも計画的ではなかったということになります。

この曲は他にも、いくつもの異なる由来からできています。たとえば、最初の時計がチクタク言う部分は、シンディが誕生日に買ってもらった時計や、ボーイフレンドがもちこんだやたら音の大きなねじまき時計の記憶がもとになっています。一方、途中に出てくる「秒針が遡る The second hand unwinds」は、ディレクターのリック・チャートフのことばで、彼の腕時計が磁気帯びしてしまい「見て見て、秒針が逆回りしてる!」と言ったのがきっかけでした。もちろん、曲ができる経緯は、そのままその曲の意味を表しているわけではありません。たとえ、最初の「チクタク」がボーイフレンドの持ち込んだねじまき時計であり、逆回りする「秒針」がディレクターの腕時計に由来するのだとしても、一つの歌の中で唄われるとき、それらは一つの時計のイメージを紡ぎ出し、回想の開始を告げ、回想の切断を表します。さまざまなイメージのパッチワークから一つの物語を紡ぐこうした態度は、シンディ・ローパーの当時のファッション、格安の古着屋で買った服を組み合わせるセンスに通じるものを感じさせます。

独特の曲のアレンジもまた、最初から考えられていたものではありませんでした。先にこの曲はもともとアップビートのレゲエ風だったと書きましたが（その残滓のようなものが、小節の頭を避けるようなサイド・ギターのバッキングに表れています）、セッションをするうちに二人は「この曲はもっと暗い曲らしい」と気づいて、アレンジにいくつか似つかわしい工夫を加えました。その一つは、ロブが弾いている **Roland Juno-60** のオルガンパッドです。この持続音が曲を通して用いられることで、まるでシンディの回想の流れのように、全体が淀みなく結びつけられるのです。そしてもう一つ重要なのはベースです。曲の前半では、ベースが全く演奏されておらず、それが「わたしの考える君の見るわたし」という靄のような考えをいかにも靄のように漂わせているのですが、後半になると通常のエレクトリック・ベースではなく、音色に特徴のあるシンセベースが用いられて、曲の印象をがらりと変えています。ほとんどカウンター・メロディのように奏でられるこのベースは、「落ちたら抱きとめる、いつだって」という感情を、まさに下から抱きとめるように動いています。

■MVとカバーが多様にすること

ここまでは、あくまで歌詞と歌声、そしてアレンジからこのうたのことを考えてきましたが、曲に付けられたMVは、うたのイメージにさらなる広がりをもたらします。

映像は、曲が始まる前のちょっとした寸劇から始まります。

シンディは1983年の時点ですでに古めかしかった食パン型のおんぼろトレーラー・ハウスの中で、ぽつりとつぶやきます。「わたしひとりぼっちだわ」。じつは声の主は、小さなテレビで、そこに映っているのは、古い古い映画、マレーネ・ディートリッヒとシャルル・ボワイエが主演の**「沙漠の花園」**（1936年）。訳あって僧院から逃れてきたボワイエ演じるボリスと、ディートリッヒ演じるドミニが北アフリカのオアシスで結ばれ、また別れる悲恋の物語です。シンディが見ているのは、物語の半ば、ドミニを愛していることに気づいたボリスが、それでも沙漠へ旅立とうとする場面。「ひとりぼっちだわ」というのは、ディートリッヒの声なのです。シンディは、今度はボワイエのセリフを唇でなぞります。

「きみが希望をくれた。だから、もう、もうさよならだ」

ここでシンディはええい、とテレビのスイッチを切って、それを合図に「タイム・アフター・タイム」のイントロが流れ出します。印象的な出だしですね。シンディが、いかにも女性然としたディートリッヒのセリフだけでなく、男女二人のセリフをなぞっていること、とりわけ、ポワイエの「もうさよならだ」というセリフを口にしていることが目をひきます。

ベッドの上ですやすや眠るボーイフレンドの寝顔を見ながらシンディは過去を回想し始めます。ダイナーでたむろしていたボーイフレンドのもとにシンディがやってくる。「歩いてるずっと先」ということばとともに、シンディがほら、とばかりに帽子を脱ぐと、横を大胆に刈り上げ、真ん中を真っ赤に染めた先端的なヘアスタイル。ボーイフレンドと友達の男たちはドン引きになり、がっかりしたシンディがダイナーを飛び出すと「ついてゆけない」という歌詞とともに、うしろからボーイフレンドが遅れて追いかけてくる。しかしさっと物陰に隠れたシンディを見つけそこねて、彼は走り去っていきます。

別れを確信したシンディはトレーラーハウスから出ていこうとしますが、ボーイフレンドが追いかけてきて、二人はいったん和解し、シンディの母親のもとに別れの挨拶に訪れたあと、一緒に旅立つかに思われます。しかし、駅の改札まで来たところで、彼はやはりついていけないという風に首を振ります。シンディは「迷ったらよく見て、ここだよ　何度でも」「ずっと待ってるよ」と歌いかけ、結局一人列車で旅立ちます。このように、MVの内容は、歌全体を別離と旅立ちのイメージとして翻案しています。

シンディは前作「ハイスクールはダンステリア（Girls just want to have fun）」で、「1日の仕事が終わったら、女の子だって遊びたい！」と女性の立場を歌って一世を風靡しました（ちなみに日本で「女子会」ということばが流行り出すのはこの曲から20数年後、2010年ごろのことです）。「タイム・アフター・タイム」のMVもまた、「沙漠の花園」に観られるような古風な男女の関係を逆転させ、女性の側から観た旅立ちが演出されていることがわかります。ちなみにボーイフレンド役を演じているのは、当時シンディの実際のボーイフレンドだったデイヴィッド・ウルフでした。

一方で、MVには、恋人どうしの関係とは異なる要素も盛り込まれています。それは母親役を演じているシンディの実の母親カトリーナの存在です。彼女の登場場面は長くはありませんが、この曲の印象をがらりと変えます。というのも、一番と二番のサビで、「ここだよ」「待ってるよ」ということばと重なるように、母親とシンディは見つめ合い、別れを惜しむかのように抱き合うからです。このMVがぬくもりを感じさせるのは、「ずっと待ってるよ」という男女の歌声に、第三の声、母親の声が重なって見えるせいでしょう。実際、歌詞の中の You を母親と考えると、この歌は母娘の別離の歌としてきき直すことができます。

MVにはもう一人、シンディの身内がさりげなく映っています。曲の終盤で、駅のベンチに座りうつむいて眠っている、シンディの弟のブッチです。改札口で演じられるシンディとボーイフレンドとの別れと旅立ちの背後でただずっと眠っている彼の姿は、多くの人が見落とすであろう存在ですが、彼こそは語り手の旅立ちの目撃者であり、「迷ったらよく見て　ここだよ you can look and you will find me」というメッセージの発し手なのかもしれません。

MVは単に曲のイメージを強めるだけでなく、曲に埋もれているさまざまなきき方を誘う役割も負っているのです。

＊＊＊

「タイム・アフター・タイム」は、シンディの曲の中でもひときわ多くカバーされています。興味深いのは、この曲が性別を問わずカバーされており、しかも個々の歌い手によってその印象が変わることです。ＩＮＯＪ（１９９８年）はダンサブルなビートに乗せながらコーラス部分を女声にすることで、Quietdrive（２００６年）は押しの強いビートに乗せて男声にすることで、歌詞を原曲とは異なるイメージに変換しています。中でも、サビを一人で歌いきる**タック&パティ**の歌と演奏（１９８８年）は、曲の「深いところ deep inside」を揺らすすばらしいカバーなので、ぜひきいてみて下さい。

この曲をもっとも大胆に翻案したのは、**マイルス・デイヴィス**でしょう。同時期にマイルスがカバーしたマイケル・ジャクソンの「ヒューマン・ネイチャー」では原曲のメロディラインが律義になぞられているのに対して、この「タイム・アフター・タイム」では、原曲のメロディは断片化され、サビには主旋律らしきものすらありません。にもかかわらず、回想の靄の中をさまようようなマイルスのインプロヴィゼーションは、原曲に埋め込まれた別離の感覚を新たにします。たゆたうバッキングの中にあって一人浮遊するようにトランペットを吹くマイルスは、ときに人を驚かすような鋭い音で、空間から旅立つのです。

14 私が私じゃなくなって ── Twice「TT」

外国語を覚える早道は歌だとよく言われます。歌で覚えればことばが頭に残って忘れにくい。台詞では覚えられないのにメロディが入るとなぜか覚えてしまう。では、外国語を覚えるには、その国のことばで歌われた歌をたくさん覚えればよいのでしょうか。これは話が逆のような気がします。むしろ、歌に衝撃を受け、知らないことばに撃たれ、何度も口ずさんでいるうちに、いつのまにか知らないことばを覚え始めていた、という順序ではないでしょうか。

わたしにとっては、**Twice の「TT」**（2016年／作詞：サム・ルイス／作曲：ブラック・アイド・ピルスン）がそうでした。

わたしが「TT」で最初に魅了されたのは、おそらく多くのファンがそうであるように、彼女たちのめくるめくダンスでした。**「ba-ba-ba-baby」**。ここの振り付けの、両手が頬の横でささっと上下するところで、もうやられてしまったのです。ベイビーということばを使ったポップスはあまたあるけれど、こんな風にベイビーのベイすら言いあぐねてジタバタしているのを見たこともきいたこともない。しかも腕の動きがすばやくて、見ているこちらの認識が追いつかない。

どうして、「ba-ba-ba-baby」の振り付けはあんなに魅力的なのでしょうか。その理由は腕の思いがけない加速にあります。直前までは、全員が4ビート（4分音符）で上下に体を揺らしている。と、突然センターに出てきたナヨンを中心に「ba-ba-ba-baby」で、メンバーはネコが顔を洗うように両腕を頬の横で上下させるのですが、最初の「ba」

で右腕がきゅっと振り上がるところは4ビートなので、あ、いままでと同じスピードなのだなとつい油断してしまう。ところが、2つめの「ba」からは、なんといきなり4倍速の16ビートで上下するのです。見ているこちらは「え?」と置いてけぼりを食らうとともに、その愛くるしさにやられてしまう。

踊りにぐっとくると、今度はその踊りをもたらしたことばの方が気になってきます。どうやら歌の語り手は、「ベイビー」のことを考えると4ビートが16ビートに加速するくらい、もうどうしようもない衝動にかられているらしい。となると、どうしてそんな衝動が湧き起こったのか、直前の歌詞を知りたくなってしまう。「ba-ba-ba-baby」の前に発せられている、速くてききとれないことば。いろいろもってんで、じろじろもったね? 何て言ってるんだろう。意味はわからないけれど、体がうずうずする。そのうずうずの原因が知りたい。そんなわけで、わたしは次第に「TT」の歌詞に分け入るようになっていったのです。

「TT」は日本語版もあるのだからそちらで考えればよいのでは? と思う人もいるかもしれません。でも、日本語版と韓国語版では、意味はおおよそ同じでもことばの音が全く違うのです。そして、意味内容だけでなくことばの音にうずうずきているわたしにとっては、

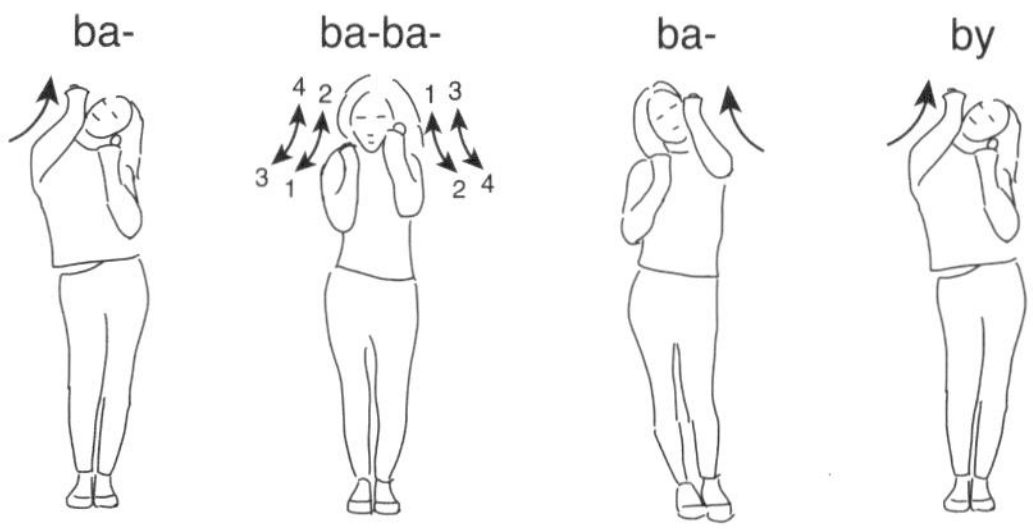

■図1:Twice『TT』の「ba-ba-ba-baby」部分。腕の振り付けがいきなり4倍速になる。

魅力的なのは圧倒的に韓国語版の方でした。韓国語版のほうがことばの音がいい、と感じているのは、わたし一人ではないでしょう。おもしろいことに、YouTubeで検索すると「歌ってみた」では日本語版が半数くらいあるのに対して、「踊ってみた」のほとんどは韓国語版のトラックを採用しています。もちろん、韓国語版の方を先にきいて耳になじんでいる、ということもあるのでしょうけれど、体を動かしてこの曲を楽しむ人にとっては、韓国語版の方がことばの音が体に気持ちよくハマる、つまり、踊る身体にぐっとくるのではないでしょうか。

では「TT」の韓国語版がなぜ踊る身体にぐっとくるのか、ここからはその理由を、歌詞と振り付けの両面から考えていきましょう。

まずは冒頭のうずうずする部分です。ハングルで書いてありますが、読めなくても大丈夫。韓国語を知るうちに分かってきたのですが、**ハングルは、歌詞の韻を見るのにたいへん適した文字**なのです。

日本語の場合、ひらがなやカタカナは、それぞれの音を表す漢字をもとにしているので、ひらがな同士、カタカナ同士の間にはこれといった形の関係はありません。一方、ハングルは、音に含まれる子音や母音が「字母」と呼ばれる形で視覚化されています。同じ子音や母音が続けて使われれば、文字の方も同じ「子音字母」や「母音字母」が使われる。つまり、韻を踏むと母音が揃うので、同じ文字の形のパターンが表れることになるのです。

このことを知っておくと、たとえハングルの読みや意味に詳しくなくても、歌詞を目で見て「あ、ここは韻を踏んでるな」とわかります。図2を見て下さい。「TT」の最初、ナヨンが歌っている部分です。字の形に注意すると歌詞の一行目と二行目が、頭の部分を除いてほとんど同じ音になっているのがわかります。さらに、三行目にも、一、二行目と同じ母音を揃えている部分があるのにも気づきます。

あえてカタカナにすると、「イロジド　モッタヌンデ　／チョロジド　モッタネ　／クジョ　パラボミョ　ba-ba-ba-baby」。

どんな意味を歌っているのか。「イロジド モッタヌンデ」は「こうしてることもできない」、「チョロジド モッタネ」は「ああしてることもできない」、「クジョ パラボミョ」は「ただ見つめてるだけ」。一、二行目で「こうしてもダメ、ああしてもダメ」というジタバタ感が表れていることがわかります。さらに一、二、三行目で韻を踏んでいるところを見比べてみると、

「イロ」（こう）
「チョロ」（ああ）
「クジョ」（ただ）

「イロ（こう）」もダメ、「チョロ（ああ）」もダメ、「クジョ（ただ）」見つめるしかない。**イロチョロ試してクジョに行き着いてしまう焦燥感**が韻で強調されて、もういてもたってもいられなくて行き着く先が ba-ba-ba-baby の猛烈な腕の上下なのです。

繰り返しきいて韓国語の音になれてくると、この「TT」はどこもかしこも音遊びだらけだということが次第に分かってきます。たとえばこのあと、語り手は、まだ会ったこともない相手のことを想像したり名前を呼び捨てにしたりしながら、一人で感情を高ぶらせて

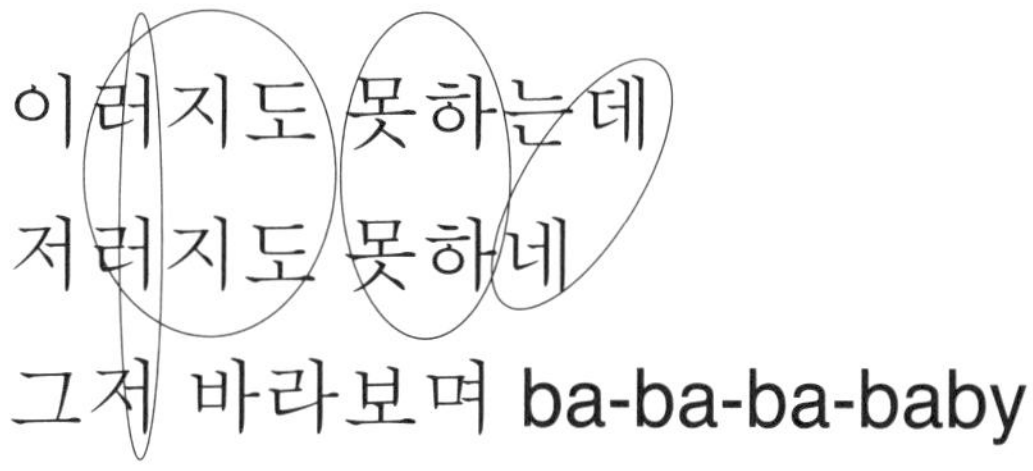
이러지도 못하는데
저러지도 못하네
그저 바라보며 ba-ba-ba-baby

■図 2:Twice『TT』の最初の部分。あえてカタカナで読むと、イロジド モッタヌンデ／チョロジト モッタネ／クジョ パラボミョ ba-ba-ba-baby。

いくのですが、そのあちこちで、じりじりするような音の繰り返しが仕込まれています。「今度こそtalk talk わたしからnow」のところを見てみましょう。日本語版だと「こんど」「こそ」という「こ」の繰り返しから「talk talk」という「ト」の繰り返しを呼び込むのがききどころなのですが、韓国版はどうでしょう。

이번에 정말 꼭꼭 내가 먼저 talk talk
イボネ チョンマル ッコッコッ ネガ モンジョ talk talk
今度は ほんとに ぜったい 私が 先に talk talk

「ッコッコッ」が「talk talk」に置き換わってききどころを作ってるのがわかります（図3）。ちなみに「ッコッコッ」の母音は「ㅗ（o）」で口がすぼまり気味になるのですが、「talk talk」の母音は「ɔ」でやや広がります。自分の思いで必死になっているときは緊張で狭まった口が、いざ話す（talk）ことを想像するとちょっと広がる。この韓国語の母音の違いを、ジヒョがチャーミングに歌っています。

続いて語り手は、私が先にtalkするのだ、といったんは「固く心に決め（タジム ップニンゴル）」ます。ちなみにツウィが歌うこの部分、わたしは遠い昔にサンデイズが歌い、王菲（フェイ・ウォン）がカバーした「Here's where the story ends」の終盤を思い出すのですが、歌のあちこちにかつてのポップスの片鱗がちらと見えるところもTwiceの歌の魅力ですね。それはともかく、奇妙なことに、せっかく心に決めた語り手は、突如「ナナナナナーナ」と「鼻歌」を歌い始めます。しかもそれは鼻歌でありながら、口を閉じたハミングではなく、口を開いた歌です。ジヒョが韓国語の母音で歌った「ㅗ（o）」から「ɔ」への屈託を、日本語を母国語とするサナがパカンと口を開けた「a」で鼻歌化するところがおもしろい。このあっけらかんとした「a」によって、語り手の思いはいよいよ報われない感じがでます。「ㅗ（o）」→「ɔ」→「a」とあなたへの思いによって開いた口は、実はあなたに直接歌っているのではない。あなたにたどりつこうとして徐々に開いた口が、あなたではなくひとりぼっちの鼻歌にたどりつくという小さなドラマが、母音の変化によって歌われているのです。

そして注目すべきはそのひとりぼっちの悲しみを歌った次の部分、**3連続「ゴッガテ」責め**です。

눈물 날 것 같애 아닌 것 같애
ヌンムル ラル ゴッ ガテ アニン ゴッ ガテ
涙が出てきそう じゃなくなりそう

내가 아닌 것 같애
ネガ アニン ゴッ ガテ
わたしじゃなくなりそう

「것 같애 ゴッガテ」は「〜しそう」という意味。まず「涙が出てきそう」と切り出して、次にそれを「じゃなくなりそう」と否定するかに見せかけて、実は「わたしじゃなくなりそう」とわたしを否

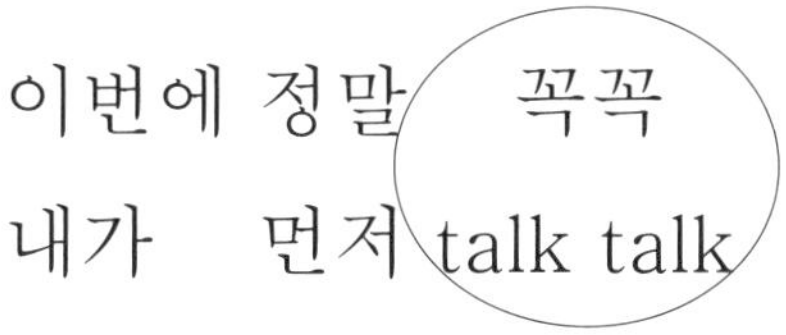

■図 3：ッコッコッ が talk talk に置き換わる。

定していたことを明らかにするどんでん返しが、この部分の魅力です。さらには、振り付けがこの「ゴッガテ」責めをさらに深掘りしています。「ゴッガテ」とともに、拳を自らのこめかみに当てては、自分を否定するように撃ち抜く。ここはモモのキレのあるダンスの見せ場でもありますね。撃ち抜いても撃ち抜いても撃ち抜けなくなり、わたしがわたしじゃなくなりそうになった果てに「I love you so much」という思いがどっと溢れてくる。

同じ音が繰り返されること自体も韻のおもしろさですが、韻の持つもう一つ重要なはたらきは、意味の異なることばどうしを不意につなげて、文字面ではわからないイメージをスパークさせる点です。たとえばナヨンが歌う次のフレーズを見てみましょう（図4）。「オッチョミョン　ネ　マミンデウェ」（もしかして　わたしのハート　なぜか）「ネ　マムデロ　ハル　スオムヌン　ゴノェ」（わたしの気ままにできないのはなぜ）。ここで鍵になっているのは、「내 ネ」（私の）と「왜 ウェ」（なぜ）が同じ「ㅐ」で韻を踏んでいること、そして、ナヨンが最初の「내 ネ」（私の）、そして「맘대로 マムデロ」（気ままに）の「대 デ」をぎゅっと引き上げるように歌っていることです。「私の」「気ままに」という感情が2つの「ㅐ」の音の繰り返しによってぎゅっ

어쩌면 내 맘인데 왜
내 맘대로 할 수 없는 건 왜

■図4ナヨンの歌うフレーズ。「オッチョミョン ネ マミンデ ウェ／ネ マムデロ ハル ス オムヌン ゴノェ」（もしかして　わたしのハート　なぜか／わたしの気ままにできないのはなぜ）。

と結びつく。でもそれは「オムヌン」（できない）。そして**「私」「気持ちのまま」という二つのフレーズは「왜 ウェ」（なぜ）という問いへと帰する**のです。もうおわかりでしょうが、この曲はこうやって、韻やことばの繰り返しで感情を盛り上げては、それが報われぬ思いにいたることを何度も示しているのです。

次の「押し出そうとすればするほど／どんどん ひかれる なぜ」も音韻のおもしろいところですが、その魅力は幾重にも重なっています（図5）。

まず耳に付くのは二、三行目の「ㄲ ック」という音。「자꾸 チャック」ということば自体が「繰り返し」という意味ですが、そこに濃音「ㄲ ック」の繰り返しが重なって、いやが上にもどんどんひかれる感じが高まっている。韓国語を知らなくても「チャック ックルリョ」の音のおもしろさはつい真似したくなるところです。

次に興味深いのは一行目の韻です。図5でわかるように、「ㅓ」オ「ㅕ」ョ、そして「ㅗ」オで韻を踏んでいる。「押し出そうと」する気持ちと「すればするほど」という焦りとが互いに対比されて、努力が空回りしている感じが出ています。ちなみにここでは、先に歌っていたナヨンをジヒョが後ろから押し出すような所作をするのです

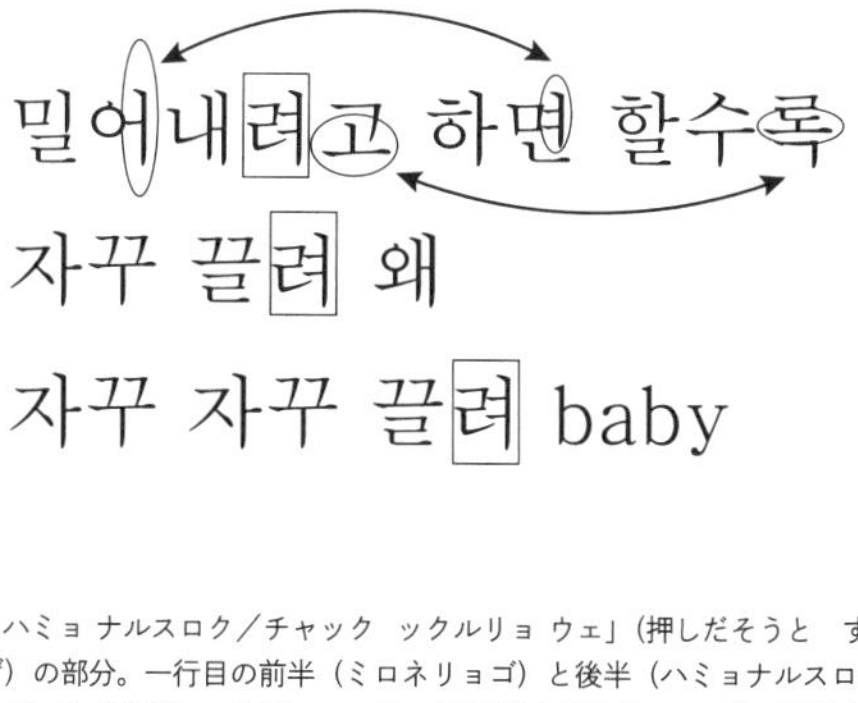
밀어내려고 하면 할수록
자꾸 끌려 왜
자꾸 자꾸 끌려 baby

■図5：「ミロネリョゴ ハミョ ナルスロク／チャック ックルリョ ウェ」（押しだそうと すればするほど／どんどん ひかれる なぜ）の部分。一行目の前半（ミロネリョゴ）と後半（ハミョナルスロク）は「ㅓ」「ㅕ」、そして「ㅗ」で韻を踏んでいる（矢印）。一方で、一、二、三行目は「려 リョ」の音で対比されている（四角で囲まれた部分）。

が、ことばの意味を知っていると、当て振りだと気づくところですね。
さらに一行目と二、三行目の関係にも注目しましょう。二行目の「끌려 왜 ックルリョ ウェ」（ひかれる なぜ）は1行目の「밀어내려고 ミロネリョゴ」（押しだそうと）と、音数が揃っていて、しかも「려 リョ」の音が共通している。

それで、「押し出す／ひかれる」という二つの意味が似た音を持つフレーズとしてきこえて、対比がくっきりする。試しに三行を続けて口ずさんでみて下さい。「려 リョ」に続く音が、一行目では「고 ゴ」、二行目では「왜 ウェ」（なぜ）、そして三行目では「baby」になる。一行目では「려고」（〜しようとする）という語の一部だった「고 ゴ」が、二行目では「왜 ウェ」という独立した問いになり、三行目ではその問いの答えである「baby」にたどりつくのです。先にも書きましたがジヒョはこういう韓国語の音のニュアンスを出して歌うところがすごくいいですね。

さてここからいよいよ曲はクライマックスの「TT」に来ます。メンバーは顔文字の（T_T）を真似るように両手の指をTの字に構えるのですが、この振り付けが秀逸なのは、**両肘を張ることによって、体全体がTの字になり、一筋の涙を表している**ところです。
それがただ受け身で悲しんでいるのではないことを表すように、ダヒョンが「너무해！ノムヘ！」（ひどい！）ということばを繰り返す。「해」のところで息をどっと吐き出すのがいい。そして何よりぐっとくるのが振り付けです。ここでメンバーは、両腕を広げてT字の体を思い切り拡大したあと、「해！ヘ！」の音でさっと掌を脇に当てて、凝縮されたT字になる。9人がそれぞれ涙の形を伸び縮みさせてから、ぎゅっと両肘を張り、くっきりした9粒の涙になる。**「왜 ウェ」（なぜ）という問いを繰り返してきたこの物語は、まだ見ぬ人への思いの狂おしさのあまり「해！ヘ！」になって**、私は私じゃなくなって、体ごと涙になるのです。

考えてみると、ポップスとしての「TT」はかなり変わった曲です。全体を通してメロディはせいぜい1オクターブくらいの範囲でしか動いていません。それがバラエティに富んでいるようにきこえるのは、Twice の9人の声や発音の質の違いによって、一つの語りの中にいくつもの異なる響きが感じられるからでしょう。ここでは詳しく取り上げませんでしたが、2コーラスめでは、1コーラスめには登場しなかったジョンヨンを冒頭に据えて、ナヨンとの声の違いを強調したり、チョヨンとダヒョンのラップ風の掛け合いを長く取ったりと、きき手を飽きさせることなく調子を変化させています。その結果、1つの語りが紡ぎ出す時間の中で、9つの属性が、それこそ Twice のめくるめくフォーメーションのように、万華鏡のごとく現れては消えていく。

K-POPに通じている中高校生は、文化祭で誰かが「TT」を踊り出すと、みんな「너무해! ノムへ!」で大合唱する。日本語訳では「やめて!」ですが、ここはなんとしても「ノムへ!」です。**「왜 ウェ」で問い続けた「へ!」で思い切り感情を息にして吐き出す。それに合わせて両肘をぐっと張って自分の身体を凝縮された「T」の字にする。**そのような快楽を、わたしたちは Twice の登場とともに得た。

知らないことばは、そんな風にわたしたちを撃つのです。

＊＊＊

15 ユニゾンの共同体 ── ジンギスカン「ジンギスカン」

ある曲が好きになってきき返す。するとその曲には必ずわたしが好きになるしくみが見つかって、そのしくみを知るとまたきき返したくなる。この本に書かれている曲のほとんどは、わたしにとってそういう曲です。

では、思い出に残る曲はすべてそうかといえば、世の中そうは問屋が卸さないのです。

わたしの耳から長年離れない曲のひとつに**ジンギスカンの「ジンギスカン」**(1979年/作詞:ベルント・マイヌンガー/作曲:ラルフ・ジーゲル)があります。もう数十年のつきあいです。初めてきいてから、何度この曲を思い出し、口ずさんだかわかりません。好きな曲か。いや、むしろ最初の頃は蔑視し、頭からどかせようともがいていたといった方がいいかもしれません。たとえばABBAの「ダンシング・クイーン」と比べてご覧なさい。この曲にはきき手を幻惑するようなヴォーカルの深みもなければ、コーラス・ワークの巧みさもない。ウッハッ、ウッハッ。何の芸当もなくユニゾンで歌い続ける複数の者たち。ウッハッ、ウッハッ。突然の笑い声。ウォッホッホッホ〜。歌詞の意味がわからない。アッハッハッハ〜。

…もうお気づきでしょうが、わたしはジンギスカンの「ジンギスカン」を貶めようとするうちに、いつしかジンギスカンの「ジンギスカン」にやられていたのです。自分からわざわざきくことなどけしてない。けれどうっかりラジオや有線から流れてくるのがきこえるとウッハッ、ウッハッ、耳はそばだっているウッハッ、ウッハッ、なぜそんなに陽気なのかウォッホッホッホ〜、何者なのかアッハッハッハ〜。そして、あのフレーズがやってくる。

ジン、ジン、ジンギスカーン

ジンギスカンの「ジンギスカン」にやられているのはわたしだけではないようです。それが証拠に、いまだに年に何回かはラジオやテレビ、有線でこの曲がかかっているのに遭遇します。そのたびにジン、ジン、ジンギスカーンがわたしの頭の中をしばらく占拠してしまう。ジンギスカン鍋を囲んでいるときは特に要注意です。誰が歌い出すかわかったものではない。

数十年を経て未だに頭の中で鳴り続けるジンギスカンの「ジンギスカン」の魅力とは何か。その一つが「ジン、ジン」というフレーズであることは、疑いありません。三木鶏郎作詞作曲の「ジンジン仁丹」、小林旭や氷川きよしの歌う「ズンドコ節」、あるいは山本リンダの「じんじんさせて」や野坂昭如の「バージン・ブルース」など、日本の歌謡曲史において ここぞというところで繰り出されるジンやズンは、きく者の心を捉え続けてきました。小林旭の「ズンドコ節」を「ジンギスカン」と続けてきくと、二つは同じ作者の音楽ではないかと錯覚するほどです。

でも、それだけでしょうか。もしかすると、わたしはジンギスカンの「ジンギスカン」について、何か大事なことを見落としているのではないでしょうか。実をいえば、わたしはジンギスカンというのがどういう人たちなのか、長いこと知らなかったのです。わたしだけではありません。この歌が流行った1979年当時は、まだこの世にMTVというものもなく、彼らがどのようないでたちで、どんな風にこのような歌をうたっているのか、多くの人は知りませんでした。しかも英語ならまだしも、ドイツ語の歌詞をすらすらときき取れる人など、ごくわずかです。つまり、大多数の人は、どこの誰だかわからない謎のグループが、よくわからないがどうやらジンギスカンのことを勇ましく声を揃えて歌っているのをきいて、それを頭の中で繰り返し鳴らすようになってしまったのです。

どうしてそんなことになってしまったのか。その理由を考えるためには、まず、わたしたちは自分の無知を反省して、ジンギスカンが何者なのかを知るべきではないか。あらゆる情報がネットで検索できる（ような気がする）現在、これほど有名な曲なのだから、きっとネット上に本人たちが歌っている動画があがっているに違いない。そしてわたしは彼らの意外に真摯な姿に、そしてその意外に深遠な歌詞に打たれ、彼らを笑いものにしていた自分を深く反省することになるはずだ。そんな予感にかられて、検索をかけたわたしの目の前に、何十年か越しに、ジンギスカンというグループの実態が現れました。

それは、想像のはるか斜め上を行くものでした。

ところ狭しと踊りまくる長身の男。この男は、まったくどうかしています。歌に参加することなく、ひたすらメンバーの間を踊りまくる異様なテンションの高さ！　何度も動画を見させるだけの中毒性があります。そしてその彼を含む、謎の民族衣装に身を包んだ男女6人。誰一人楽器を弾いていない。かといって取り立てて歌が上手いという風でもない。一応振り付けらしきものはあるものの、日本の歌謡曲の派手なアクションに慣れた目にはどうということはない。とにかくひたすら、全員同じ声を揃えて歌っている。

なぜわざわざ6人なのか。もしかしたら、彼らはもともと固い絆で結ばれた者たちで、何かの必然性かミッションを抱えており、あえてこの大人数なのかもしれない。

そう予感したわたしは、またしても、肩すかしをくらいました。オフィシャル・ウェブサイトによれば、プロデューサーで作曲家のラルフ・ジーゲルはヨーロッパ・ポップスの登竜門「ユーロヴィジョン・ソング・コンテスト」のドイツ予選に応募すべく、ベルント・マイヌンガーと「ジンギスカン」という曲を書き、それから大急ぎでオーディションを行いました。旧東ドイツ出身の**ヴォルフガング**とオランダ出身の**ヘンリエッテ**（二人は当時夫婦でした）、元ダンサーで南アフリカ出身の**ルイス**（彼だけはオーディションなしで初めからメンバー入りが決まっていました）、ハンガリー出身の**レスリー**と**エディナ**、そして西ドイツ出身の**スティーヴ**。**さわやか、ボーイッシュ、長身、ヒゲ、ガーリー、ツルッパゲ**。エキゾチズムとヴィジュアルを重視したメンバー選択であったことがうかがえます。デビュー曲とグループ名を同じにしたところにも、どこか急場しのぎの安易さが感じられる。ともあれ彼らは、6週間のうちにコスチューム、メイク、振り付けを決め、パフォーマンスを揃えるために毎日特訓に次ぐ特訓を行いました。

1979年3月17日、ドイツ予選が行われ、ジンギスカンは見事一位でドイツ代表に選ばれました。イスラエルで行われた本選では四位でしたが、その放送は世界に放映され、ドイツ国内だけでなく、国外でも彼らの人気に火がつきました。

ところで当時、ドイツでは（日本でも）、「ジンギスカン」の流行する少し前に、よく似た曲が流行っていたのを思い出しました。**ボニー・M**の**「怪僧ラスプーチン」**（1978年）です。実のところ、わたしは最初に「ジンギスカン」をきいたときに、同じグループの歌かと思ったくらいです。いや、忌憚のないところを言えば、ボニー・Mの方がリズムといいコーラスのアレンジといい、ずっと凝っていたのです。そういえば、ボニー・Mというのも、どんな人たちなのか今の今まで知らなかった。あわててネットで検索してみると、驚いたことに、ボニー・Mの映像はジンギスカンに実によく似ていました。というか、メンバーが全員民族衣装を纏っているところといい、一人がところ狭しと踊りまくっているところといい、そっくりではないですか。もしかしてパクリ…いや、わたしは音楽は基本的に過去のパクリであり、反復と変異こそが音楽の本質だと思っているので、誰かと似ていること自体には何の問題も感じないのですが、ボニー・Mと比べてみると、どうもジンギスカンのよさが浮かび上がってこない。

そうだ、歌詞はどうか。ウッとかハッとか言ってるだけにきこえるけれど、実は彼らの陽気なことばの中には、当時の世界状勢を皮肉るような隠喩、たとえばベルリンの壁や、東西ドイツの複雑な歴史が埋め込まれているのではないか。そう思ってドイツ語の歌詞をなんとか読み解いてみたのですが、その内容がまた、なんともいえないものでした。
試みに二番を訳してみましょう。

好きな女はみなテントに招く（ハッ、フッ、ハッ）
彼を愛さない女などいない（ハッ、フッ、ハッ）
一夜で7人孕ませ
敵はまとめて笑い飛ばす
無敵のその力

ジン、ジン、ジンギスカン
ヘイ、ライダー、ホー、みんな、ヘイ、ライダー、いつでも
ジン、ジン、ジンギスカン
兄弟よ、飲めよ、飲めよ、もっともっと
もってこいウォッカ（ホホホホ）
モンゴル人だもんな（ハハハハ）
悪魔と道連れさ

（訳：細馬　以下同）

たいへん威勢がよい。やりたい放題です。21世紀ではいささかはばかられる表現も散見されます。とにかく、これは砂漠を駆け次々と女をものにした（？）ジンギスカンの人生を、野放図かつ表面的に圧縮したものです。でも、それって、ロシアの女王をたらしこんだ（？）怪僧ラスプーチンの人生を、野放図かつ表面的に圧縮したボニー・Mの…いや、この比較はやめましょう。

「ジンギスカン」で当てた彼らのその後の歌は、ほとんどが世界各地の伝説を褒め称えるものです。**「めざせモスクワ」**では、ロシアの輝く都市モスクワの栄華を言祝ぎ、**「サムライ」**では、姫を救う命を受けた一人のサムライの活躍を描き、**「インカ帝国（マッチュ・ピッチュ）」**ではジャングルの山奥に隠された秘宝をスペイン人から守り消えていったインカの人々を歌う。「インカ帝国（マッチュ・ピッチュ）」では多少なりとも、消えたインカの哀切を表していますが、そのかわり「ジンギスカン」の野放図さは失われています。

このように、歌の中身や歌い手たちのプロフィールを掘り下げても、歌の表面性が浮き上がるばかりで、「ジンギスカン」がなぜ耳にこびりつき、何度もわたしの頭の中で繰り返されるのかという問題にはたどりつけそうにありません。ではどう考えればよいのか。野放図さ、徹底した表面性、とりつくしまのない無意味さこそ彼らの魅力なのだ、とちゃぶ台をひっくり返してしまうのも一つの手でしょう。

しかし、ここでもう一度、わたしが最初にジンギスカンの「ジンギスカン」をきいたときの感触に戻って問い直してみましょう。**意味のわからないことばが愚直なまでに声を揃えて歌われることに、人はなぜ惹かれるのか？**

ここで、現代の文化からいったん離れて、太古の昔、まだこの世に何の複製技術もなく、人々が暮らしていたときのことを考えてみましょう。インターネットもなければCDもレコードもテレビもラジオもない。書き記された譜面や歌詞もそれらを読み取る人もいない。そういう時代に、人が声を揃えて歌うということは、何を意味していたでしょう。

複数の人が声を揃えて歌えるということは、その人たちはあらかじめその歌をよく知っているということです。歌をよく知っているとはどういうことか。今なら、さまざまな複製技術を使って、一人でいくらでも学習できるでしょう。でも、かつては、歌を覚えるということは、誰かから誰かに口伝えされた歌を、何度も繰り返し歌ってもらい、それをきき覚えるということでした。歌をはじめから最後まで歌えるということは、その人たちが、お互いに時間をかけて同じ歌を覚えることのできるような場にいたということです。それはひとつの家だったり、小さな村だったりしたでしょう。そこでは、全員が同じ場にいて、互いに声を揃えて同じ歌を歌う憩いの時間や、特別な祭礼の時間があったことでしょう。

もし、目の前の何人かの人たちが、わたしの知らない歌を声を揃えて歌い出したら、それは、その人たちがわたしの知らない何らかの共同体に属していることを示しているのです。どんな共同体か。それはその人たちのいでたちや、歌の文句から察するより他ありません。たとえば、歌が、誰か一人の英雄について歌っているのなら、共同体は、その英雄と何か関わりがあるということになるでしょう。

こうして考えていくと、ジンギスカンの「ジンギスカン」の持つさまざまな特徴が腑に落ちてきます。

彼らは、ジンギスカンと名乗る。**それはジンギスカンの伝承を歌う共同体**であることを示しているのです。ジンギスカンは声を揃えて歌う。それは**声を揃えて歌えることこそ、彼らが同じ共同体に属していることの証**だからです。しかも、複雑なハーモニーをほとんど伴わないユニゾンで歌うことによって、彼らは何かを伝えるために特別なトレーニングを積んだ技能集団というよりも、共同体の中にいてごく自然に歌を覚えた村人に近い雰囲気を醸し出している。だからこそ、かえって彼らの属している共同体が、きく者にありありと迫ってくるのです。彼らがデビュー前に行ったという6週間の特訓は、ハイレベルの歌や踊りを習得するためというよりは、即席で集まった者たちが一つの共同体となるために擁した時間だったといえるでしょう。

一方で、彼らはただの親しみやすい歌を歌っているのではなく、文化と文化の境目にあって、きく者の知らない文化を担う、異人たちの共同体であることもまた、明らかです。彼らはドイツ語で、非ドイツ語圏のできごとを歌う。それは彼らの属する共同体が非ドイツ的なできごとをドイツにもたらす位置に、つまり文化と文化の境目の位置にあることを示しています。彼らの国際色豊かな出自、そして奇妙なコスチュームもそのことを裏付けています。

以上のことは、歌詞の込み入った内容抜きで、ただ声を揃えて一つの歌を歌いきりさえすれば成立します。そしてそれは、なぜ彼らの歌が、ドイツ語を解する人がほとんどいない日本で流行ったのかを考える鍵でもあります。たとえことばがわからなくとも、彼らが歌っているのが、ある共同体において伝承されている物語であろうことは、彼らの装束、踊りそして何より、彼らが声を揃えて歌っていることから理解できます。歌のことばだけではない。あちこちで差し挟まれる掛け声や笑いすら、ぴったり揃っている。いったい楽しげなこの声の物語を、彼らはいつの間に身につけたのか。それはどんな共同体なのか。ことばがわからないことで、わたしたちはかえってその共同体に惹きつけられます。

このことを別の形で裏付ける一つの証拠が、2000年代に入って突如ネット上で流行したジンギスカン「めざせモスクワ」（1979年）の替え歌、通称**「もすかう」**でしょう。この流行で注目すべきは、これがただの替え歌ではなく、言われてみれば確かにきこえる「空耳」の集大成だったことです。「は、は、春です」「おっさんですかシャアですか」など、一つ一つのフレーズは断片的で互いに関連はありませんが、空耳であるがゆえに、彼らが確かにそう歌っているようにきこえる。つまり、「もすかう」は、替え歌であるにもかかわらず、彼らのことばが謎めいていること、そして彼らが「声を揃えて歌っている」ことをいささかも損なうことなく楽しめる点で、オリジナルの持つ魅力を見事に汲み取った現象だったのです。

一方で、ジンギスカンの魅力は、あくまで彼らが「異人の共同体」である限りにおいて発揮されることも改めて確認しておく必要があるでしょう。この点で、興味深いのが、ジンギスカンの3枚目のシングル「サムライ」です。「ジンギスカン」「めざせモスクワ」の二枚がヒットした直後に日本で発売された「サムライ」（1980年）は、姫を助けるための命を受けた一人の男の物語を歌ったものでした。「サムライ」ということばがひたすら連呼されたかと思うと「でやあ！（ティアー）」という強迫的な掛け声がかかるところから、舞台が日本であることは明らかです。いまきくとなかなかインパクトの高い楽曲で、爆発的にヒットしてもよかったはずですが、前二作に比べると、日本では全くといっていいほど流行しませんでした。それは彼らの歌っているのが異国のものではない、ほかならぬ御当地のものであったからではないでしょうか。

それにしても、もし声を揃えて歌うことが、その者たちがある共同体に属していることを強く示すのだとしたら、話は、ジンギスカンの「ジンギスカン」に限ったことではなく、ユニゾンで歌われる曲ならなんにでも当てはまるのではないか、という疑問を持たれるかもしれません。実はその通りだと、わたしは考えています。ユニゾンは共同体の存在を表す。そこからスタートできる歌の議論はいくつもありえるでしょう。たとえば**SMAP**の**「世界に一つだけの花」**はなぜユニゾンで歌われるのか。**ムーンライダーズ**の**「くれない埠頭」**はなぜ徹底してユニゾンを繰り返すのか。ラップの要所で絶妙のタイミングで複数の者が声を揃えるのはなぜか。そうした問題について、わたしたちが考えうることはまだまだありそうなのですが、ここではその可能性を指摘するにとどめておきましょう。

＊＊＊

ジンギスカンのメンバーのうち、ルイスは1994年、43歳の若さでエイズで亡くなり、スキンヘッドが印象的だったスティーヴも2006年に肺がんで亡くなってしまいました。一方、残りの4人はたびたび再結成を行い、40年以上経った2020年にもファンの前でライブを敢行しました。年を重ねることで、ジンギスカンの「ジンギスカン」は若い男女だけではなく、まさに老若男女が共有する共同体の歌であることが、明らかになりつつある。歌は、世代を越え、声を揃えて歌うことのできる人々を増やすことによって、目に見えぬ共同体を分厚くしていくのです。

音楽にあわせて身体はいかに動きうるか。**ジェームズ・ブラウン**はその常識を全く塗り替えてしまいました。もしあなたが不幸にも（幸運にも）彼とザ・フェイマス・フレイムズが1964年に出演した**「ザ・ティーン・エイジ・ミュージック・インターナショナル・ショウ The T.A.M.I. Show」**をまだ知らないのなら、いますぐその動画を見るべきです。スティングも歌ってるように、この世が終わるときに為すべきことは、ジェームズ・ブラウンのT.A.M.I. ショウを見ることなのです（※1）。

足！ なんといっても足！ JBは足を踏み出しすらしません。上下するには動きが速すぎるのです。足は床を滑りながら痙攣している。カウントできるリズムの限界を超えて、ありえない速さでぴくついている。しかも、身体の重心が爪先とかかとの間をせわしなく移動するので、かかとを固定して足先だけがばたついているのかと思った次の瞬間には、今度は爪先が固定されてかかとが移動する。その場に留まっているかに見えた身体がにわかに横に動き出す。足と足がねじれの位置に置かれるや、くるりと巻き戻すように回転する。人間の動きではない。もう魔術を見ているようなのです。

そして演奏が長い。それは歌うだけでなく、JBが何度も叫ぶから、踊るから、バンドのメンバーを煽るから、そして、突然膝からくずおれ、ケープをかけられ、背中を叩かれ、もうだめかと思わせて、たくましく復活するからです。歌詞以外の部分がどんどんふくらみ、演奏はどんどん引き延ばされ、客は退屈するどころか、ますますパフォーマンスを求めて叫ぶ。JBが舞台から去ろうとしながら何度も得意のスプリットを決め、ネクタイをほどいて客席に放り投げる（ふりをしてしまいこむ）と、会場は手が着けられないほどの拍手と歓声で覆われます。

その舞台裏で、青ざめている一団がいました。**ローリング・ストーンズ**の面々です。この年、はるばるイギリスからブリティッシュ・インヴェイジョンの先兵としてアメリカにやってきた彼らは、不幸にも、この最高のパフォーマンスの次に出演してフィルムを締めくくる役回りだったのです。ストーンズの伝記を書いたロバート・グレイヴズによれば、意気消沈している彼らを気の毒に思ったチャック・ベリーが微笑みかけ、マーヴィン・ゲイが慰めるように声をかけたといいます（※2）。「とにかく出て、自分たちのことをやるだけだよ」。

実は、彼らが直後に出演したように見えるのは映画の編集がもたらした印象に過ぎず、実際の彼らの出番はＪＢの直後ではなく数時間後で、客も入れ替えていました（※3）。それでも、彼らがＪＢのパフォーマンスにショックを受けたことは間違いないでしょう。それが証拠に、ミック・ジャガーとキース・リチャード、そしてプロデューサーのアンドリュー・オールダムは、ニューヨークに移動するとわざわざアポロ・シアターのＪＢのショウを訪れています。白人の客は彼らだけでした。ミックは、ＪＢがどんな風に客を惹きつけていくのか、取り入れるものは何でも取り入れてやろうと食い入るようにショウを見続けました（※4）。彼は後年、ＪＢの伝記映画『ジェームズ・ブラウン　最高の魂（ソウル）を持つ男』（２０１４年）の製作者として名を連ねることになります。

■冷や汗の現在

「ファンク」の始まりはジェームズ・ブラウンの**「コールド・スウェット」**（１９６７年）であるとしばしば言われます。でも、多くのできごとがそうであるように、ファンクもまた一度に出現したわけではありません。ファンクの特徴と言われている**ダウン・ビート**（4拍の第1拍目）の強調、同じコードやリズムパターンの繰り返しで生まれるシングル盤に収まらないほど長い（それゆえにA面とB面にパート1、パート2を入れざるをえなくなるほどの）グルーヴは、それまでのJBの曲やパフォーマンスの中にすでに顕れていました。実際、JBがT.A.M.I. Showで演奏した「アウト・オブ・サイト」（1964年）や、同じ年のヒット曲「パパのニュー・バッグ」をファンクの名曲として挙げる人もいます。

一方で、「コールド・スウェット」にはこれらの曲にはない要素もありました。JBたちは、それまでの8ビートの曲よりも少しテンポを落として、かわりにリズムをそれまでの倍の**16ビート**にしたのです。

この曲のビートでまずぐっとくるのは、**クライド・「ファンキー・ドラマー」・スタブルフィールド**の叩き出すドラムです。ずどんとダウン・ビートを叩いて鎮まったかと思うと、二拍目にスネアを一発、ここで油断ならないのが、左手の動きです。クライドの左手は裏拍のあちこちに装飾音を入れてさざ波のようにビートの中心をスリップさせていく。そこにギターのカッティングがからみます。ギターは徹底してリズム楽器として振る舞いながら、アクセントの入れ具合できき手を惹きつけてゆく。それをききながら、ちょっとした身体の震えがビートによって釣り上げられるように感じるにいたって、ようやくわたしたちは、あのJBの痙攣するような足の動きがじつは16ビートだったことに気づきます。JBの足は、8ビートの時代から、未来の速さをまさぐり、ロックが16ビートを盛んに使い出すよりずっと前から、その魅力を探り当てていたのです。

後のライブ・レコーディングでは「コールド・スウェット」は最初の録音よりもずっとアップテンポになり、クライドのドラムはさらに変幻自在になり、16ビートを基調とするファンク・ミュージックの代表曲となりました。

もう一つ、「コールド・スウェット」には、あまり語られることのない、ファンクの大きな特徴があります。それは、この曲がひたすら「いま」を歌っていることです。「おまえの過去などどうでもいい／この愛ずっと続けたい／おまえの過ちなどどうでもいい／おれが過ちを満たしたい／キスされる、さびしがられる／手をとってくれ、わからせてくれ／どうかしそう、冷や汗で／」。最後の「どうかしそう I break out」という叫びとともにバンドは1，2，3を裏拍でヒットしてからまさにブレイク break。身を引き裂くような沈黙に、たらりと一筋絞り出すように流れる「冷や汗 cold sweat」の叫び。ここにはブルースの愚痴もなぐさめもオチもない。**過去でも未来でもない、激しく動き、凍り付く身体の現在にフォーカスする。**それがファンクです。

ファンクのさらに別の特徴は、大編成で演奏されることです。歌い手のコールに即座に声とホーンで答えるリスポンス。JBがその場で叫ぶ「ヒットイット!」「カモン!」に応えてあやまたずにダウンビートの一発を繰り出す瞬発力。それが観客を煽り、誘う。JBの要求に音楽で応える高い能力を持ったメンバーがバンドには必要でした。中でも、長い間JBのドラマーとして活躍した二人、先に述べたクライド・スタブルフィールドと、**ジョン・ジャボ・スタークス**の叩き出すリズムは、ショウの進行を支えただけでなく、その独特なグルーヴの魅力ゆえに、1980年代以降サンプリングされまくることになります。大編成のメンバーたちが、いままさに動き、凍り付くお互いの身体にフォーカスする。それがファンクです。

■大声で、誇り高く

ファンクの16ビートに観客とのコール&レスポンスまで取り込んだのが、**「セイ・イット・ラウド、アイム・ブラック・アンド・アイム・プラウド」**(1968年)です。

この年の4月4日、公民権運動の若き指導者、**マーティン・ルーサー・キング**牧師が暗殺されました。偶然にも、その翌日の4月5日、JBはボストンでコンサートを予定していました。人々が悲しみに暮れている最中に多くのアフリカン・アメリカンの聴衆が集ったらどんな騒ぎが起こってしまうのか。地元の開催者がやきもきする中で、JBはあえてコンサートを行いました。通りで騒ぐかわりに、家に居てコンサートを見てもらおうという配慮から、コンサートはＴＶ中継されました。

ステージはいつものように手加減なしで進みましたが、コンサートの終盤、ＪＢが例の如く**「プリーズ・プリーズ・プリーズ」**でケープをかけられ退場しかかると、興奮したファンの少年がステージに上がってしまいました。待機していたボストンの警官があわてて彼を壇上から押し戻し、演奏中のバンドの前に警官がずらりと並びました。当時、ただでさえアフリカン・アメリカンのコミュニティから反感を持たれていたボストン警察がステージ上で少年を押し飛ばす光景は、まさに一触即発。場内には緊張が走りました。

しかも、ケープを振り払って復活したＪＢがいきなり歌い出したのは、あろうことか「I can't stand myself（我慢できない）」。まさに我慢できなくなった観客が再びステージに上がり、警官が乱暴に押し戻しました。ＪＢは「ちょっと待って、問題ない」と警官たちに退くよう促し、いったん曲を止めましたが、今度は、警官と入れ替わりに客たちが次々と壇上に上がり、ＪＢを取り囲んで口々に「最高だ」と叫ぶ。ショウはもはや破綻しかかっていました。

そのときＪＢはなおも手を出そうとする警官を制しながらマイクに向かってこう言ったのです。「ちょっと待って。ちょっと待って wait a minute」。それはＪＢがバンドのメンバーに指示を出すときの決まり文句でした。一方、客には「わかった、ショウを続けさせて。な、ショウを続けさせてくれよ」と呼びかけながら、壇上の一人一人にサンキュー、サンキューと声をかけ、観客席に送り返す。それでもなおも留まろうとする少年たちに、ＪＢはマイクを通してこう呼びかけました。


「こんなんじゃダメだ、おれたちは黒人だ！　おれたちは黒人だ！ This is no way. We are black! We are black!」

ようやくすべての観客が戻り、「警官に退くようにお願いしたのは、君たちがおれに敬意を持ってくれてると思うからだ。わかるだろ?」JBがそう語りかけると、歓声のリスポンスがあがりました。「じゃやらせてもらうぜ」。バンドに合図に送ると、再び「我慢できない」が始まりました(※5)。

同じ年の6月、今度は、次期大統領に出馬し公民権運動に理解を示していたロバート・ケネディがロサンゼルスで暗殺されました。その直後、JBは騒然とするロサンゼルスで新曲を作りました。おそらく彼は、ボストンで危うく騒ぎを止めてショウを続けたときのこと、観客に対して「We are black!」と呼びかけ「黒人」であることの誇りを訴えたことを思い出したはずです。曲には「わたしは黒く、誇り高い I'm black and I'm proud」という一節が入りました。

この一節は、音楽的にも強い構造を持っています。まず小節の少し前から「Say it」と唱えて次の小節の一拍目で「loud」と叫ぶ。次にこの「loud」ということばと韻を踏むように、小節の少し前から「I'm black and I'm」と唱えておいて次の小節の一拍目で「proud」と叫ぶ。「大声」と「誇り高い」が、それぞれファンクの一拍目、ダウンビートにずどんと響く。しかも2つのフレーズをJBは観客と分かち合うことにしました。「言うんだ大声で」JBがダウンビートで呼びかけると「わたしは黒い、わたしは誇り高い」観客がダウンビートで答える。

8月7日、バンドとアレンジを練り、いよいよ一発録りで録音しようという段になって、JBは肝心の観客役がその場にいないことに気づきました。でも気分は最高にのっているし、録るのは今しかない。スタッフが近所を駆け回って必死で子供に声をかけて回りました。集まったのはほとんどが白人かアジア系の子供。でも、ちょっと待って、問題ない。歌うタイミングを教えてやると、彼らは無邪気に「わたしは黒い、わたしは誇り高い!」と叫びました(※6)。

北米の黒人女性への聞き書き集『ブルースだってただの唄』(藤本和子)の中で、1950年生まれのある女性は、「(膚の色のことで) これだ! と思う瞬間をもたらしたできごとはなかった?」という問いに対してこう答えています。

ジェイムズ・ブラウン。彼の歌、「大声でいうんだ、おまえは黒い、そして誇り高いと」――それがそのときのわたしにとって、きっかけになったのね。だってね、わたしはあらゆることを試したのよ。アフロがうつくしい、となれば、あらんかぎりの努力をしてアフロの髪にしようとしたけれど、わたしの父方にはインディアンの血が混ざっている、わたしの髪は縮れない。なんてこった、わたしはアフロヘアさえできない！と絶望してね。でもちょうどそのころ「黒く誇り高く」という意識に目覚めた（※7）。

当時、アフリカン・アメリカンの人々はしばしば「ニグロ negro」もしくは「有色人種 colored」と呼ばれました。ボストン・コンサートのTV中継でもJBは「ニグロ・シンガー」と紹介されていました。それに対してJBは自分たちのことを「black」と呼び、「I'm black」ということばを「大声」と「誇り高い」というダウンビートで挟み込んだ。その強烈なコール&リスポンスは、black の人々に「これだ！」という衝撃をもたらしたのです（※8）。

■セックス・マシーン

ファンの一人一人に丁寧に語りかけたJBも、バンドに対しては独裁者でした。演奏では思いのままにバンドを操りましたが、メンバーはJBの金払い悪さにしばしば不満を持ち、頻繁に入れ替わりました。ザ・フェイマス・フレイムズは1968年に解散、新たに組んだバンドも1970年に解散してしまいます。そこでJBが新たに注目したのが、その頃シンシナティで活躍していたザ・ペースメーカーズというバンドでした。その中心はベースの**ブッツィー・コリンズ**とリズム・ギターの**フェルプス・「キャットフィッシュ」・コリンズ**兄弟。彼らは新たなバンド、J.B.s のメンバーとなって独自のグルーヴを作り上げました。在籍したのはわずか11ヶ月、やはり金払いの問題でJBのもとを去ってしまったのですが、その短い期間の間に吹き込まれた曲の一つが、**「セックス・マシーン」**（1970年）です。

「セックス・マシーン」は、「コールド・スウェット」に劣らぬファンクの名曲です。ＬＰバージョンの「コールド・スウェット」が7分なら、「セックス・マシーン」は10分。ありえないほど長く続くグルーヴの中で、ひたすら**「ゲロッパ」**を繰り返し、ラブ・マシーンのように、セックス・マシーンのようにグルーヴのなかに居続けろ（stay on the scene）と唱える曲。「コールド・スウェット」ではクライドが16分音符を比較的等間隔で演奏しているのに対して、「セックス・マシーン」では、ジョン・ジャボが抑えた音色のハイハットとスネアで16ビートの前拍を少しためて叩くので、気持ちのよい跳ねが生まれる。そこにコリンズ兄弟のギターとベースがからみつく。ＪＢは様子をうかがうように、「ゲロッパ」を繰り返す。跳ねるリズムの後拍に「ゲロッパ」の「パ」が炸裂し、「マシーン」の「ン」が忍び込む。「Hit it!って言ったら次行くぞ!」「ヤー!」「Hit it!って言ったら次行くぞ!」「ヤー!」。コール&レスポンスによって生まれる変幻自在のグルーヴ。音楽が生み出されるたったいまの時間、現在がずっと続いていく。味わえ!

ところで、「セックス・マシーン」の掛け声はなぜ「ゲロッパ!」ときこえるのでしょう?

「いや、あれはほんとは Get up と言ってるんだよ」というのは、答えの半分でしかありません。なぜなら、Get up は普通ゲロッパとはきこえないからです。ボブ・マーレーとウェイラーズをきいてみましょう。「ゲラッ、スタンダッ」。中森明菜をきいてみましょう。「ゲラッ、ゲラッ、ゲラッ、ゲラッ、バーニラー」。ほら、Get up は「ゲロッパ!」じゃなくて「ゲラッ」です。「ゲロッパ!」の異様さは、ＪＢと掛け合いで歌っている**ボビー・バード**の歌い方をきけば、よりはっきりします。ＪＢの「Get up」は「ゲロッパ!」なのに対してボビーの「Get on up」は「ゲロンアッ（プ）」。語尾は同じ「p」でも、ボビーの「p」はほとんど付け足しの弱い音なのに対して、ＪＢの「p」ははっきり「パ!」

と響く。

なぜか。それは、**JBがことばの最後に息を吐くから、そして吐くときに、ちょっとだけ声帯を震わせるから**です。

日本語で「アップ」というと、プのところで待ってましたとばかりに声帯がはっきり鳴ります。日本語は子音と母音を一組で発話するモーラ言語なので、「アップ」は「appu」という発音になるのです。これに対して、英語母語話者が語尾の「p」を言うときは、声帯は震えず、破裂音だけが微かに鳴るのが普通です。ところが、JBは、語尾のpを放つときに、ただ口先だけで息を破裂させるだけでなく、肺から息を「ハッ」と出し、その勢いで声帯を震わせます。JBはときどき曲の途中で「ハッ!」と掛け声をかけますが、あれと同じように、フレーズが終わるたびに息を吐いているのです。

実は「パ」にきこえるとは言っても、「ゲロッパ」の「パ」は日本語の「パ」とはまるで違います。ろうそくの火の前で、日本語の「パ」を言ってみて下さい。ほとんど揺れないでしょう。では、今度は火を一息で吹き消すつもりで「パッ!」と肺から息を放ってみましょう。勢いがまるで違います。では、息の勢いはそのままに、吐くだけのつもりがあんまり気持ちよくて声になってしまった、くらいのつもりで声帯を震わせてみて下さい。息に声が混じる感じです。はい、それがJBの「p」です。声は、日本語の「パ」のように待ってましたとばかりに鳴るのではなく、快楽のあまり息に混じるように漏れるのです。

JBが息をぱっと吐き出すのは「p」のところだけではありません。「n」もそうです。語尾に耳をすましてみましょう。「シーン」が「シーンナ」に、「セックス・マシーン」が「セックス・マシーンナ」に。通常、英語の語尾のnは、舌がちょいと上口蓋に触って弱まって終わります。ところがJBは、これをぐっと強調すべく、上口蓋に触った舌を離すときに、ハッと息をリリースする。思わず声帯が震える。だから、「ン」がときどき「ンナ!」という粘っこい語尾になる。しかも、これら「p」や「n」は、16ビートの後拍に来て、曲のリズムの跳ねを強調する。

ことばが吐き出されたあとに、呼吸とともに声がきこえる。吐いた息に思わず声が混じってしまう。抑えきれない欲動が、ファンキーなリズムとともに何度も浮かび上がってくる。それが「セックス・マシーン」という曲の現在性です。

ちなみに、このJBの息づかいを継承しながら、さらに推し進めたのが、誰あろうマイケル・ジャクソンです。その集大成とも言うべき曲、「オフ・ザ・ウォール」（1979年）では、一フレーズごとに語尾でハッと息を吐いているだけでなく、語尾の後にも「フッ」「ヘッ」と、これまたJBお得意のうめくような「声門閉鎖音」が矢継ぎ早に差し込まれ、さらには、エルヴィス・プレスリーやバディ・ホリーのヒカップ（しゃっくり）唱法も加わり、もはや呼気音の博覧会ともいうべき様相を呈している。マイケルの呼気音の魅力はのちの大ヒット曲「スリラー」（1982年）はもちろんのこと、「ヒューマン・ネイチャー」（1983年）や「マン・イン・ザ・ミラー」（1988年）のようなスロウ・ナンバーでも存分に発揮されています（語尾のあとに吐き出される呼気に耳を澄ませてみて下さい）。

＊＊＊

そうそう、「セックスマシーン」の大事な部分のことを書き忘れていました。それはこの曲の終盤に突如訪れる不思議な時間のことです。それまでJBとは対照的に、ずっと律義に「Get on up」と弱い語尾であいづちを打ってきた長年のメンバー、ボビー・バードが、突然JBと声を合わせてこう歌うのです。

しぇいきゃまーにめいっか！　しぇいきゃまーにめいっか！

かつて**エルモア・ジェームズ**が、ぐいぐい動く腰のように弦をスライドさせては繰り返し歌った「腰を振るんだShake your moneymaker」というフレーズの語尾を、JBは「めいかー」ではなく「めいっかー!」と歌う。makerの「ker」で、貯めた息を吐き出すとともに声を漏らす。これまではJBだけのものだったこの声混じりの呼気に、ボビーが招き入れられ、向き合って「めいっかー!」を繰り返す。二人の姿は三人目であるわたしたちを招いている。踊らいでか。呼気に煽られた腰は、大いに振れざるをえないのです。

[参考文献]

※1 The Police の「When the World Is Running Down」では、この世の終わりに手近なことで何ができるかが次々と歌われるのですが、その筆頭に上がるのが、ジェームズ・ブラウンのT.A.M.I. ショウのビデオテープをかけることです。
※2 Davis, Stephen(2001) "Old Gods Almost Dead: The 40-Year Odyssey of the Rolling Stones", Crown Archetype.
※3 映画『Mr. Dynamite: The Rise of James Brown』(2015) でのミック・ジャガーの発言による。
※4 Davis, Stephen(2001) .
※5 DVD『Live at the Boston Garden』(2014) Shout Factory より。
※6 Brown, James（1986/2014）“James Brown: The Godfather of Soul” Head of Zeus.
※7 藤本和子（1986/2020）『ブルースだってただの唄』ちくま文庫 p.43.
※8 Chuck D. (1996) "1968, January…” 'Liner notes for Funk Power, released by Universal/ Polygram Records; George, N., Leeds, A. “The James Brown Reader: Fifty Years of Writing About the Godfather of Soul”

17　機械と人間のあいだ（その1）――カールハインツ・シュトックハウゼン「少年の歌」

ウィー・アー・ザ・ロボット、ちゃんちゃかちゃん。

いまや人と機械のあいだに位置するさまざまな声が、世の中にあふれています。わたしたちは機械に語りかけ、合成音声の指示に従って道を選びます。TVの人気番組では音声合成ソフトやヴォイスチェンジャーで変調された声がナレーションや司会を行っています。

音楽の世界でも、音声合成を用いたり歌い手の声にエフェクトをかけることは、なくてはならない技術です。2007年に発売された**「初音ミク」**をはじめとするヴォーカロイドの音楽は、ポップスの一分野となりました。**Perfume**や**tofubeats**の音楽を、オート・チューンやヴォーカルへのエフェクト抜きで語ることは難しいでしょう。オートチューンがなければ、**マンブルラップ**というジャンルは生まれなかったかもしれません。スマホのアプリを検索すればユーザーの歌声や語りを変調したりラップに仕立て上げるソフトがいくつも見つかります。

では、人と機械のあいだに位置するこれらの声は、そもそもいつ生まれ、いつから音楽として扱われるようになってきたのでしょうか。それを考える前に、ちょっと問題を。機械の声に関する次の10の発明や作品を、時代順に並べ直してみて下さい。

モーグ・シンセサイザー
ヴォコーダー

クラフトワーク「ロボット」
ソルジェニーツィン『煉獄のなかで』
オート・チューン
初音ミク
Perfume「ポリリズム」
カールハインツ・シュトックハウゼン「少年の歌」
スタンリー・キューブリック監督『2001年宇宙の旅』
『鉄腕アトム』（TVアニメ版）

まず、簡単なところからいきましょう。

機械の音を出す上で革新的な役割を果たしたのがシンセサイザーです。**ロバート・モーグ**が彼の発明した音声合成機械（シンセサイザー）を発表したのは1964年でしたが、これが音楽に用いられてレコードとなったのは1967年、**モートン・ガーソン**の「The Zodiac Cosmic Sounds」が最初だと言われています（※1）。同じ年に**ペリー&キングスレイ**がアルバム『Kaleidoscopic Vibrations: Spotlight on the Moog』を発表し、そこに収められた「バロック・ホウダウン」はのちに編曲されてディズニー・ランドの「エレクトリカル・パレード」のテーマ曲となりました。翌年の1968年には**ウェンディ（のちにウォルター）・カルロス**がモーグ・シンセサイザーを全面的に用いた**「スイッチト・オン・バッハ」**（1968年）を発表、このアルバムをきいて衝撃を受けた**冨田勲**はモーグ・シンセサイザーを購入し、後にドビュッシーをシンセサイザー用に編曲した**「月の光」**（1974年）を皮切りに数々の名盤をリリースしていきます。一方、1971年から冨田勲のもとで働いていた**松武秀樹**はやがて自らもモーグ・シンセサイザーを購入し、1978年からイエロー・マジック・オーケストラのシンセサイザー操作を担当して「第四のYMO」と言われるようになります（※2）。

では人間の声をリアルタイムで機械的に変化させる**「ヴォコーダー」**はいつ頃から用いられるようになったのでしょうか。ヴォコーダーといえばまず思い出されるのが**クラフトワーク**です。3枚目のアルバム『ラルフ&フローリン』（1973年）で早くも特製のヴォコーダーが使われていますが、何といっても彼らを有名にしたのは**「アウトバーン」**（1974年）です。幾度となく繰り返される「AUTOBAHN」という異様な声はきき手の耳に焼き付き、多くの人がクラフトワークといえばヴォコーダーを思い出すようになりました。アルバム『人間解体』（1978年）のオープニング曲**「ロボット」**では、彼らはヴォコーダーの声で「ウィー・アー・ザ・ロボッツ」と自らが機械であることを歌い上げました。

この頃から電子楽器を開発する会社もさまざまな鍵盤付きのヴォコーダーを発売するようになります。**イエロー・マジック・オーケストラ**はアルバム「Yellow Magic Orchestra」（1978年）でコルグ社のVC-10を、初のシングル**「テクノポリス」**（1979年）ではローランド社のVP-330というヴォコーダーを使いました。「TOKIO」という独特のイントネーションを持った声はこのVP-330によるものです（※3）。一方、**ジョルジオ・モロダー**はモーグ・シンセサイザーに搭載された16チャンネルのヴォコーダーを使い、**「E=mc²」**（1979年）で長々とメンバー紹介を繰り広げました。

では、ヴォコーダーで音楽を作ったのはクラフトワークが最初かというと、そうではありません。カナダ生まれの奇才、**ブルース・ハーク**（1931-1988年）は、自作の電子回路でさまざまな音楽を作りましたが、そうした回路のひとつに、**「ファラッド FARAD」**というヴォコーダーがありました（※4）。ブルースは、このヴォコーダーとモーグ・シンセサイザーを組み合わせて『The Electric Lucifer』（1970年）というアルバムを吹き込んでいます。彼の音楽は、1950年代から1960年代に電子楽器作りに没頭したレイモンド・スコットの音楽と並んで、実に愛らしいので、機会があったらぜひきいてみて下さい。

さて、じつはここまでヴォコーダーについて、ちょっと微妙な書き方をしてきました。「自作の」「特製の」「○○社製の」。結局のところ、ヴォコーダーはいつ、誰によって発明されたのでしょうか。その話をする前に、ちょっと時間を遡りましょう。

■機械の発することば

機械がことばを発するとしたら、それはどんな声になるか。答えは簡単ではありません。金属や歯車のたてる音も機械の声には違いありませんが、単にメカニズムの内部が発するきしみだけでは、ことばを話すのは不可能です。

機械仕掛けで声を出すこと自体は、古くから試みられてきました。その中で特に重要なのは、18世紀に**ヴォルフガング・フォン・ケンペレン**が作った**「話す機械」**です（※5）。ケンペレンは、人形が客を相手にチェスを指すマシンを発明して、見世物興業をしました。タネを明かせば、巨大なチェス台の中にはこっそり人が入っていて磁石で駒を操作していたのですが、問題は声の方です。ケンペレンは、人ではない何かおどろおどろしい声を作るべく、人の肺、声帯、声道のしくみを真似た発声装置を作ったのです。象牙と皮でできたクラリネットのリードのようなものが声帯の代わりで、そこに肺がわりのふいごで空気を送り込みます。リードの先にはさまざまな位置に穴の空いた管を接続してありました。ふいごを押すタイミングと指で穴を閉じ開きするタイミングを調節すると、異なる母音や子音を出すことができ、怖ろしげな声が何かしらしゃべっているようにきこえます。空気圧と発信源、さらにそれを響かせる部分をそれぞれ適切なタイミングで動かすことによって、さまざまな母音や子音を出すというのは、後のさまざまな発声装置につながる画期的なアイディアです。

ケンペレンはなぜ「人ではない声」を機械によって作り上げようとしたのでしょう。たとえば台の中の人がちょっと喉を締め上げてへんてこな声を出すのでもよさそうに思えます。でも、人間が無理に出した声には、どうしても「人らしさ」が混じって、すぐに誰か中に人が入っているのだとばれてしまう。「人らしさ」を排除するには、生身の人間ではないメカニズムによって発声が行われている必要があったのです。

のちにチャペックがR.U.R.（１９２０年）を発表して以降、エリック（１９２８年）、アルファ・ザ・ロボット（１９３４年）、エレクトロ（１９３９年）など、さまざまな機械仕掛けのロボットが発表され、手脚を動かしたり立ったり座ったりしましたが、声の方は、ラジオ送信機やあらかじめレコードに録音されたセリフを用いて人間がしゃべるという腹話術的なものでした。機械に発声じたいを行わせた点で、18世紀のケンペレンには先見の明があったと言えるでしょう。

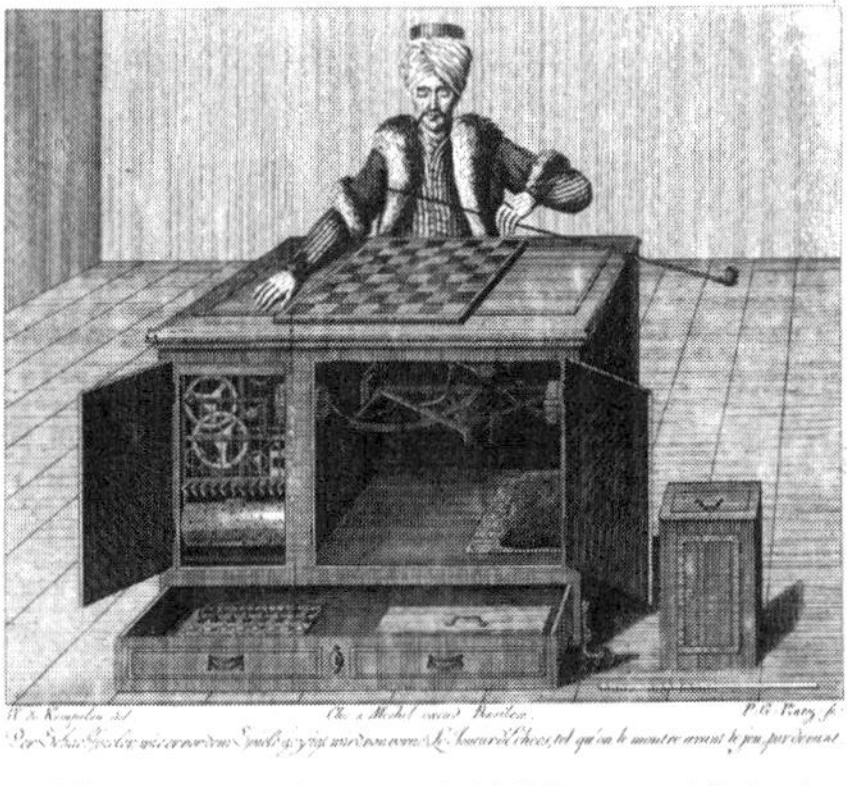

■図１：ケンペレンの発話機械。トルコ人の姿をした人形が自動的にチェスを指す。実は箱の中には人間が入ることができる空洞と、ふいご式の発話機械が仕組まれていた。

電子回路によることばが誕生したのは、第二次世界大戦前のことでした。きっかけは、声の情報を圧縮する技術です。

ロボットの声はいかにあるべきか

当時、電話回線は今のように大量の情報を送り合うことはできませんでした。声に含まれる情報をどのように圧縮すれば、速く遠くまで送信できるか。これは、現在多くの音楽データで用いられているMP3（1993年〜）をはじめ、さまざまな音声圧縮技術に共通する問題です。

時は一九三〇年代、ベル研究所の**ホーマー・ダドリー**は、声を暗号化して大陸間で送受信すべく、この問題に取り組んでいました。彼のアイディアは、声に含まれる周波数を簡略化しても、ことばの内容は損なわれないのではないか、ということでした。

ことばの要となる母音は、声に含まれるさまざまな音の高さ（周波数）の分布で決まっています。人間の耳はおおよそ20Hzから20000Hzまできくことができますが、電話でことばを伝え合うには3000Hzくらいまであれば足りることがわかっていました。では、3000Hzまでの高さをどうやって測ればよいでしょう。図2aのような山の形があるとしましょう。横軸は音の高さで縦軸は

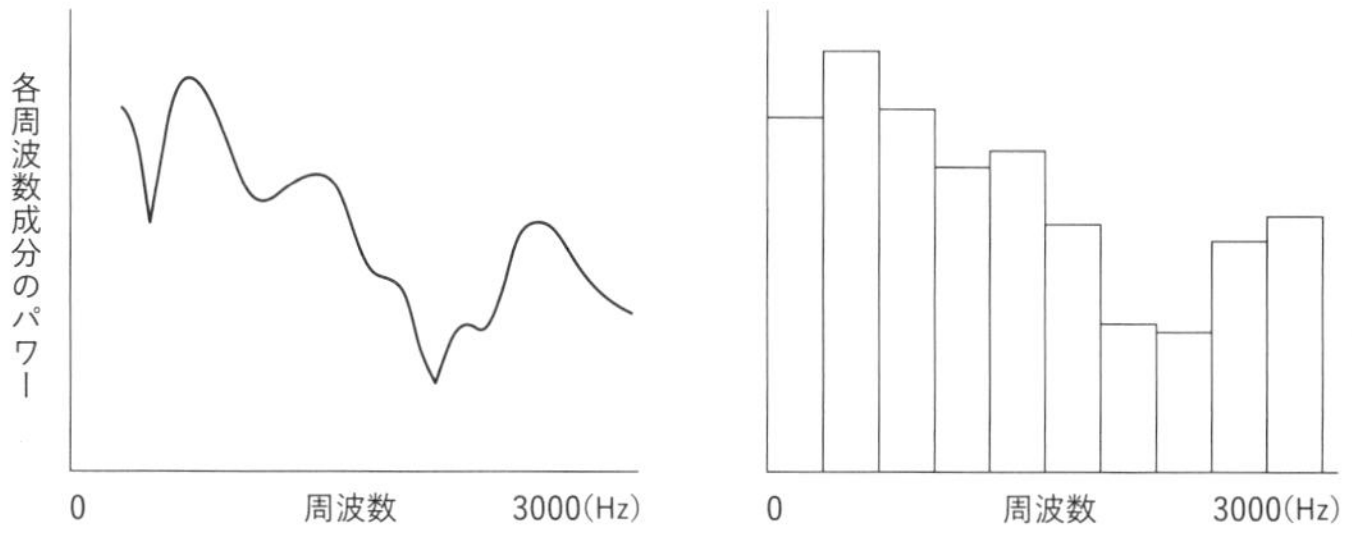

■図 2a：人間の「う」に含まれる声の周波数帯の例。b: a の山型を 10 個の棒で表した場合。

それぞれの高さにおける音の大きさです。横軸の目盛りを細かくすればするほど山を精密に再現できますが、送るべき情報は多くなります。一方、図2bのように目盛りを粗くすれば山はがたがたになりますが、ぐっと少ない情報量で済みます。ダドリーが考えたのは、まさにこのアイディアでした。

ダドリーは、受信した人間の声を、周波数帯別に10に分割し、これを相手側に送信する装置を作り、「ヴォコーダーvocoder」と名付けました。ヴォコーダーを通すと、声はくぐもったものになりますが、言っていることばの内容はどうにかききとることができました。そして何より、送信すべき情報の量をぐっと節約することができたのです。はい、ようやく答えが出ました。**ヴォコーダーの発明は、1938年に遡るのです。**

しかし、機械の声の歴史にとって重要なのは、ダドリーがヴォコーダーを応用して作り上げたもう一つの装置です。ダドリーはヴォコーダーの独特の声が、人間の声とは違う奇妙な魅力を持っていることに気づきました。彼はその魅力を伝えるべく、ヴォコーダーに、人の声を吹き込む代わりに発振回路（これが声帯にあたります）を付けました。さらに、人の声の周波数の山に似せるべく、10の周波数帯の大きさを10個のキーボードとペダルで調節するようにしました。ことばの母音に合わせてキーボードを押す力を変化させれば、人がしゃべることばをおよそ真似ることができます。この、奇妙な声の装置は**「ヴォーダー voder」**と名付けられ、1939年に開かれたニューヨーク万国博覧会に出品されました。

■図 3：ヴォーダーの全体図 Dudley 他（1939）※ 6 より

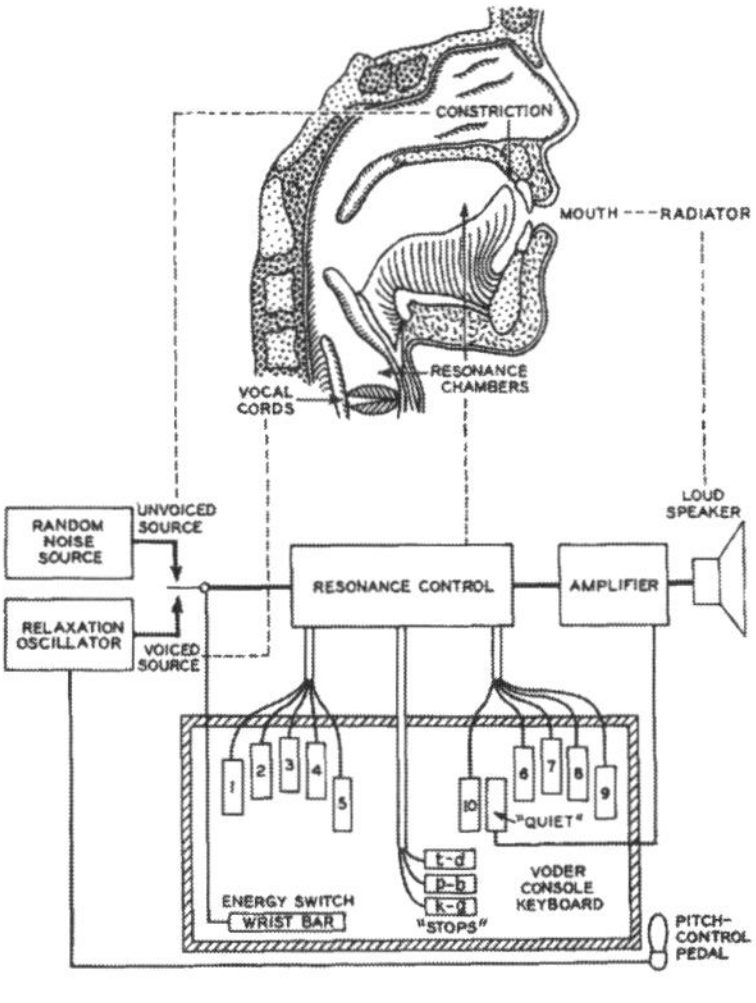

■図 4：ヴォーダーの基本構造 Dudley 他（1939）※ 7 より

ヴォーダーを操作するには、10個のキーボードの微妙な押し加減を、母音別に覚える必要がありました。さらに、t, d, p, b, k, g などの子音用に別のキーを手で操らねばならず、足の方はと言えばペダルで声の高さを調節しなければなりませんでした。操作の習得には半年から一年近くのトレーニングが必要で、訓練をめでたく終えたヴォーダー・ガールたちは**「ヴォダレット」**と呼ばれました。女性が選ばれたのは、ヴォーダーの発する声が怪異な機械音ではなく家庭的で安全なものだという印象を与えるためでした。

ヴォーダーが画期的だったのは、このとき初めて、「機械の発することば」とはどのような響きかが明らかにされたということです。ヴォーダーは、人間の声帯を使うことなく、あくまで機械の合成音で話すことができました。わたしたちの「機械のしゃべることば」のイメージは、このヴォーダーに端を発しているといっていいでしょう。1939年当時のヴォーダーの声は、声帯のかわりに発振回路を入力に使っているせいか、人間とかけ離れた奇妙につるつるした肌理をしています。YouTube のさまざまな動画できくことができるので、ぜひ確かめてみてください。

もう一つ重要だったのは、ダドリーが人間の声以外の入力を用いたことです。彼は、発振回路だけでなく、蓄音機からさまざまな音を入力することも試みました。するとおもしろいことに、人間ではないさまざまな物理音がことばをしゃべるようにきこえ始めたのです。

「あるデモンストレーションで、蓄音機からとった音を発振回路の代わりに使った。蒸気機関車の規則正しく煙を吐く音が知性を帯びたかのように「われわれは－はっしゃ－する－ゆっ－くり－はやくはやくはやく」と言いながら近づいてくる。教会の鐘が「やめて－やめて－やめて－どうか－それ－ばかりは」と鳴る。とりわけ衝撃だったのはこれらの声がオルガンに合わせて歌ったことだ。ことばをしゃべっているのに、歌のリズムを当たり前に保つことができた。しかも声が旋律を伴っていようがいまいが、あくまで音色は音源からきたものだった。」（※8）

のちにさまざまなミュージシャンによって用いられるようになったヴォコーダーは、ダドリーの開発したヴォコーダーやヴォーダーと必ずしも同じしくみを使ってはいません。ダドリーは周波数帯を分割し簡素に表すことで声の質を変化させていますが、現在のヴォコーダーは別の要素を操作していることがあります。また、ヴォーダーは声質を鍵盤で変化させ声の高さをフットペダルを使って操作しますが、現在の多くのヴォコーダーは声質をつまみやフェーダーで操作し、声の高さを鍵盤で変化させます。しかし、声質と声の高さを独立に操作することで元の声を音楽的に仕立て上げるというアイディアは、ダドリーのヴォコーダー／ヴォーダーによって始まったと言っていいでしょう。なにより重要なのは、**ヴォコーダー／ヴォーダーの発明によって、機械の音色で人間のことばを発することが可能になってしまったこと、機械の声と人間の声のあいだに連続性が生まれたこと**です。後で述べるように、このアイディアは、戦後、ある現代作曲家のインスピレーションをひらめかせることになります。

■暗号の声、音楽の声

ところで、ダドリーの研究にはもう一つの目的がありました。それは**声の暗号化**です。名前に「コード code」ということばが入っていることからわかるように、ヴォコーダー vocoder の重要な機能は声の「コード化」でした。ただしただ普通に送信するのでは容易に傍受されてしまう。そこで、声を送信するときに、わざと特別なノイズを混ぜて送信する。受け手は、そのノイズをキャンセルして受信する。これなら、特別なノイズがなんであるかがわからない限り、送信の途中で誰かが音を傍受しても、内容は暴かれないことになります。

冒頭の問題の中に、ソルジェニーツィンの名前を見つけて、あれ、と思った人もいるのではないでしょうか。ソルジェニーツィンといえば、スターリン政権下のソヴィエトで長らく収容所生活を送り、出所の後にその生活を綴った「イワン・デニーソヴィチの一日」で世界的に知られるようになったノーベル賞作家ですが、その彼と機械の声との間に何の関係があるのか。実は大ありなのです。

アレクサンドル・ソルジェニーツィンの長編小説『煉獄のなかで』（1968年）の舞台は、冷戦下、1949年のソヴィエトの収容施設内にある一研究室ですが、そこで開発されているのが、音声の暗号化機械。そう、『煉獄のなかで』の登場人物たちは、ロシア語の発声を暗号化する装置、すなわちヴォコーダーの開発研究に日夜取り組んでいるのです。物語は、ソルジェニーツィン自身がモスクワ郊外のマルフィノの収容所で1947年から1950年にかけて体験したことに基づいています（※9）。収容所で生活する研究者たちのさまざまな来歴、そして組織の秘密を守るため、あるいはこっそり漏らすために繰り広げられる幾多の暗闘のおもしろさが読みどころなのですが、彼らの活動が権力者の声を変調することを目指している点でも、とてもおもしろい小説です。

『煉獄のなかで』の例からもわかる通り、少なくとも、当初のヴォコーダーは、声の暗号化技術という軍事研究で得られたものでした。しかし、ヴォコーダーの可能性は、歌声に用いられることによって、音楽の世界で思わぬ広がりを見せることになります。

■声と機械のあいだ

戦前の暗号化機械としてのヴォコーダー／ヴォーダーと、戦後冷戦時代における音楽装置としてのヴォコーダー／ヴォーダーの歴史をつなぐ重要人物が、ドイツの物理学者**ヴェルナー・マイヤー＝エプラー**です（※10）。彼は、ナチス政権下のドイツで1943年から1945年までボン大学で波形に関する学際的な組織「ウェイヴ・リサーチ」に参加し、電子回路の設計から周波数分析、ノイズ・リダクション、音源定位など、潜水艦のソナー技術に関するさまざまな研究に関わりました。

マイヤー＝エプラーは、戦後、ヴォコーダーやヴォーダーの開発者であるホーマー・ダドリーと意見を交わします。ただし、過去のナチズムとの関わりから距離を取るため、軍事研究ではなく、音声合成の電子音楽への応用に取り組むようになりました。そして、1953年にロベルト・バイヤー、音楽学者のヘルベルト・アイメルトとともに、西ドイツ放送局（WDR）に**ケルン電子音楽スタジオ**を創設します。このスタジオは、戦後の電子音楽の拠点となり、ドイツの若き作曲家たちをはじめ各国の音楽家が集いました。

このマイヤー＝エプラーの教えを受けたのが、若き**カールハインツ・シュトックハウゼン**です。マイヤー＝エプラーは音声学のセミナーを毎年開き、ダドリーの研究を紹介しましたが、シュトックハウゼンはこのセミナーを1954年から1956年にかけて受講しています。ちょうど、後に彼の代表曲となる「少年の歌」を制作している時期でした。

当時シュトックハウゼンがとりつかれていたのが、音楽のさまざまな要素を**連続体（セリー）**として考えることです。たとえば多くの楽器では、メロディを演奏するために、低いところから高いところまでの音程を、鍵盤や穴、あるいはスライドなどで調節します。これはいわば、音の高さをひと連なりのセリーでとらえる考え方です。あるいは息を弱く、強く吹き込んだり、腕で弱く、強く叩いたりしますが、これは音の強さをひと連なりのセリーでとらえる考え方です。

では、音色はどうか。たとえば、人の発する「a」という母音をだんだん「sh」という子音にしたり、サイン波のようなはっきりした音をだんだんホワイトノイズにしたり、さらには人の声をだんだん物音にすることができるでしょうか。従来の音楽には、音色の連続体などという考え方はありませんでした。けれど、マイヤー＝エプラーが紹介したダドリーのヴォコーダー／ヴォーダーの原理は、電子的にそれが可能であることを示していました。なぜなら、ヴォーダーは、鍵盤の組み合わせで人間の異なる母音や子音の間を行き来したり、機械の音色で人間のことばをしゃべらせることができたからです。

シュトックハウゼンは、電子音の周波数帯を調節したり、人の声にさまざまなエフェクトを施すことによって、母音と子音とのあいだで滑らかに変化するセリーや、音とノイズのあいだで滑らかに変化するセリー、さらには人の声と電子音のあいだを変化するセリーができるのではないかと考えました。音のありとあらゆる要素についてセリーを扱うこうした考え方を、**「トータル・セリエリズム」**と呼びます。**「少年の歌」**はこのトータル・セリエリズムの考えによって作られました。シュトックハウゼンはまず12歳の少年、ヨーゼフ・プロチュカの声を吹き込み、それを多重録音し、変調することで、音色のセリーを作っていきました。少年の声が母音と子音とのあいだを行き来するセリー、電子音が音とノイズの間を行き来するセリー、そしてさらには声の母音と電子音のサイン波、声の摩擦音と電子音のホワイトノイズ、破裂音と衝撃音を行き来するセリーを組み合わせる。これらの操作によって、人の声と電子音の境は危うくなりました。曲のテキストは旧約聖書の一節にある「アザルヤの祈りと三人の若者の讃歌」に基づくもので、そこでは、三人のユダヤ人の少年たちが、命じられた偶像崇拝を拒んだために炉に投げ込まれ、燃えさかる炎の中で「主を讃えよ」「主を歓呼せよ」と歌います（※11）。少年の声は、セリーの中でただの抽象的な存在になるのではなく、多重録音によって少年「たち」になり、変調され、燃えさかる炎の中から響くように散り散りに歓呼を唱えるのです。

1956年の初演時、コンサートホールには、演奏者は誰もおらず、ステージには立体的な音響を組み立てるべく4台のスピーカー、そして会場にもう一台のスピーカーが据えられ、十数分にわたる「少年の歌」が流れました。ある批評家は、その感想を次のように記しています。

少年たちの声は「操作」されている。人間の声、神の人間への最も尊い贈り物は、泥のように扱われ、機械の邪道な可能性に合わせて、ぼやかされ、歪められ、縮約され、複製され、その結果、悲鳴、泣き叫び、うめき、うなり、変形、細断がもたらされ、これらすべてが地獄のような音の紙くずとなって、われわれの上に降り注ぐ。(※12)

書き手は「少年の歌」を機械による人間の声への冒涜と受け取っているのですが、そのことは逆に、この曲がいかに人と機械のあわいをショッキングな形で示したかをよく表しています。わたしたちはシュトックハウゼンをつい「前衛」「実験」ということばでおおざっぱに捉えてしまいがちですが、彼が電子音楽という新しいメディアを扱うにあたって、**人と電子音の音色のあいだに連続性を見出す考えからスタートした**ことに注意すべきでしょう。「少年の歌」は、人の声と機械の声のあわいを探った点で、半世紀後の夏から秋に起こったこれら二つの声の接近、すなわち初音ミクの発売(2007年8月)とPerfumeによる「ポリリズム」のヒット(2007年9月)を予告していたとさえ言えます。

＊＊＊

ポピュラー音楽界においてシュトックハウゼンの影響を大きく受けたのが、他ならぬビートルズです(※13)。彼らの「トゥモロウ・ネバー・ノウズ」(1966年)や「レボリューションNo・9」(1968年)では細かいテープ編集が用いられており、このテープ操作こそがシュトックハウゼンの影響だとしばしば言われます。ただし、ここで注目すべきなのは、ポール・マッカートニーが、最も愛好するシュトックハウゼンの曲として「少年の歌」をあげていることです(※13)。そういえば、テープ・ループに人の声を吹き込み、再生速度を変化させたり音をあちこち変調させる「トゥモロウ・ネバー・ノウズ」には、「少年の歌」に通じる人の声と楽器やノイズとの連続性が感じられます。

『サージェント・ペパーズ・ロンリー・ハーツクラブ・バンド』のジャケットには、彼らがインスピレーションを得たさまざまな著名人の肖像写真がコラージュされていますが、よく見るとそこには、頬杖をついたシュトックハウゼンの姿も混じっています。

［参考文献］

※1 モーグ・シンセサイザーを用いた音楽の歴史については、Bob Moog Foundation のウェブサイトの以下の記事を。Holmes, Thom, "Moog: A history in recordings the first moog synthesizer recordings." URL: https://moogfoundation.org/moog-a-history-in-recordings-by-thom-holmes-part-two/ (2020.11.7 閲覧)
※2 藤井丈司（2019）「YMOのONGAKU」アルテスパブリッシング p54-55.
※3 藤井丈司（2019）「YMOのONGAKU」アルテスパブリッシング p94.
※4 映画 "Haack, the king of techno" (2004)、監督：Philip Anagnos.
※5 秋吉康晴（2016）「声の機械化：オルタナティヴな音響再生産の理論と実践」京都精華大学紀要 (49), pp. 49-79.
※6, 7 Dudley, H., Riesz, R. R., Watkins, S. S. A. (1939) A synthetic speaker. J. The Franklin Institute, 227(6), pp.739-764.
※8 Dudley, H. (1939) The vocoder. Bell Laboratories Record December 1939, pp. 122-126.
※9 デイヴ・トンプキンズ（2012）「エレクトロ・ヴォイス」新井崇嗣訳、Pヴァイン・ブックス
※10 マイヤー＝エプラー、シュトックハウゼンとヴォコーダーの関わりについては、Iverson, Jennifer (2019) "Electronic inspirations: technologies of the Cold War musical avant-garde", Oxford University Press. pp.168-175.
※11 松平敬（2019）「シュトックハウゼンのすべて」アルテスパブリッシング p56-58.
※12 Iverson, Jennifer (2019).
※13 ポール・マッカートニーと現代音楽のかかわりについては、Peel, Ian (2002) "The Unknown Paul McCartney: McCartney and the Avant-Garde", Reynolds & Hearn, イアン・ピール（2004）「ポール・マッカートニーとアヴァンギャルド・ミュージック」角松天訳、ストレンジ・デイズ

■コンピューターにふさわしい人の声

ビートルズと現代音楽の関わりを考える上で、シュトックハウゼン以外の電子音楽として重要なのが、ベル研究所の研究者たちが中心となって作ったアルバム**『数学による音楽』**（1962年）です。まだ集積回路のなかった時代、コンピューターは身の丈を越す「大型計算機」でしたが、このアルバムでは大型計算機**IBM704**によって、古今の名曲やオリジナル曲がすべて電子音で奏でられました。その音楽がまた、計算で生み出されたとは思えない愛らしさとユーモアを持っていたのです。

『数学による音楽』にいち早く注目したのが、ビートルズのプロデューサーで彼らの知恵袋でもあった**ジョージ・マーティン**でした。彼は、1960年代の早い時期からテープ編集を使ったラジオ劇や電子音楽を自ら試みており、自ら「レイ・カソード」と名乗って電子音楽によるダンス・チューンをリリースするほどでしたが、『数学による音楽』にすぐに惚れ込み、ジョン・レノンやポール・マッカートニーに紹介しました（※1）。

ポール・マッカートニーも、すぐにこのアルバムを好きになりましたが、影響は、それからずいぶんたってからポールがシンセサイザーに本格的に取り組んだ**『マッカートニーII』**（1980年）、とりわけ「テンポラリー・セクレタリー」「サマーズ・デイ・ソング」にはっきり表れています。6曲目の「フロント・パーラー」をきくと、ポールの頭の中にはシュトックハウゼンや『数学のための音楽』、そしてクラフトワークが、一続きの電子音楽史としてきこえているのではないかという気さえしてきます。

声の問題を考える上で『数学による音楽』の中でも特に注目すべき一曲が、古い流行歌をコンピュータに歌わせた**「ふたりのじてんしゃ（デイジー・ベル）」**です。「でいじー、でいじー、ぎぶ・みー・あんさー・どぅー」。プログラマーの**マックス・マシューズ**は、人の声道を通る音声パターンを計算して、かつてのヴォコーダーとは異なる方法で、計算機による音声合成に成功したのです。ちなみにマックス・マシューズは、のちに**フランス国立音響音楽研究所（IRCAM）**のアドヴァイザーとなり、ピエール・ブーレーズをはじめ多くの作曲家に影響を与えました。

『数学による音楽』を製作中のある日、一人の作家がベル研究所に見学に訪れました。その作家は、コンピューターが歌う「ふたりのじてんしゃ」のデモに衝撃を受け、執筆中の作品に登場する未来のコンピューターに歌わせることにしました。彼、**アーサー・C・クラーク**の**『2001年宇宙の旅』**は、1968年に小説版および**スタンリー・キューブリック**監督の映画版として公開されました。

ただし、映画版に採用されたのは、IBM704によって作られた合成音声ではありませんでした。キューブリック監督は、映画の中の**コンピューターHAL**の声の役としては通常の人間の肉声が適役であると考えたのです。最初は「サイコ」で私立探偵役を演じたマーティン・バルサムにすべての台詞を演じさせましたが、マーティンのしゃべり方はいかにもアメリカンで流暢に過ぎました。そこで「人を見下すようでも、威圧的でも、偉そうでもなく、ドラマチックでもなく、俳優的でもない、それでいて、どこか気を引くような声」の持ち主として、急遽、カナダの俳優**ダグラス・レイン**を抜擢しました（※2）。レインの微かな訛りは、どこの出身ともつかない不思議な雰囲気を醸し出し、それが出自を持たないHALにはぴったりでした。レインは、主演のキア・デュリアと一度も会うことなく、HALのすべての台詞を録音し、「ふたりのじてんしゃ」を歌う場面では、さまざまなテンポや高さで50回近くも録音しましたが、結局採用されたのは、いちばん最初のテイクでした。

レインの少し物憂げで内省的な話し方は、HALという一つのキャラクターの声としてわたしたちの頭に残ります。**アンソニー・ホプキンス**は**「羊たちの沈黙」**の**レクター博士**を演じるにあたって、HALの声を参考にしたとさえ言っています（※3）。キューブリックは「2001年宇宙の旅」において、単にコンピューターの声がいかなるものかを示すのではなく、未来に存在するであろう極めて個性的なキャラクターを作ったのです。

■悲しみと痛みのオート・チューン

21世紀最初の20年において、流行歌を席巻した技術のひとつが**オートチューン**であったことは、前章で述べた通りです。1997年に開発された「オートチューン」は、もともとは調子っぱずれの音程をリアルタイムで補正するツールとして売り出されました。けれど、オートチューンは発売後まもなく、単なる音程補正ソフトではない、新しい使い方をされるようになりました。そのきっかけとなったのが、**シェール**のヒット曲**「ビリーヴ」**（1998年）です。

1960年代にソニー・ボノと組んだ**ソニー&シェール**で売れっ子になり、後にはミュージカルや映画でも活躍したシェールでしたが、1990年代には歌手業から遠ざかっており、1998年には元パートナーのソニーが死去したばかりでした。そのタイミングでリリースされたのが「ビリーヴ」です。あえて前半は露骨にオートチューンをかけて人工的な声を演出しておき、ああさすがのシェールもついに機械に頼って歌うようになったのかと思わせておいて、後半、生声で一気に歌唱力を爆発させる。いかにもポジティヴなダンス・ビートとは裏腹に、**「愛をなくしたあとの人生を信じる?」**と繰り返す歌詞は、シェール自身の人生に重なります。この曲によって彼女は歌手として輝かしい復帰を遂げ、グラミー賞のレコード・オブ・ザ・イヤーにノミネートされました。

しかし「ビリーヴ」という曲の魅力は、単に人工／肉声という二項対立にあるのではありません。きく者が衝撃を受けるのは、シェールの力強い声というよりはむしろ、彼女の声がオートチューンによって歪められるところ、とりわけ**「なんて悲しい、あなたがいなくなって So sa-a-a-ad that you're leaving」**の部分です。「悲しい sad」ということばを感情を込めて歌うには、肉声がもっともふさわしいはずで、シェールはそれができるだけの歌唱力を持っています。ところがこの部分では、sad の a の音が、オートチューンによっていくつもの音程に分断されてしまっている。しかもオートチューンの設定を極端にしているために、一つの音程ごとに彼女の声色は不連続に変化して、わずか1秒のあいだにくるくる人格を変えるかのように裏返っていく。

ではこの人工的な処理はせっかく歌声になった感情を無機質なものにしてしまうかと言えば、そうではない。一つの声、一つの人格によって歌われるはずの sad という感情が、分断され、別の声へと変化させられている。そのことによって、きき手は **sad ということばをききながら、その声が持っているはずの感情から引き剥がされる**。もしかすると、きき手が leaving しつつあるのは sad という感情自体なのではないか、sad という声自体に別れを告げつつあるのではないか。わたしたちは sad という声にかけられたオートチューンによって、悲しみという感情に別れを告げつつあることの哀しみ、というもう一つの感情を手に入れるとともに、悲しみという感情から少しだけ自由になります。そういう新しい声のあり方を、「ビリーヴ」は示したのです。

名著『ポストパンクジェネレーション』の著者サイモン・レイノルズは、「ビリーヴ」が発売された1998年という年を念頭に置いた上で、「(sad という部分をききながら) **わたしたちは20世紀に別れを告げていたのだ**」と指摘しています(※4)。いいこと言いますね。

オートチューンのもたらす歪みは、単に歌声に無機質さを加えるのではなく、**感情を表そうとする声から離れることによって、新たな感情を生じさせる。一方で、離れるがゆえに感情にとらわれることから少しだけ自由になる**。このような効果は、声が感情を顕わにしがちな場面で、逆にはっきりするはずです。その威力をラップという激しい声を用いる分野で発揮させたのが、**T-pain** です。オートチューンを多用する彼のラップには、どこか自分の感情から一歩下がるクールさがある一方で、自分の感情から引き剥がされたことによる新たな感情が感じられます。その感情を、わたしたちは彼の名前に含まれる語を使って「痛み pain」と名付けたくなる。「ようきみ、なんて名前？ちょっと話そうよ／一杯おごらせてよ／おれ T-pain、知ってるだろ／コンヴィクトとかナッピー・ボーイとか／クラブがあるんだ、三時までやってる」なんて、ただのナンパのことばを歌っている「Buy U a Drank」ですら、**オートチューンで変調されることによって、声はことばの持っている誘惑の力やずるがしこく潜んでいる欲望から少し引き剥がされて、痛みを伴った報われなさへと裏返る。** 押し出しの強いラップの世界に、T-pain は明らかに pain という新しいスタンス、新しい感情を持ち込みました（※5）。

２０１０年代になって、オートチューンはとりわけシャウトする激しい声から距離をとるように歌う **「マンブル・ラップ」** の分野で好まれるようになりましたが、このことも、オートチューンのもたらした新しい感情が主として「引き剥がし」「距離」にまつわることを示しています。

すでに述べたように、２００７年は、**初音ミク**の発売と **Perfume の「ポリリズム」** の登場によって記憶される年ですが、彼女たちの歌声にも同じことが言えます。彼女たちの曲が、どんなに明るいときもどこか陰を帯びているのは、その声が無機的だからではなく、むしろそこにわたしたちが、肉声から距離を取ることによって生じる悲しみや痛みをききとっているからではないでしょうか。初期の名曲である**初音ミク「celluloid」**（２００７年／作詞・作曲：baker）と **Perfume「マカロニ」**（２００８年／作詞・作曲：中田ヤスタカ）はこのことを最もよく表していると思います。

■機械の漏らす息

オートチューンは、生の声と対比されることによって、通信が阻害されている感覚や人の声が何者かに介入されている感覚を引き起こす面もあります。たとえば、**ブラック・アイド・ピーズの「ブン・ブン・パウ」**（2009年）は、生々しい声のあちこちにオートチューンをかけることで、まるで声が何者かにハックされつつあるかのような感覚を引き起こします。この曲で、語り手は自身のことをスーパーソニックな次世代だと称し、相手をロウ・ファイの8ビット野郎だとこきおろすのですが、そのスーパーソニックであるはずの声がオートチューンで部分的に歪められることによって、声の主体を疑わせ、きき手を身がまえさせ、表向きの意味を信じることを警戒させる。さらには、そんな風に声をハックされながら歌っている状態じたいが、より未来的だという感じを起こさせる。オートチューンの「生の声をもとにしながら生の声とは違う」という性質は、悲しみや痛みのみならず、文脈によって異なる意味や感情をもたらすのですが、その多様性こそ、このツールが広く使われている原因なのかもしれません。

オートチューンやヴォコーダーに早くから独自の方法で取り組んだミュージシャンが**ダフト・パンク**です。

ダフト・パンクのルックスは、ある意味で、人間と機械のあいだの声を考える上で最もふさわしいものでしょう。**トーマ・バンガルテル**と、**ギ＝マニュエル・ド・オメン＝クリスト**の二人は、（トーマによれば）1999年9月9日9時9分にスタジオで作業をしていたときに爆発事故に遭い、気づくとロボットになっていました。以来、彼らはライブではメタリックなロボット姿で現れます。2014年にアルバム「ランダム・アクセス・メモリー」でグラミー賞を得たときですら、二人はロボット姿で壇上に立ち、ひとことも声を発しなかったので、彼らに代わってポール・ウィリアムズがこう挨拶しました。「ぼくが酒とクスリでぼろぼろだった頃は、いないはずのものが見えたりしたんだけど、しらふに戻ったら、この二人のロボットが立ってて、ぼくにアルバムを作らないかって言ったんだよね」。そのあともポールは「彼らロボットのメッセージを伝えます」と伝言役として挨拶を続けました。

ダフト・パンクの初期の代表作**「ワン・モア・タイム」**（2000年）はオートチューンと生の声の対比を考える上でとても重要な作品です（※6）。「ワン・モア・タイム」は、DJでありハウス、ヒップホップ界で活躍した**ロマンソニー**のボーカルをフィーチャーしているのですが、この曲での彼の歌い方には大きな特徴があります。それは息づかいです。

ロマンソニーは、これでもかというくらい、**語尾に吐息を入れてます**。何より「One more time」の最後の「m」の音。本来、語尾の「m」は、ことばを言い終えた最後にちょっと唇を合わせるだけの、ささやかな音のはずです。ところがロマンソニーは、まるで口の中にため込んだ息を、両唇の開放に合わせて一気に吐き出すかのように、「ワンモアタイ（ム）ハー」と大きく吐息を鳴らします。「celebrate」の「t」も「セレブレイ（ト）ハー」、「dancing」の「ng」も「ダンシン（グ）ハー」。

しかもことばの本体にはしばしば強烈なエフェクトがかけられくぐもってしまっているのに対して、語尾の部分では、水面上に突如浮かび上がってきたクジラのようにはっきり息を吐く。まるで機械じかけの音声の向こうから、突然人間が現れるかのようなのです。

そんなに大きく息を吐き出していたのでは時間がかかりすぎて、次のフレーズに間に合わないのではないか。実際その通りで、よくきいてみると、「One more time」の語尾で息を吐く音は、次の小節にかかってしまい、続く「We're gonna celebrate」というフレーズは、ほぼ毎回、息を吐き終えるのを待たずに始まります。一人で歌ったのではこんなことは起こりえません。実はロマンソニーの声は多重録音されており、一人のロマンソニーが「もう一度」と言ってから息を吐き終える間もなく次のロマンソニーが「祝うんだ」と畳みかける。一つの波が砕けたかと思うと、鎮まるのも待たずもう次の波が迫ってくる。それが繰り返し、一度どころか何度でも起こる。そういう**多声の空間**が「ワン・モア・タイム」なのです。

曲のリズムもまたフレーズの末尾を強調するように仕組まれています。一小節半にわたって長く続くGmaj7のあとに、息継ぎをするようにAのコードが鳴らされる。しかもGmaj7は2拍ずつバスドラムで区切られるのに対して、Aは裏から入って1拍半鳴らされるので、そこだけまるでゆっくりブレイクしたかのように目立ってきこえる。この特徴的なリズムは曲全体にわたって続くので、きいているうちに、だんだんAのコードがロマンソニーの吐息のようにきこえてくるのです。

こうしたしくみによって、「ワン・モア・タイム」は、オートチューンやヴォコーダーを使っているのに、とても有機的に響きます。一つ一つのヴォーカルにかけられたエフェクトから、息が生々しく吐かれる。ロボットの向こう側から人間らしさが漏らされる。「もう一度」ということばは、オートチューンによってその願いから少し隔てられ、何度唱えられてもどこか報われない。その一方で、「もう一度」の末尾に吐き出される息の方は、きく者に確かな人の声の感触を与え、きく者の身体を踊らせる。それが「ワン・モア・タイム」で繰り返される呼吸なのです。

そして、この吐息のマナーは、**ジェームズ・ブラウン**が「セックス・マシーン」をはじめとするさまざまな曲で肉声によって編み出し、**マイケル・ジャクソン**が自家薬籠中のものとしてきた呼吸に他なりません。この曲の中間部、リズムセクションが落ちたあとにロマンソニーの声が「ユー・ドント・ストップ」というところに注意してみてください。語尾の「p」の直後に吐き出される息、それはまさしく、「セックス・マシーン」の「ゲロッパ」の語尾にそっくりではありませんか。

＊＊＊

ヴォコーダーとヴォーダーが発表された1939年のニューヨーク万国博覧会で、もう一つ、興味深い展示がありました。それはウェスティンハウス・エレクトリック社の開発したロボット**「エレクトロ」**です。エレクトロは、残念ながらヴォコーダーのような音声合成機能は持っておらず、かわりにあらかじめ78回転のレコードに吹き込まれた人間の声でしゃべりました。その声は、(人間が演じているにもかかわらず)やけにゆっくりで、単語をひとつひとつ切っているおかげでやけにきき取りやすい。人間に比べて処理が遅いこと、その一方で正確であることによって、機械らしさを醸し出そうとしていたのです。

エレクトロには、もう一つ、注目すべき能力がありました。それは**「煙草を吸う」**ことです。「煙草はどう？」と司会者がエレクトロの口に一本くわえさせ、火をつけてやると、エレクトロはけむりを吐き出します。実際には、エレクトロの口の奥にはふいごが仕掛けてあり、単にその動きによって空気を吸って吐くだけでした。開発者がこの仕掛けを仕組んだのは、ちょっとした座興に過ぎなかったのかもしれません。それでも、エレクトロがけむりを吐き出すのを見ると、その巨大で硬い身体には、不思議な愛敬が感じられます。なぜか。金属製のロボットから流体であるけむりが生じるおもしろさもあるでしょう。でも、それだけなら、ロボットの内部が故障してけむりを生じるのだって同じようにおもしろいはずです。エレクトロが煙草をたしなむことのおもしろさは、**金属の塊に過ぎないはずのロボットの身体から、温かい息が吐き出されること、そしてその息がけむりの白さによって可視化されること**にあったのではないでしょうか。

「ワン・モア・タイム」は、ロボットの二人組が人間の声を加工することで、声に機械のイメージを埋め込みました。

しかし、彼らが最も注力したのは、単にオートチューンによっていかにもロボットらしい声を作り上げることではなく、吐き出される息の生々しさを感じさせることでした。その点で、「ワン・モア・タイム」は、1939年の古典的なロボットが持っていた「呼吸するロボット」のイメージを正しく継承していることになります。2000年製のロボット・ポップは、煙草のけむりではなく、ファンクの歴史を吐き出しているのです。

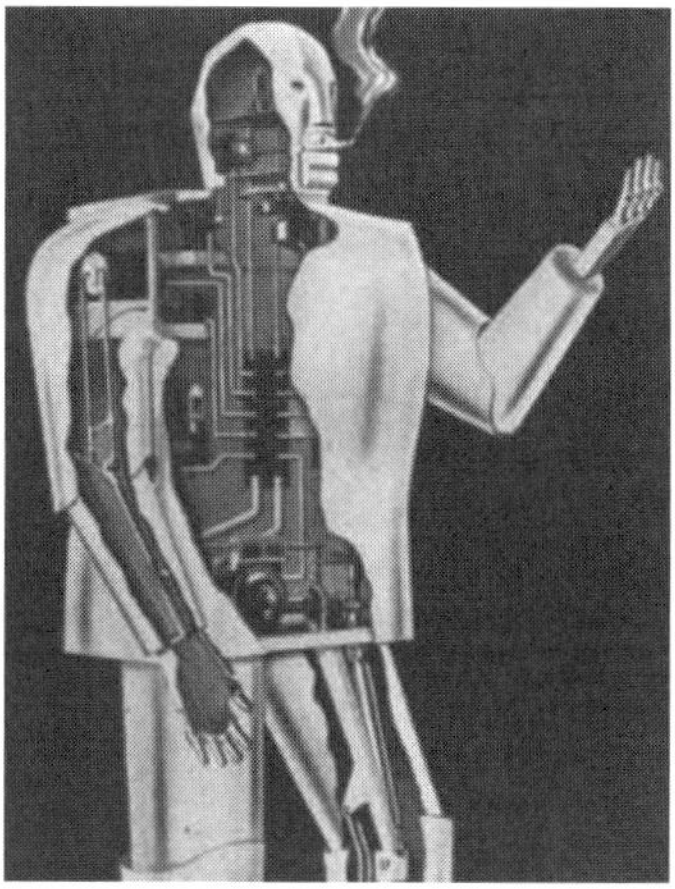

■図5：ウェスティンハウス・エレクトリック社製「エレクトロ」※7

［参考文献］

※1 Peel, Ian (2002) "The Unknown Paul McCartney: McCartney and the Avant-Garde", Reynolds & Hearn, イアン・ピール（2004）「ポール・マッカートニーとアヴァンギャルド・ミュージック」角松天訳、ストレンジ・デイズ。

※2 Mulkerin, Claire (2019) “HAL in 2001: A Space Odyssey explained” Looper, URL: https://www.looper.com/163074/hal-in-2001-a-space-odyssey-explained/（2020.11.7 閲覧）

※3 Flahive, Gerry (2018) “The Story of a Voice: HAL in ‘2001’ Wasn’t Always So Eerily Calm”, NewYork Times, March 30, 2018
URL: https://www.nytimes.com/2018/03/30/movies/hal-2001-a-space-odyssey-voice-douglas-rain.html（2020.11.7 閲覧）

※4 Simon Reynolds (2018)“How Auto-Tune Revolutionized the Sound of Popular Music" Pitchfork, September 17 2018
URL: https://pitchfork.com/features/article/how-auto-tune-revolutionized-the-sound-of-popular-music/（2020.11.7 閲覧）

※5 Simon Reynolds (2018)

※6 Chris Gill によるトーマへのインタビューによれば、ダフト・パンクはひとつひとつのヴォーカルトラックによってローランドのヴォコーダー（SVC-350）、オートチューン、それにデジテックの「ヴォーカリスト」（ボーカル・ハーモニー・プロセッサ）などを使い分けています。しかし、ここでは、どの声がどの機器かを判別するのが目的ではなく、エフェクトによって歪みが感じられる部分とそうでない部分の対比をしたいので、オートチューンと他のエフェクトを区別せずに話を進めます。
Gill, Chris (2001)“Robopop” remix, May 1, 2001 URL: https://web.archive.org/web/20070209125128/http://remixmag.com/mag/remix_robopop/（2020.11.7 閲覧）

※7 Westinghouse Magazine 1939 April 11(4)

19 ― ゴスペルの時空間 ― アレサ・フランクリン「ナチュラル・ウーマン」

いきなりですが、あなたがもし不幸にも（幸運にも）アレサ・フランクリンが2015年にケネディ・センター名誉賞で歌った**「ナチュラル・ウーマン」**の映像を見たことがないなら、（またかとお思いでしょうが）いますぐ本を閉じて、どんな手段を使ってでも（たとえばAretha, Natural Woman, Kennedy, 2015で検索をかけてでも）、このとんでもない数分間を体験すべきです。運良く見つけたら、できるだけ大きな画面で、できるだけボリュームを大きくして再生して下さい。

では、数分後にお会いしましょう。

＊＊＊

はい、凄かったですね。1942年生まれのアレサはこのとき73歳。どうやったらこんな73歳になれるんだろう。

高みまでどこまでも舞い上がる声、ソウルフルでありながら泥臭くならない歌唱。彼女の歌を褒めあげることばはいくつもあります。でも、もしアレサの歌の魅力を一つあげろと言われたら、わたしなら**「コーラス」**を挙げます。いや、アレサはバックコーラスじゃないだろう、バックコーラスのない曲にも名曲はたくさんあるだろう、という人もいるかもしれません。が、まあ待って下さい。アレサの歌にとっていかにコーラスが本質的か。話は長くなります。

■リスペクトを促すコーラス

コーラスの重要性、それはまず、アレサの出世作にして代表作**「リスペクト」**（1967年）にはっきりと表れています。

バックコーラスをつとめるのは、**アレサの姉エルマと妹のキャロライン**。幼い頃から気心知れた二人です。三人はアレサの自宅に集まり、アレサの弾くフェンダー・ローズに合わせてヴォーカルとコーラスの掛け合いを練り、構想が固まると、今度はスタジオに行き、マッスル・ショールズからきたリズム・セクションの面々とセッションをしながら曲をつくっていきました（※1）。作り方からして、コーラスありきなのです。

初めからこんなやり方だったわけではありません。18歳でレコード・デビューした1960年以来、アレサは1966年までコロンビアで10枚ものアルバムを吹き込みましたが、ほとんどはスタンダード・ジャズやドゥ・ワップ、R&Bなどさまざまなジャンルの曲を、オーケストラを用いたしゃれたアレンジで歌う内容でした。決定的なヒット曲を欠いたままアレサはコロンビアとの契約を終え、心機一転、アトランティック・レコードに移籍しました。移籍先のプロデューサー、ジェリー・ウェクスラーはアトランティックの創始者の一人であり、レイ・チャールズやザ・ドリフターズらの名作をいくつも手がけたR&Bの大立物。彼は、アレサの歌声を活かすにはコロンビアのようなやり方ではなく、彼女の自在なピアノの弾き語りとコーラスを中心としたゴスペル風の曲作りがよいと判断しました。目論見は大当たりで、「リスペクト」はビルボードのホット100で全米1位となり、この曲を含むアルバム『貴方だけを愛して』もR&Bアルバム・チャートで1位を獲得しました。

アレサの「リスペクト」の特徴は、この曲を最初にヒットさせた**オーティス・レディングのバージョン**（1965年）と比べれば明らかです。まず目立つのは視点をひっくり返していることです。オーティスは男の立場から家にいる女にこう歌います。

隠れて悪いことしてろよ、その気なら
隠れて悪いことしててもいいんだぜ、留守の間は
でもとにかくお願いだから
ちょっとはリスペクトしてくれ、おれが家に帰ってきたら

（訳：細馬　以下同）

対するアレサは、女の立場からこう歌います。

悪いことするわけない、留守だからって
悪いことするわけない［フ］、する気なんかないし［フ］
とにかくお願いだから［フ］
ちょっとはリスペクトして、ベイビー［ほんのちょっと、ほんのちょっと］
あんたが家に帰ってきたら［ほんのちょっと、ほんのちょっと］

自身へのリスペクトを請う男のことばに隠れた猜疑心を、アレサは**「悪いことするわけない、する気なんかないし」**とぴしゃりとやり込めた上で、リスペクトが必要なのはむしろわたしの仕事に対してではないのか、と歌っているのです。男の世界が歌われがちだったソウル・ミュージックにおいて女の立場をはっきり歌った点で、この歌は画期的でした。

「リスペクト」に込められた意味を知る上で、もう一つ重要なのは、当時の夫である**テッド・ホワイト**との関係です。

テッドはアレサの音楽的才能を高く買っており、夫であるとともにマネージャーも務めていましたが、気短で酒癖が悪く、アレサに手をあげることもしばしばでした。「リスペクト」を含む『貴方だけを愛して』の収録でも、最初はマッスル・ショールズ・リズム・セクションの本拠地であるアラバマのフェイム・スタジオでライブ録音する予定だったのに、テッドとスタジオ・マネージャーが殴り合いの喧嘩をしてしまい、急遽ニューヨークでの録音に切り替わったのでした。アレサの弟のセシルは「『リスペクト』はテッドに対する戦いにもきこえる」と言っています（※2）。

次に、問題のコーラスの構造を細かくみていきましょう。オーティスがほぼ一人で「リスペクト」を歌っているのに対して、アレサはコーラスに重要なリフレインをいくつも割り振っています。たとえば元々の歌では「ちょっとはリスペクトしてくれ　a little respect」となっているのですが、その「ちょっとa little」というフレーズを拾い上げて、ぎゅっとアンダーラインを引くように**「ほんのちょっとjust a little bit」をコーラスに割り振り、繰り返す**のです。

歌のことばの一部を繰り返すことで、一つの単語、一つのフレーズの意味をどんどん掘り下げていく。アレサはこの手法で「リスペクト」の後半をみるみる塗り替えていきます。まずコーラスが**「re, re, re, re, re, respect」**と「リスペクト」の「リ」を強調してきき手に迫る。ブリッジに入ると今度はアレサが「リスペクト」というキーワードをまるで子どもに諭すかのように**「R-E-S-P-E-C-T 考えてみて」**とスペルに分解してしまう。かと思うと**「テイク・ケア、TCBってこと」**と今度は子どもには解らない略語を入れ込む。ちなみにTCBは「Take Care of Business」という俗語で、元歌にはありません。そして極めつけは相手を挑発するようなコーラスによる連呼です。**「Sock it to me, Sock it to me, Sock it to me, Sock it to me」**。日本語だとさしずめ「どうするどうするどうするどうする」とか「さあさあさあさあ」といったところでしょうか。この印象的なコーラスは、はっきりカタをつけねばただではすまさぬ構えを感じさせつつ、エルマとキャロラインの軽やかな声のおかげでなんともチャーミングに響き、思わず真似して歌いたくなります。一方アレサは、この「Sock it to me」のコーラスにメロディと和声をまかせて、即興で応えていく。

これまた、オーティスのバージョンにはないやり方です。

　このように、アレサの歌では、コーラスは単に歌い手のバックで和声をつけたり声に厚みをつけるだけのものではなく、合いの手を入れ、独自のことばと和声で歌い手ときき手を煽る、実に積極的な存在なのです。

■コーラスは主旋律を歌う

　アレサの曲におけるコーラスの魅力をうまく映画の演出として活かしているのが、キャブ・キャロウェイの話でも挙げた**「ブルース・ブラザーズ」**です。

　ジョン・ベルーシ、ダン・エイクロイドの二人は、ブルース・バンドを再結成すべく、元メンバーでギタリストのマット・マーフィーのもとを訪れます。しかしマットはいまやソウル・フード・レストランの従業員で、店のオーナーは彼の妻。この妻役がアレサ・フランクリンです。アレサは、店を辞めてバンド仲間とともに出ていこうとする夫に対して「よく考えなさい」と迫るのですが、このときに歌うのが往年のヒット曲**「シンク」**（1968年）。この演出がまた、実にいいのです。

　アレサが歌い始めると、それまでカウンターでおとなしく食事をしていた三人の女性が突然立ち上がってコーラスに加わります。中央が**妹のキャロライン**、両側に**従姉妹のブレンダ・コルベット**とアレサのコーラスでは常連の**マーガレット・ブランチ**。3人の動きのおもしろさといったら！　彼女たちが単なるバック・コーラスとしてだけでなく、パフォーマーとしても重要な役割を果たしていることがわかります。彼女たちはレストランのフロアを舞台代わりに縦横無尽に動き回り、アレサと代わる代わる夫を追い詰めていきます。曲が盛り上がってくると、他の食事をとっていた客も思わず立ち上がって踊り出し、マットを誘いに来たはずのジョンとダンまでしぶしぶ踊らざるをえなくなります。一人で相手を圧倒するのではなく、コーラスとの掛け合いによって聴衆を取り込むやり方は、まさに「リスペクト」に通底するもの。ちなみに「シンク」はアレサのオリジナル曲ですが、曲の途中で「自由!・freedom!」を求める歌詞には、「リスペクト」と同じく、当時の夫テッドに対する感情をききとることができるでしょう(※3)。

アレサとコーラスが分かちがたい関係にあることをよく示している例をもう一つあげましょう。彼女のヒット曲の一つ**「小さな願い(I say a little prayer)」**(1969年)です。

「小さな願い」は、ハル・デイヴィッドとバート・バカラックの名曲で、当時はすでに**ディオンヌ・ワーウィック**のヒット曲(1967年)として広く知られていました。ディオンヌのバージョンは、コーラスを伴っているものの、その存在はぐっと背景に退いており、あくまでソロの魅力を引き立てる内容です。ところが、アレサのバージョンは全く逆なのです。アレサが**「朝起きて wake up」**といえば**「ウェイク・アップ」**、**「メイク・アップの前に」**といえば**「メイク・アップ」**。コーラスがアンダーラインを引くように同じ力強さで応じます。何より大胆なのが、いちばん大事なタイトルを歌う部分。アレサは「**つぶやくちょっと I say a little**」と言ってから黙ってしまい、コーラスが**「お祈りをあなたに prayer for you」**と続きを歌う。**ソロとコーラスで1つのフレーズを分かち合う**のです。サビに入るとアレサはもう主旋律をまかせきりで、コーラスの歌うメロディに応えるように自由に歌い変えていく。通常のコール&レスポンスでは、歌い手がコールしてコーラスがレスポンスするのですが、アレサの場合は、コーラスが先に旋律を歌いアレサが応えながらどんどん変奏していくという逆転現象がしばしば起こるのです。

「小さな願い」でバック・コーラスを務めていたのは、**スウィート・インスピレイションズ**。メンバーの一人、シシー・ヒューストンは、元々この曲をヒットさせたディオンヌ・ワーウィックのいとこでした。アレサとスウィート・インスピレイションズのメンバーは、休憩時間に調整室でちょっとしたおふざけに興じるうちに、この曲を歌い始めて、みるみる掛け合いのアレンジができてしまったのです(※4)。もしかすると、知り合いの持ち歌を唄うことの照れくささと冒険心が、肝心のタイトル部分をアレサとコーラスで分けるという大胆な割り振りにつながったのかもしれません。シシーはもともとディウォンヌの母親の結成したゴスペル・コーラス・グループの出身で、その場で即興的にコーラスを作り上げるのはお手のもの（※5）。調整室で生まれたアレサたちの歌は、シンプルで抑えのきいた伴奏とともに、ワンテイクであっけなく録音されました。

アレサの歌においてバックコーラスがいかに魅力的で、その後の音楽に大きな影響力を与えたかを示す例として、ある青年の話をしましょう。シンガー志望だったその青年は、アポロ・シアターのアマチュア・ナイトに挑戦しては落選する日々を繰り返していましたが、17歳のとき、以前から好きだったアレサのニュー・アルバム「レディ・ソウル」（1968年）を愛聴するうちにコーラスのよさに気づき、レコードをかけるときは「ステレオのつまみを左にぎゅっとひねって、コーラスをきこえやすくする」ようになりました。やがて青年のアイドルはバックコーラスをつとめていたスウィート・インスピレイションズ、そしてシシー・ヒューストンとなり、アポロ・シアターに彼女たちが出演すると、**舞台裏**に潜り込みシシーに逢いに行くほどでした。

ハイスクールを卒業した彼は、劇場のワークショップで歌ったり、いくつかのセッションでコーラスを務めたのち、1974年、イギリスからやってきたポップスターのバックコーラスに抜擢されました。ところが、いざセッションが始まってみると、何か物足りない。歌が止んだ瞬間、空虚な感じがして、大好きなスウィート・インスピレイションズのようなマジックがない。そこで彼は一緒にいたコーラスのメンバーと示し合わせて、ゴスペル教会で信仰告白するような勢いで**「オ――ルライト！」**と合いの手を叫びました。それをきいたスターは、怒るどころか「いいね。きみ、名前は？」。青年は、**ルーサー・ヴァンドロス**と名乗りました。この曲、**「ヤング・アメリカンズ」**でのコーラスを気に入った**デヴィッド・ボウイ**は、**「ファッシネイション」**ではルーサーと共作まで行いました。もちろんそこでは、スウィート・インスピレーションズに影響を受けたコーラスをたっぷりきくことができます。これら二曲だけでなく、アルバム『ヤング・アメリカンズ』は、それまでのアルバムにはなかったソウルフルなコーラス・ワークが特徴で、ボウイの新境地を示す作品となりました。ボウイがルーサーをはじめとする強力なバックコーラスにインスピレーションを得たのは間違いのないところでしょう（※6）。

80年代に入るとルーサーは、ソロ・シンガーとして活躍を始める一方で、この時期のアレサの代表的なアルバム『**ジャンプ・トゥ・イット**』（1982年）、『**ゲット・イット・ライト**』（1983年）のプロデュースを手がけます。これらのアルバムで、彼は作曲とコーラス・アレンジを担当しただけでなく、あこがれのシシー・ヒューストンとバックコーラスを歌っています。さらに1990年には、シシーの娘であり、アレサを名誉伯母とする**ホイットニー・ヒューストン**の「フー・ドゥー・ユー・ラブ」をプロデュースし、ここでも印象的なコーラスを披露しています。

甘くスムーズな歌唱とコーラス・ワークで人々を魅了したルーサー・ヴァンドロスは、2005年に惜しくも54歳の若さで亡くなりました。葬儀では、シシー・ヒューストンがコーラス隊とともに霊歌「深い河」を歌い、最後にはアレサ・フランクリン、スティーヴィー・ワンダー、パティ・ラベル、アリシア・キーズをはじめ多くのシンガーがピアノの周りに集まり、ルーサーの1991年のヒット曲「パワー・オブ・ラヴ」をコーラスして、彼を見送りました。

■ゴスペル空間「アメイジング・グレイス」

ここまで「ゴスペル」「ゴスペル風」ということばを何度か使ってきました。しかし、そもそもゴスペル風、とはどういうものか。

それを考える最もよい手がかりが、アレサ・フランクリンの二枚組のアルバム『**アメイジング・グレイス**』（1972年）です。ゴスペルのライブアルバムとして史上最高のセールスを叩き出し、アレサのベスト・セラーとなっているこのアルバムこそは、ゴスペルを考える重要な鍵です。しかも47年後の2019年になって、このアルバムのドキュメンタリー映画『アメイジング・グレイス』が公開されました。必見です。もしあなたが少しでもアレサ・フランクリンやゴスペルに興味を持っているのなら、(またかとお思いでしょうが)どんな手段を使ってでもこの映画を見るべきです。ゴスペルとは、ただ1人の歌い手が圧倒的な歌唱力によって人々を宗教的な感動に導くものではなく、コーラス・演奏・語り、そしてきき手が一体となって作り上げる「ゴスペル空間」であることが、はっきりわかるでしょう。

場所はロサンゼルスの教会。主役はもちろんアレサ(あ、客席にミック・ジャガーとチャーリー・ワッツが!)。彼女が連れてきたセッション・メンバー、チャック・レイニー、コーネル・デュプリー、パンチョ・モラレス、バーナード・パルディーは、60年代から80年代に幾多の名演を生み出してきたミュージシャンであり、彼らの演奏もすばらしいものです。地元のキーボーディスト、ケネス・ルーパーによる自在なハモンド・オルガンもきき逃せません。

しかし、何と言っても圧倒的なのが、アレサのメンターである**ジョン・クリーヴランド牧師**の語りとピアノ、そして牧師が創設したコーラス隊、**サザン・カリフォルニア・コミュニティ・クワイア**(『ブルース・ブラザーズ』で、牧師役を務めるジェームズ・ブラウンのバックでグルーヴのあるコーラスを歌っているのが、この合唱隊です)。映画版ではさらに、全身で合図を送る合唱指揮者アレクサンダー・ハミルトンの姿が強烈な印象を残します。

録音をきけば、コーラスの重要性は明らかです。合唱隊や聴衆の反応によって、歌詞の中から大事なことばが浮き立ち、アレサはそれを短いフレーズとして繰り返す。その繰り返しにさらにコーラスが応える。**「Never Grow Old」**はその好例です。「けして! Never!」というひとつのことばをアレサが繰り返し、コーラスが返す。コーラスの力を得たアレサの声はみるみる高みに達し、ついには声が自身の力を越えてしまう。アレサの目はありえないものを目撃するかのように見開かれ、聴衆のある者は叫び、頭を抱えて涙し、踊り出し、トランスに陥ってしまう。アレサの及ぼすこのとんでもない力を妹のキャロラインは**「ゾーンに入る」**と呼んでいます(※7)。重要なのは、それがアレサ一人の力で成し遂げられるのではなく、**ゴスペル空間の中で、彼女以外のさまざまな声が行き交い、その上を彼女の歌声が飛翔するときに起こる**ということです。

■歌と語りの間

アレサの歌う姿は、ときに説教を行う牧師のように見えます。実際、映画「アメイジング・グレイス」で教壇に両手を置き、聴衆の前に立つアレサの姿は、信者の前に立つ牧師そのものです。アレサの歌声が高まってくると、合唱隊のメンバーが口々に同じことばを繰り返し、「そうだ!」と合いの手を入れていく。聴衆席からもどんどん掛け声がかかる。それは、**マーチン・ルーサー・キング牧師**の演説と賛同者の、クリーヴランド牧師の語りと聴衆の、あるいはアレサの父親の説教と信者の関係にそっくりです。

アレサの父、**クラレンス・L・フランクリン牧師**は、デトロイトのニュー・ベテル・バプテスト教会を本拠地としながら、1940年代から50年代にかけて、全米各地を行脚して説教を行ってきました(※8)。人々を陶酔させる「百万ドルの声」の持ち主だった彼の評判はラジオを通じて全米各地に広がり、説教のレコードを出すまでになりました。たとえば「Pressing On」(1955年)をきいてみましょうか。ね、すごいでしょう? C・L・フランクリン牧師の説教は、語りと歌の間を行き来し、感極まるとブルースのようにうねりました。のちにはキング牧師と親交を結び、1963年のワシントン大行進では、デトロイトでの行進の道筋をつけました。

フランクリン牧師は、当時の宗教家がしばしば敬遠しがちだった世俗の音楽、ブルースやジャズにも理解を持っていました。デトロイトの自宅の広い居間にはグランド・ピアノが置かれ、各地で親交を結んだ音楽家たちがパーティーに遊びに来ました。アート・テイタム、オスカー・ピーターソン、デューク・エリントン、マヘリア・ジャクソン、ダイナ・ワシントン。アレサは、子供の頃からこれらのミュージシャンの演奏や歌を、自宅で目の当たりにしていました。

一方で、フランクリンは妻以外の女性と次々と交際し、子どもを作り、家庭を不安定にしました。母親のバーバラはアレサが6歳のときに家を出てしまい、別居したままアレサが10歳のときに亡くなりました。

やがて家には、ゴスペル界の人気歌手**クララ・ワード**が出入りするようになりました。アレサはクララのピアノとヴォーカルを間近でき、ており、そのスタイルに強い影響を受けています。母親の愛情を求めていたアレサは、クララと父親との結婚を望んでいましたが、結局クララは正式に結婚することはありませんでした。ちなみに、クララ・ワード・シンガーズのステージは圧倒的で、次々とボーカルを交代させながらコーラスとシンガーの関係を有機的に組立て、歌と踊りで盛り上げていく彼女たちのパフォーマンスは、いわば小さなゴスペル空間であり、ジェームズ・ブラウンやアレサ・フランクリンが好きな人なら間違いなく魅了されるので、ぜひ動画を探してみて下さい。

子どものアレサに音楽的才能があることに気づいた父・フランクリン牧師は、説教の巡業に10歳のアレサを連れ出し、歌とピアノを演じさせました。調子もリズムもその場で変わる説教のことばをピアノでどう下支えすればよいか、音楽を披露する段になっていつどんな歌をどんな風に歌えばよいか、掛け声をかける信者たちにどう応えればよいか。これらを、アレサは実際のゴスペル空間の中で学んでいきました。

歌うたびに強く神と結びつき、身体ごとエクスタシーに至らせるゴスペルの興奮は、そのまま人と人が結びつくことの興奮につながっていました。母親が亡くなった年に教会で歌い始め、大人に交じってゴスペルの世界に早くから関わり続けたアレサは、12歳で最初の息子を、14歳で二番目の息子を出産しましたが、相手たちとは結婚をせず、その後も教会での活動を続けました。

■庇護と独立

父・フランクリン牧師は、「アメイジング・グレイス」の二日目の録音にクララ・ワードとともに現れ、最前列でアレサの演奏を見守りました。一方、ジョン・クリーヴランド牧師は、単にアレサを紹介して演奏をサポートするのみならず、ときには歌とピアノによって彼女を促し、ときには彼女の背後に回って手を握りしめてやります。庇護者である彼らの下で、アレサは、圧倒的な歌声を発しながらも、ときに不安げに、ときにリラックスして恍惚とした表情を浮かべます。通常のライブでは見ることのない表情です。

一方で、幼い頃に母親から引き剥がされ、強い父親のもとで教会巡りをしながら大人の振る舞いを身に着けざるをえず、のちには夫からはひどい暴力を受けてきたアレサにとって、男たちの庇護的な振るまいが心からやすらぎを感じさせるものであったかは、慎重に考えねばなりません。

この点に関して、「アメイジング・グレイス」には印象的なシーンが二つあります。一つは「Never Grow Old」で、ピアノの前に座って弾き語り始めたアレサに父・フランクリン牧師が近寄り、歌の最中にもかかわらずアレサの顔の汗を拭く場面です。もちろん、それは父親の愛情から発した行為でしょう。けれど、すでに一人前の女性の舞台に父娘の関係を持ち込みそれを観客に見せつけてしまう父親に、わたしはいささかの違和感を感じました。

もう一つは「Climbing Higher Mountains」での一場面です。クリーヴランド牧師がイントロを弾き、コーラスが始まり、そのまま続けてもおかしくなかった出だしをアレサはあえて止めて、「もう一度」と牧師に合図を送りました。アレサの耳は何か音楽的な問題をききとったのかもしれません。しかしそれとは別に、このやりとりからは、もはや自分が彼の庇護の対象ではなく一人前であることを示す彼女のプライドが伝わってきます。

評伝「リスペクト」の著者、デイヴィッド・リッツは、アレサの複雑な過去を丹念にたどった上で、彼女の圧倒的なパフォーマンスは、必ずしも喜びからだけで生まれるのではなく、彼女の抱えている**「痛み pain」**が鍵になっていることを繰り返し指摘しています（※9）。教会という場で生み出されるゴスペル空間こそは、彼女のホームグラウンドであり、ヴォーカルとコーラスによってその場で生み出されるアレサの自由な声の掛け合いは、このゴスペル空間でこそ本領を発揮しているのですが、その最中にも、デイヴィッドの言う「痛み」はささいなやりとりから読み取れるのです。

■ありのままから女へ

2015年12月6日、ケネディ・センターで、**キャロル・キング**のケネディ・センター名誉賞の受賞式が行われました。この賞は毎年、音楽・演劇・映画などのパフォーマンス・アートに貢献した人に与えられるもので、ホワイト・ハウスで大統領から賞が贈呈され、祝賀公演をケネディ・センターのオペラハウスで行います。公演は、受賞者本人の目の前で当代の人気実力者たちがその功績を演じる一種のショウケースで、彼らが競うようにパフォーマンスを繰り広げるパフォーマンスは一見の価値があります。ちなみに2015年にはキャロル以外に、小澤征爾、ジョージ・ルーカス、リタ・モレノ、シシリー・タイソンが受賞しました。

キャロル・キングの部は、彼女の人生がモデルとなったブロードウェイ・ミュージカル「ビューティフル」をなぞる趣向でした。チリナ・ケネディがキャロル役となって来し方を語り、名だたるアーティストが次々とキャロルの作曲した曲を歌います。ジャネール・モネイがシュレルズの「ウィル・ユー・スティル・ラブ・ミー・トゥモロー」とシフォンズの「ワン・ファイン・デイ」を、ジェームズ・テイラーがザ・ドリフターズの「アップ・オン・ザ・ルーフ」

を（これがまたしみじみとよい歌唱でした）、サラ・バレリスが「君の友達」を歌って、予定の時間はみるみる過ぎていきました。そして、いよいよ終盤、チリナはわざと曲名を伏せて「わたしはのちにこの曲をアルバム『タペストリー』でセルフ・カバーしたのですが」と、キャロルに成り代わって説明してからこう続けました。「それは全然違う感じになってしまって、というのも、そう、この人は唯一無二だからです、アレサ・フランクリン！」

舞台袖から現れたアレサは床まである分厚いコートを羽織り、ピカピカの大きな財布を手にしていました。アレサは、共演者に払うギャラをなくさないように、ステージに出るときも必ず現金を入れた財布を持ち歩くのです。その財布をピアノの上に置き、椅子に座ると、彼女はためらわずに弾き出しました。その最初のコードたるや。両腕を鍵盤をいっぱいに広げて鳴らされる分厚い響きだけで、もうゴスペルが始まったことがわかります。

外を見たら、朝から雨
何も感じませんでした

痛みを歌う、73歳とは思えない深く力強い声。ハウ、と掛け合う確かなコーラス。これだけでもう、バルコニーにいたキャロル・キングは信じられないものを見たかのように目を見開きます。

また一日　生き抜かなきゃ
ああ、思っただけでぐったりでした

キャロルと並んで涙を拭っているオバマ大統領にはさらに別の感慨があったはずです。幼い頃から教会で歌い続けてきたアレサは、父親の友人でもあったキング牧師が亡くなったとき、1968年4月の追悼式で**「Precious Lord」**を歌いました。そしてアメリカ初のアフリカン・アメリカンの大統領としてオバマ大統領が2009年に就任した式典では、アメリカの第二の国歌**「My country, 'tis of thee」**を歌いました。**「自由の鐘を鳴らせ Let the freedom ring」**と繰り返し、ringということばをまるで声を打ち鳴らすように何度も響かせるアレサの歌は、キング牧師が1963年に語った**「I have a dream」**の演説のことば「Let freedom ring」をただちに想起させました。アレサの歌声には、アフリカン・アメリカンの苦難の歴史が刻まれている。その声が、いまも変わらぬ、いや、かつてよりずっと深い声となって、一人の女性の極めて私的な痛みを歌い、そこから力を汲み取ろうとしている。

あなたと出会うまで　生きるのはつらかった
あなたは鍵、やすらぎをくれる

1969年、「リスペクト」の大ヒットで一躍「ソウルの女王」となったアレサの次のヒットを考えていたプロデューサーのジェリー・ウェクスラーは、ブロードウェイを歩いていた当時売れっ子のソングライター夫妻、ジェリー・ゴフィンとキャロル・キングに車のウィンドウ越しに声をかけました。「ナチュラル・ウーマンというタイトルでアレサに曲を書かないかね?」(※10)。すぐにOKした二人は、家に向かう車の中で曲想を練りました。子どもを寝かしつけ、ようやくピアノに向かったキャロルが弾きだしたのは、**6／8拍子の分厚いコード**。ジェリーがつけた歌詞は「あなたのおかげでわたしは感じる、自分はありのままの女(ナチュラル・ウーマン)なのだと」。素直に読めば「あなた」とはすてきな男性のことであり、詞は女性から男性へのラブソングです。でも、キャロルのつけた分厚いコードに支えられると、それはもっと違う存在、自分の魂を救ってくれる誰かのように響きます。

あなたのおかげで感じる　You make me feel
あなたのおかげで感じる　You make me feel
あなたのおかげで感じる　You make me feel
わたしはありのままの女だと like a natural woman

二番に入ると、コーラスはアレサに先んじるように歌詞のすべてを歌い始めます。力強い声たちの中心は従妹の**ブレンダ・コルヴェット**。そして隣はもしや、**マーガレット・ブランチ**ではないでしょうか。あの「ブルース・ブラザーズ」で、いきなりカウンターから立ち上がって歌い始めた二人が、35年の時を経て、こんなにエレガントで豊かなコーラスを歌っている。そして、これほどまでに歌の本体を歌ってしまう大胆なコーラスは、オリジナルのアレンジにもありませんでした。
そのコーラスに応えるように、アレサはメロディを自由に歌い変えていく。アレサがずっと培ってきた、ゴスペルの方法です。「ナチュラル・ウーマン」は、いまや、まるで信仰の告白のように響き出します。

もう疑わない　なぜ生きてるのか
あなたをよろこばせたい　それだけ
あなたのおかげで感じる　You make me feel
あなたのおかげで感じる　You make me feel
あなたのおかげで感じる　You make me feel

わたしはありのままの女だと like a natural woman

突然、アレサはピアノを弾くのを止めて、椅子から立ち上がります。この年のはじめ、ホワイトハウスに招かれてオバマの前で歌ったアレサは、曲の途中でしゃがみこんで自分で立てなくなってしまい、周囲をひやりとさせました。けれど、今日はしっかりとした足取りで、ピアノから離れながら魔法のようなブリッジを歌い出す。

おおベイビー　これは何の魔法？
ほんとにはればれ　体の中から
お願いはひとつだけ　いたいよそばに
この感じ　生きているんだ！

すでに圧倒されているきき手の耳を、アレサの声は身体ごとつかまえて離さない。「この感じ、なんていうか、なんていうか I feel like, I feel like」。ことばの続きを探しながら、もどかしげにコートに手をかける。そして、まるで北風に震えていた旅人が、陽の光を浴びてたまらなくなったかのように、**重いコートを脱ぎ始める**のです！

さらなるハイトーンが発せられ、コートは脱ぎ捨てられ、アレサは腕を高々と振りあげる。顕わになったその二の腕のなんと豊かなこと！元夫兼マネージャーと別れたあとも、アレサの生活は平穏とは言いがたいものでした。酒とタバコ、度重なるダイエットとリバウンドの結果たどりついた、大いなる二の腕。それがどうした。これが「ありのままnatural」なのだ。いや、もうありのままと言うのすらもどかしい。アレサは修飾句をはずして**「女 a woman!」**と叫ぶ。コーラスが応える。歌のつづれ折り tapestry を抜けて、声が信じられない高みまで昇っていく。アレサとコーラスが何度も繰り返す。**女！女！女！**

あなたもわたしもいつか、こんな風にコートを脱ぎ捨てましょう。

［参考文献］

※1 David Ritz (2014) "Respect: The Life of Aretha Franklin." Little, Brown and Company. p.153-158（デイヴィッド・リッツ「リスペクト」新井崇嗣訳、シンコーミュージック ２０１６年）。この部分をはじめ、音楽の背景にあるアレサ・フランクリンのエピソードの多くは、このリッツの評伝から学びました。
※2 David Ritz (2014) p.162
※3 David Ritz (2014) p.183
※4 David Ritz (1994) "Rhythm and the Blues: A Life in American Music." St Martins Press.（デイヴィッド・リッツ「私はリズム&ブルースを創った―〈ソウルのゴッドファーザー〉自伝」新井 崇嗣訳　みすず書房　２０１４年）
※5 映画『バックコーラスの歌姫たち』で、ダーレン・ラヴをはじめ、１９６０年代から活躍するコーラス・メンバーは自分たちの出自について、口々に「教会の聖歌隊」「コーラスあるあるよね」と言い合っています。
※6 これらのルーサーのエピソードについては、Craig Seymour (2004) "Luther: The Life and Longing of Luther Vandross: (Updated and Expanded) ". Harper Entertainment. を参考にした。
※7 David Ritz (2014) p. 55
※8 David Ritz (2014) p. 22
※9 David Ritz (2014) p. 8, 132 など。
※10 Carole King (2012) "A Natural Woman: A Memoir" Grand Central Publishing.（キャロル・キング「キャロル・キング自伝ナチュラル・ウーマン」松田ようこ訳、河出書房新社　２０１３年）

［初出］

第一部（シーズン1）第1章〜20章：modernfart.jp「歌のしくみ」（2012年10月－2014年2月）

第二部（シーズン2）第1章〜10章：modernfart.jp「歌のしくみ Season 2」（2014年5月－2016年2月）

第二部（シーズン2）第11章：レコードコレクターズ2018年11月号特集「ジョン・レノン『イマジン』」

第二部（シーズン2）第12章〜19章：書き下ろし

以上に大幅な加筆・修正を行った。

あとがき

単行本「うたのしくみ」（二〇一四年）はもともと、二〇一二〜二〇一四年にmodernfart.jpで連載した「歌のしくみ」に、あちこちの雑誌やライナーノートに書いた文章を加えて一冊にしたものだった。今回の増補完全版では、そこから連載部分だけを取り出して第一部（シーズン1）とし、さらに第二部（シーズン2）を加え、章形式で一冊になるようにした。当初は第二部を軽くする予定だったが、書いているうちにあやしくも物狂おしい心持ちになり、気づくと増補分だけで十四万字以上、原稿用紙にして三五〇枚余、優に単行本一冊分が加わることになった。そんなわけで、「増補完全版」とはいうものの、半分以上は新著である。前著を読んで下さった方にも、目に新しい内容になっているのではないかと思う。

第二部は二〇一四年から二〇二〇年にかけて書いた。第10章までは第一部に引き続きmodernfart.jpの連載に加筆したものである。「イマジン」の章はレコード・コレクターズに寄稿した原稿をもとに書き直した。「TT」「ナチュラル・ウーマン」の章は、雑誌「GINZA」での連載「うたうたうこえ」の短い原稿を足がかりに新たに書き下ろした。各媒体の編集やデザインでお世話になった伊藤ガビンさん、平松るいさん、祢屋康さん、柴原聡子さんに感謝します。また、和久田善彦さんには、前著に引き続き単行本化の労をとっていただくとともに、書き下ろしの長い期間につきあっていただいた。ありがとうございます。

二〇二〇年から二一年の新型コロナウイルス禍によって、生活のあり方も音楽のあり方も変わった。第二部の後半はそうした時間の中で書き下ろしたのだが、声を発すること、たとえそこにどんなに飛沫がくっついていようとも、息を吐くことが、うたの本性なのだということを改めて痛感した。幸いにも（不幸にも）この本から飛沫が飛ぶことはないけれど、わたしたちは日夜誰かの呼吸をきいて生きているのだということが伝わるとよいと思う。

最後に、前著に引き続き両親に感謝します。

楽曲索引年表

1850 1860 1880 1890 1900 1910

1849 ― スティーヴン・フォスター「おおスザンナ」→ P.56/147

1851 ― スティーヴン・フォスター「故郷の人々（スワニー河）」→ P.104

1864 ― スティーヴン・フォスター「ビューティフル・ドリーマー（夢路より）」→ P.105

1865 ― ヘンリ・クレイ・ワーク「ジョージア行進曲」→ P.55

1885 ― アメリカ民謡「いとしのクレメンタイン」→ P.50/62

1899 ― スコット・ジョップリン「メイプル・リーフ・ラグ」→ P.100

1900 ― 「軍艦行進曲」→ P.301

1901 ― 幼稚園唱歌「お正月」→ P.40/61

1907 ― アーヴィング・バーリン「サニーなイタリーから来たマリー」→ P.105

1911 ― コリン&ハーラン「アレクサンダーズ・ラグタイム・バンド」→ P.98/126/144/168

1912 ― W・C・ハンディ「メンフィス・ブルース」→ P.142

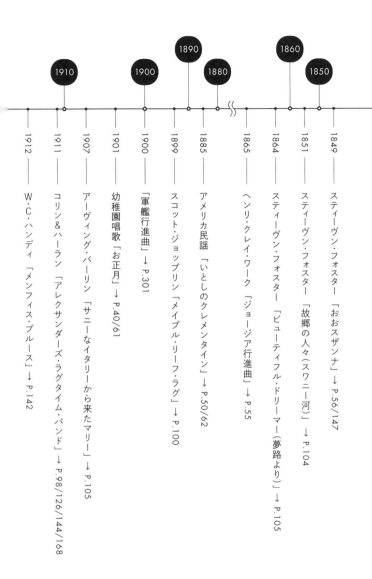

1920

1930

1918 「東京節」→ P.54
「平和節」→ P.55

1921 「佐渡おけさ」→ P.304

1924 アイダ・コックス 「ワイルドな女にはブルースはない」→ P.151

1925 ベッシー・スミス&ルイ・アームストロング 「セントルイス・ブルース」→ P.120/142/145/149/150

1927 「雪山讃歌」→ P.50/57

1931 キャブ・キャロウェイ 「ミニー・ザ・ムーチャー」→ P.82
ルディ・ヴァレー 「時の過ぎゆくままに」→ P.68/105/126

1932 「東京音頭」→ P.302
キャブ・キャロウェイ 「リーファー・マン」→ P.89
「ユー・ガッタ・ホー・ディ・ホー」→ P.89

1927 キャブ・キャロウェイ 「ザ・ズ・ザ」→ P.89

1934 東海林太郎 「赤城の子守歌」→ P.301

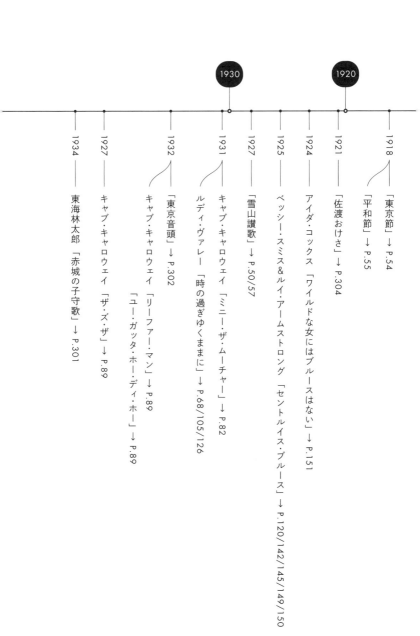

1940

1950

1938
クルト・ワイル「セプテンバー・ソング」→ P.252
東海林太郎「麦と兵隊」→ P.300
ボブ・ウィルズ&テキサス・プレイボーイズ「アイダ・レッド」→ P.132

1939
ジュディ・ガーランド「虹の彼方に」→ P.60/73/105/126

1940
カルメン・ミランダ「サウス・アメリカン・ウェイ」→ P.171
「ビート・ミー・ダディ、エイト・トゥ・ザ・バー」→ P.167
内田栄一、ヴォーカルフォア合唱団「月月火水木金金」→ P.301

1942
カルメン・ミランダ「チャタヌガ・チューチュー」→ P.164
ビング・クロスビー「ホワイト・クリスマス」→ P.98/105
鳴海信輔・四家文子／灰田勝彦・大谷冽子「空の神兵」→ P.300

1943
カルメン・ミランダ「ザ・レディ・イン・ザ・フルッティ・ハット」→ P.171

1948
マディ・ウォーターズ「アイ・キャント・サティスファイド」→ P.161

1951
マディ・ウォーターズ「ローリン・ストーン」→ P.155
ジャッキー・ブレンストンとデルタキャッツ「ロケット88」→ P.133

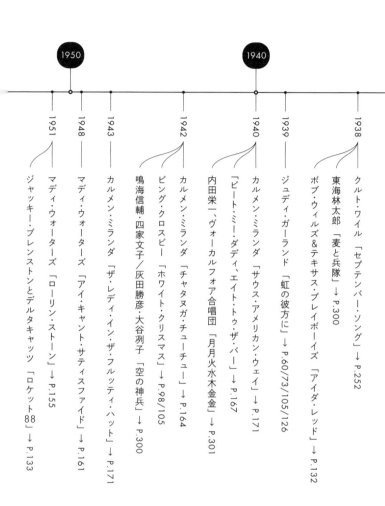

1952
- 童謡「大きなたいこ」→ P.114
- ハウリング・ウルフ「モーニン・アット・ミッドナイト」→ P.155

1954
- ビル・ヘイリー&ヒズ・コメッツ「ロック・アラウンド・ザ・クロック」→ P.157
- エルヴィス・プレスリー「ザッツ・オールライト」→ P.156/159

1955
- チャック・ベリー「メイベリーン」→ P.130/155/157
  「サーティー・デイズ」→ P.161
- プラターズ「オンリー・ユー」→ P.296
- クラレンス・L・フランクリン「Pressing On」→ P.391

1956
- カールハインツ・シュトックハウゼン「少年の歌」→ P.354
- エルヴィス・プレスリー「ハートブレイク・ホテル」→ P.155/156
- チャック・ベリー「ユー・キャント・キャッチ・ミー」→ P.139

1957
- バディ・ホリー「ザットル・ビー・ザ・デイ」→ P.155/157
  「ペギー・スー」→ P.157

1958
- リッチー・ヴァレンス「ラ・バンバ」→ P.155/158

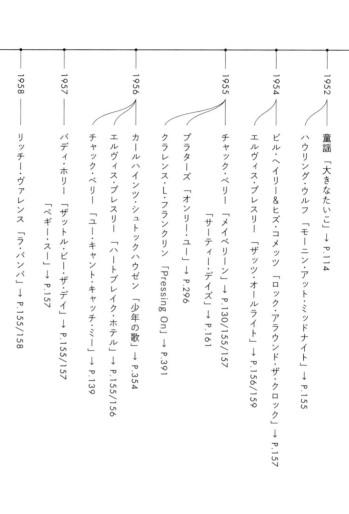

1960

1958 チャック・ベリー「ジョニー・B・グッド」→P.139
「スウィート・リトル・シックスティーン」→P.160
「アラウンド・アンド・アラウンド」→P.161

1959 フランク永井・松尾和子「東京ナイト・クラブ」→P.199

1960 小林旭「ズンドコ節」→P.333

1961 石原裕次郎・牧村旬子「銀座の恋の物語」→P.196

1962 リトル・エヴァ「ロコモーション」→P.160
クレイジーキャッツ「これが男の生きる道」→P.307
マックス・マシューズ「ふたりのじてんしゃ(デイジー・ベル)」→P.371

1963 ザ・ビーチ・ボーイズ「サーフィン・USA」→P.160

1964 ザ・ローリング・ストーンズ「タイム・イズ・オン・マイ・サイド」→P.161
上高田少年合唱団「ロボット・マーチ」→P.260
ジェームズ・ブラウン「アウト・オブ・サイト」→P.344
「パパのニュー・バッグ」→P.344

1965
ザ・ローリング・ストーンズ「サティスファクション」→ P.154
オーティス・レディング「リスペクト」→ P.383

1966
ザ・ビートルズ「トゥモロー・ネバー・ノウズ」→ P.367

1967
ザ・ビートルズ「サージェント・ペパーズ・ロンリー・ハーツ・クラブ・バンド」→ P.94/98/103
「ウィズ・ア・リトル・ヘルプ・ウィズ・マイ・フレンズ」→ P.94
「ルーシー・イン・ザ・スカイ・ウィズ・ダイアモンズ」→ P.95
「ア・デイ・イン・ザ・ライフ」→ P.95
ジェームズ・ブラウン「コールド・スウェット」→ P.343
ペリー&キングスレイ「バロック・ホウダウン」→ P.355
アレサ・フランクリン「リスペクト」→ P.383
「ナチュラル・ウーマン」→ P.382
ディオンヌ・ワーウィック「小さな願い」→ P.387

1968
ザ・シティ「ザット・オールド・スウィート・ロール(ハイ・デ・ホー)」→ P.92
ザ・ドリフターズ「いい湯だな(ビバノン・ロック)」→ P.55
アレサ・フランクリン「シンク」→ P.386
ザ・ビートルズ「レボリューションNo.9」→ P.367

1970

- 1968
  - ウェンディ・カルロス「スウィッチト・オン・バッハ」→ P.355
  - ジェームズ・ブラウン「セイ・イット・ラウド、アイム・ブラック・アンド・アイム・プラウド」→ P.345
- 1969
  - サイモン & ガーファンクル「ボクサー」→ P.112
  - ザ・ドリフターズ「ドリフのズンドコ節」→ P.55
  - アレサ・フランクリン「小さな願い」→ P.387
- 1970
  - サイモン&ガーファンクル「明日に架ける橋」→ P.112
  - カーペンターズ「恋にさようなら」→ P.220
  - ジェームズ・ブラウン「セックス・マシーン」→ P.342/377
- 1971
  - ジョン・レノン「イマジン」→ P.294
- 1972
  - 青い三角定規「太陽がくれた季節」→ P.32
- 1973
  - 山本リンダ「じんじんさせて」→ P.333
- 1974
  - オフコース「青春」→ P.32
  - 野坂昭如「バージン・ブルース」→ P.333
  - フィンガー5「学園天国」→ P.82

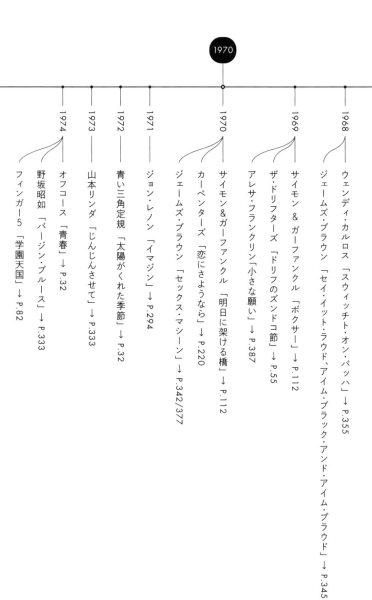

1974

荒井由実「やさしさに包まれたなら」→P.22
クラフトワーク「アウトバーン」→P.356
冨田勲「月の光」→P.355

1975

荒井由実「卒業写真」→P.28
「あの日にかえりたい」→P.31
ヴァン・マッコイ「ザ・ハッスル」→P.55
細野晴臣『トロピカル・ダンディー』(アルバム)→P.164/177
ポール・サイモン「恋人と別れる50の方法」→P.108
「きみの愛のために」→P.109
クイーン「ボヘミアン・ラプソディ」→P.281
デヴィッド・ボウイ「ヤング・アメリカンズ」→P.388
「ファッシネイション」→P.388

1976

ピンクレディー「ペッパー警部」→P.97
細野晴臣「Pom Pom 蒸気」→P.166
森田公一とトップギャラン「青春時代」→P.31
ザ・ドリフターズ「ドリフのバイのバイのバイ」→P.55

1980

1976 — ABBA「ダンシング・クイーン」→P.218/332

1977 — クイーン「ウィ・ウィル・ロック・ユー」→P.278
「伝説のチャンピオン」→P.278/280

1978 — アース・ウィンド&ファイアー「セプテンバー」→P.248
ボニーM「怪僧ラスプーチン」→P.335
クラフトワーク「ロボット」→P.355

1979 — 沢田研二「カサブランカ・ダンディ」→P.68
イエロー・マジック・オーケストラ「テクノポリス」→P.356
ジョルジオ・モロダー「$E=MC^2$」→P.356
ジンギスカン「ジンギスカン」→P.332
「めざせモスクワ」→P.337
マイケル・ジャクソン「オフ・ザ・ウォール」→P.351

1980 — ポール・マッカートニー「テンポラリー・セクレタリー」→P.370
「サマーズ・デイ・ソング」→P.370
「フロント・パーラー」→P.370

1980 ジンギスカン「サムライ」→ P.337
「インカ帝国(マッチュ・ピッチュ)」→ P.337

1982 ムーンライダーズ「くれない埠頭」→ P.340
ドナルド・フェイゲン「ナイトフライ」→ P.228

1983 シンディ・ローパー「ハイスクールはダンステリア」→ P.142/153/311
「タイム・アフター・タイム」→ P.142/310
スティクス「ミスター・ロボット」→ P.268
マイケル・ジャクソン「スリラー」→ P.311/350
「ヒューマン・ネイチャー」→ P.320/351
ザ・ポリス「見つめていたい」→ P.312
ハービー・ハンコック「ロックイット」→ P.311

1984 大滝詠一「1969年のドラッグレース」→ P.201
カーズ「ユー・マイト・シンク」→ P.311

1985 ピーター・ガブリエル「スレッジハンマー」→ P.311

1987 岡村靖幸「Dog Days」→ P.76

1990

1987 ── ザ・ブルーハーツ「人にやさしく」→P.36
「パンクロック」→P.37

1988 ── 岡村靖幸「聖書(バイブル)」→P.76
「だいすき」→P.76
「19(Ninteen)」→P.76
タック&パティ「タイム・アフター・タイム」→P.320
マイケル・ジャクソン「マン・イン・ザ・ミラー」→P.351

1990 ── 岡村靖幸「どぉなっちゃってんだよ」→P.76
「あの娘ぼくがロングシュート決めたらどんな顔するだろう」→P.76
「カルアミルク」→P.76
「家庭教師」→P.76
サンデイズ「here's where the story ends」→P.326
ホイットニー・ヒューストン「フー・ドゥー・ユー・ラブ」→P.389

1991 ── ルーサー・ヴァンドロス「パワー・オブ・ラブ」→P.389

1994 ── フェイ・ウォン「here's where the story ends」→P.326

1995 ── ソウル・フラワー・モノノケ・サミット「東京節」→P.55

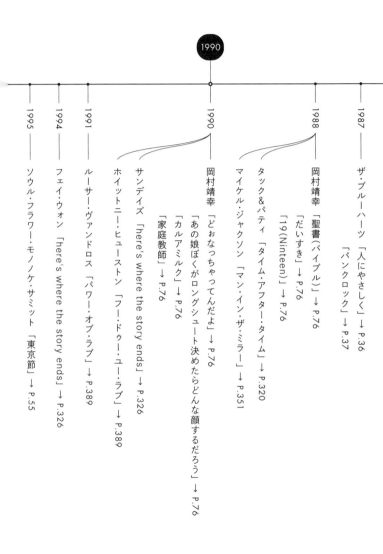

2000

1998 山本精一 & Phew「ロボット」→ P.261
INOJ「タイム・アフター・タイム」→ P.320
シェール「ビリーヴ」→ P.372

2000 ジョアン・ジルベルト「サンバがサンバであるからには」→ P.14
「僕は家には戻らない」→ P.16
キリンジ「悪玉」→ P.206

2001 ダフト・パンク「ワン・モア・タイム」→ P.370

2002 SMAP「世界に一つだけの花」→ P.340
氷川きよし「きよしのズンドコ節」→ P.333

2005 ゆらゆら帝国「ロボットでした」→ P.263

2006 quietdrive「タイム・アフター・タイム」→ P.320

2007 初音ミク/baker「celluloid」→ P.374
Perfume「ポリリズム」→ P.355/374

2008 Perfume「マカロニ」→ P.374

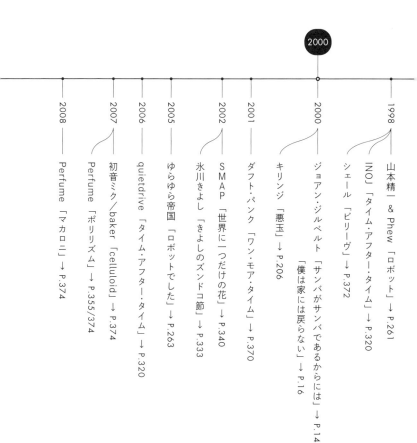

2010

2009 ブラック・アイド・ピーズ「ブン・ブン・パウ」→P.375

2010 シンディ・ローパー『メンフィス・ブルース』(アルバム)→P.153

2011 クレモンティーヌ「いい湯だな」→P.58

2012 aiko「くちびる」→P.44

テイラー・スウィフト「私たちは絶対に絶対にヨリを戻したりしない」→P.286

2013 二階堂和美「いのちの記憶」→P.114

クリステン・ベル＆サンティノ・フォンタナ「とびら開けて」→P.182

2014 坂本慎太郎「あなたもロボットになれる feat. かもめ児童合唱団」→P.260

2016 TWICE「TT」→P.322

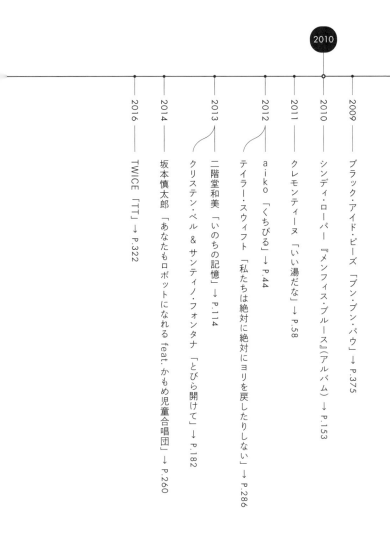

著者略歴

細馬 宏通 (ほそま・ひろみち)

早稲田大学文学学術院教授。専門は日常行動の分析、19世紀以降の視聴覚メディア研究ほか。著書に『浅草十二階』『絵はがきの時代』(ともに青土社)、『ミッキーはなぜ口笛を吹くのか』(新潮社)、『今日の「あまちゃん」から』(河出書房新社)、『うたのしくみ』(ぴあ)、『介護するからだ』(医学書院)、『二つの「この世界の片隅に」』(青土社)、『いだてん噺』(河出書房新社)など。そのほか共著、翻訳など多数。バンド「かえる目」のヴォーカル&ギターとして、4枚のアルバムをリリースするミュージシャンでもある。
http://www.12kai.com/

うたのしくみ　増補完全版

2021年3月22日　初版発行

著　者　細馬 宏通
編　集　和久田 善彦
装丁・本文デザイン　長谷川 明義 (BYTHREE inc.)

発行人　木本敬巳
発行・発売　ぴあ株式会社　関西支社
〒530-0004 大阪市北区堂島浜1-4-4アクア堂島東館2F
06-6345-8900 [代表]
06-6345-9088 [関西販売]
06-6345-9044 [編集]

ぴあ株式会社　本社
〒150-0011 東京都渋谷区東1-2-20 渋谷ファーストタワー
03-5774-5200 [大代表]

印刷・製本　凸版印刷株式会社

ISBN 978-4-8356-4625-1

JASRAC 出 2100490-101